농업, 트렌드가 되다

민승규·정혁훈

매일경제신문사

Contents

프롤로그

민승규 교수님께.

안녕하세요, 교수님. 정말 오랜만에 펜을 들어 봅니다.

제가 교수님과 인연을 맺은 지도 어느덧 15년이 됐네요. 아마 잊으셨을 수도 있겠지만, 저는 교수님을 처음 만났던 순간을 또렷하게 기억합니다. 어쩌면 제가 경제기자에서 농업전문기자로 변신할 운명이 바로 그때 정해졌던 것인지도 모르겠습니다.

당시 저는 국가 어젠다를 발표하는 국민보고대회 준비팀장을 맡으라는 명을 회사로부터 받았었죠. 제게 떨어진 주제가 바로 농업이었고요. 이전의 다른 국민보고대회 때와 마찬가지로 공동 연구를 진행할 외국계 컨설팅사를 우선 물색했습니다. 그러나 곧바로 벽에 부딪히고 말았죠. 한국 농업을 다루겠다는 컨설팅사가 단 한 곳도 없었기 때문입니다. 그만큼 한국 농업이 산업의 불모지였다는 사실을 방증하는 것 같았습니다.

그때 교수님은 청와대 농수산식품비서관을 마치고 농림축산식품부 차관으로 정부과천청사에서 일하실 때였죠. 저는 경제부 과천팀장으로서 기획재정부와 산업통상자원부, 농식품부 등 경제부처를 담당하고 있었고요. 과천청사 집무실에서 가진 교수님과의 1시간여 만남은 국민보고대회를 어떻게 준비해야 할지에 대한 큰 줄기를 잡는 데 결정적인 도움이 됐습니다. 짧은 시간이었지만 우리 농업의 고질적인 문제점과 이를 해결하기 위한 방안을 도출하려면 어떤 방법이 좋을지에 대한 교수님의 조언은 농업에 완전 문외

한이었던 경제기자의 촉을 자극하기에 충분했죠.

이후 우리 팀은 이전과는 전혀 다른 연구 경로를 설정했습니다. 컨설팅사 혹은 연구기관을 배제하고 기자들만으로 팀을 꾸려가기로 결정한 것이죠. 어차피 도움받을 곳이 없다면 기자들이 가장 잘할 수 있는 방법으로 일을 풀어가기로 한 것입니다. 그렇게 시작된 농업 전문가들에 대한 심층 인터뷰는 대상자가 60여 명에 달할 때까지 지속됐습니다.

그렇게 많은 분들의 도움으로 탄생한 '아그리젠토 코리아–첨단농업 부국의 길' 보고서는 너무 많은 관심을 받았고, 과분한 칭찬을 들었습니다. 국민보고대회 당일 저희가 발표를 마친 직후 정부 대표로 연단에 오른 교수님께서 강평하셨던 내용이 저는 지금껏 귀에 생생합니다. "앞으로 농업을 위한 정부의 역할이 무엇보다 중요하다는 점을 다시 한 번 깨달았습니다. 농식품부가 이번 발표 내용을 겸허히 받아들여서 한국 농업이 새로운 가능성을 찾고 매력적인 농업이 될 수 있도록 노력하겠습니다." 그간의 고생이 눈 녹듯 사라졌던 기억이 새롭습니다.

이후 10여 년의 세월이 흐르는 동안 저는 다시 경제기자로 돌아와 취재 일선에서 뛰고, 데스크를 경험하면서도 늘 가슴 한구석에 농업이 떠나지 않고 자리 잡고 있음을 느꼈습니다. 어찌 보면 그 기간은 농업전문기자가 되기 위한 역량을 축적하는 준비의 과정이 아니었나 하는 생각도 해봅니다.

같은 기간 교수님은 다시 민간으로 돌아와 벤처농업대학에서 혁신 농업가를 양성하는 데 매진하셨지요. 제가 놀랐던 건 교수님께서 삼성경제연구소 부사장 직책을 박차고 나와 네덜란드 현지로 자비 연수를 떠난 일이었습니다. 제가 경제부장이던 시절 네덜란드 연수를 마치고 돌아와 가진 식사 자리에서 현지에서 보고 배운 것을 들려주실 때 그 반짝반짝하던 교수님의 눈빛을 잊을 수 없습니다.

제가 농업전문기자 제안서를 회사에 제출하기 바로 전날 미리 약속을 잡고 교수님을 만났던 것은 스스로의 결심에 확신을 더하고 싶었기 때문이었습니다. 그 자리에서 "평생 농업 분야에 종사하면서 당신 같은 기자가 한 명쯤은 있었으면 좋겠다는 생각을 많이 했다"는 교수님의 격려에 걱정은 순식간에 사라지고 자신감이 뿜뿜했던 기억이 선명합니다.

농업전문기자로서 지금까지 길지 않은 시간이었지만 교수님과 함께해 온 모든 것이 저에겐 큰 보람이자 즐거움입니다. 고(故) 이어령 교수님과 최진석 교수님, 윤종록 전 차관님을 모시고 진행했던 '생명화 시대, 농업의 미래-디지로그 심포지엄'을 비롯해 아그리젠토 코리아 후속으로 개최한 '아그리젠토 코리아 2.0-푸드테크혁명' 포럼, 그리고 매월 열리는 '애그테크 최고경영자(CEO) 포럼' 등 다양한 행사들이 모두 농식품업계로부터 큰 사랑과 관심을 받았습니다. 교수님의 도전 정신이 아니었으면 이루지 못했을 '세계농업인공지능대회' 3위 입상이라는 쾌거를 발판으로 '농식품 인공지능 아카데미' 프로그램을 함께 기획해 진행하고 있는 것도 기분 좋은 일입니다.

여기에 더해 이번에 '농업, 트렌드가 되다'를 교수님과 함께 출간하게 된 것도 매우 의미 있는 일이라고 생각합니다. 교수님과 저의 최근 칼럼과 기사 중 독자들이 관심 가질 만한 내용을 엮어 펴낸 것이지만, 새로운 시각으로 풀어낸 농업 이야기를 독자들과 함께 책으로 공유할 수 있는 것은 또 다른 재미를 선사하지 않을까 기대합니다. 이번에 책 작업을 하면서 농업에 대한 교수님의 사명감과 애정을 다시 느낀 것 역시 저한테는 큰 소득입니다. 지금까지도 그랬지만 앞으로도 교수님과 함께해 나갈 많은 일들이 제게 즐거움과 행복, 보람을 가져다 줄 것이라고 믿습니다. 모쪼록 오래도록 우리 농업계를 지켜주실 것을 당부드립니다. 저도 곁에서 최선의 노력을 다하겠습니다.

감사합니다.

2023년 3월
정혁훈 올림

제1부
농업, 디지털이 되다

K스마트팜의 위력

세계 최초의
터널형 수직농장

1970년 7월 7일. 단군 이래 최대 토목공사였던 경부고속도로 개통식이 열렸던 날이다. 서울에서 부산까지 428km 구간을 2년5개월 만에 준공한 대역사였다. 공사에 투입된 연인원만 900만명에 달했다.

그런데 이 경부고속도로 개통식을 앞두고 정부에 비상이 걸렸었다는 사실을 아는 사람은 많지 않다. 박정희 대통령이 참석할 개통식 행사 날짜가 정해진 가운데 유독 한 공구에서 공사가 늦춰지고 있었기 때문이다. 바로 충북 옥천터널(옛 당재터널) 공사 구간이었다. 이 터널은 대전과 대구를 연결하려면 중

간에 반드시 뚫어야 하는 곳이었다. 문제는 터널의 길이가 690m로 당시로서는 한 번도 시도해보지 못했을 정도로 길었고, 산 전체가 암반으로 이뤄져 있어 공사하기가 매우 까다로운 최악의 난구간이었다는 점이다. 공사 첫 삽을 뜬 지 13일 만에 낙반 사고로 3명이 순직했을 정도로 공포의 공사 구간으로 통했다.

하행선 터널은 개통식 두 달 전에 겨우 완공할 수 있었지만 상행선 준공은 개통식까지 불가능해 보였다. 공사를 맡은 곳은 현대건설. 결국 정주영 회장이 직접 나섰다. "값이 아무리 비싸더라도 20배 빨리 굳는 조강시멘트를 생산해 쏟아붓자"며 특유의 돌파력으로 공사를

경부고속도로 옥천터널(옛 당재터널) 구간에서 작업자들이 드릴을 이용해 암반을 뚫고 있다. 넥스트온 제공

이끌었다. 개통식 이틀 전에야 가까스로 옥천 터널이 완공됐다. 경부고속도로 공사에 생명을 바친 77명 순직자 위령탑이 바로 이 터널 근처에 세워진 배경이다.

이 옥천터널이 지금은 세계 최대 규모 버티컬 팜(수직농장)으로 탈바꿈돼 운영되고 있다. 고급 채소류와 딸기, 바이오 소재용 작물이 재배되는 첨단 스마트팜이다. 바닥 면적이 6700㎡(약 2020평)에 달한다.

어떤 연유로 고속도로 터널이 첨단 스마트팜으로 바뀐 것일까. 그건 넥스트온이라는 스타트업의 아이디어에서 출발했다. 이 스타트업을 창업한 사람은 최재빈 대표. 그는 세계적인 LED 칩 업체로 성장한 서울반도체 사장 출신이다. 회사 매출이 1조원을 돌파하면 사직하고 나와 내 회사를 차리고 싶다는 평소 생각을 실천에 옮긴 그는 2017년 넥스트온을 설립했다.

그가 수직농장을 사업 아이템으로 생각한 건 LED 비즈니스 경험을 활용하면서 미래 성장성까지 담보할 수 있는 분야가 바로 농업 쪽이라고 봤기 때문이다. 처음에는 국내 다른 수직농장 회사를 인수하려고 생각했지만 만족할 만한 기술력을 확보한 곳을 찾기 어려웠다. 서울반도체에서 일하면서 경험한 LED 기술과 공조 기술, 정보통신기술(ICT)을 결합해 자체적으로 수직농장 시스템을 개발하는 것이 최선이라고 판단했다고 최 대표는 설명했다.

넥스트온이 일반 건물이 아닌 터널에 수직농장을 설치하게 된 건 국내외 수직농장 대부분이 비용 문제로 애를 먹고 있다는 사실을 발견했기 때문이다. 투자비와 운영비를 낮추고 규모의 경제를 실현하지 않고는 아무리 좋은 기술을 확보하고 있어도 의미가 없다고 본 것이다. 그는 전국의 폐터널을 물색한 끝에 지금의 옥천터널을 확보했다. 옥천터널은 경부고속도로 직선화 사업에 따라 인근에 새로운 터널이 뚫리면서 2002년 이후로는 계속 폐터널로 남아 있던 곳이다.

넥스트온이 충북 옥천터널에서 운영하고 있는 버티컬팜의 모습.

넥스트온 관계자들이 처음 이곳을 방문했을 때는 터널 안이 온갖 폐기물로 가득 차 있어 쓰레기장을 방불케 했다. 터널 안에서 나온 폐기물이 11t 트럭 15대 분량이었고, 클리닝 작업을 완전히 마치기까지 8개월이 걸렸다.

엽채류뿐만 아니라 딸기도 재배

서울에서 2시간 이상을 달려 경부고속도로 금강톨게이트를 빠져나온 뒤 5분을 더 가자 옥천터널이 나왔다. 터널 내부 전체가 외부와 밀폐된 수직농장으로 운영되고 있다. 이 터널은 세 곳의 재배공간으로 구성돼 있는데, 처음 200m 구간에서는 주로 샐러드용 채소가 재배되고 있다. LED 조명 속에서 다양한 엽채류가 수경재배 방식으로 자라고 있는 것은 다른 수직농장들과 다르지 않았다. 그러나 규모가 완전히 달랐다. 압도적이라는 말이 절로 나온다. 터널 바닥부터 천장까지 엽채류 선반이 14단으로 구성돼 있다. 이 선반에서 이자벨, 이자트릭스, 카이피라, 프리라이스 등 이름도 생소한 엽채류가 자라고 있다. 이들 채소는 고급 프랜차이즈나 일부 대형 유통업체로 납품돼 샐러드박스나 프리미엄 햄버거용으로 많이 사용된다. 1년에 300t 정도를 수확할 수 있다고 한다. 만약 노지에서 재배한다고 가정하면 몇 만 평 정도 되는 땅에서 생산할 수 있는 물량이다.

터널 중간의 100m 구간에서는 바이오 소재용 작물이 재배되고 있고, 터널 남쪽 마지막 300m 구간에서는 딸기가 재배되고 있다. 딸기 재배 선반은 8단으로 구성돼 있다. 흙이 아닌 특수 무기질 배지(미생물 배양물질)에서 딸기가 자란다. 여기서 생산할 수 있는 저온성 딸기는 연간 약 100t 규모다. 아직까지도 수직농장에서 딸기를 대량생산하는 데 성공한 업체는 많지 않다. 잎만 기르면 되는 엽채류와 달리 과일류는 잎을 키운 뒤 꽃을 피우고 수정까지 해야 해 기술적 난이도가 높기 때문이다. 특히 딸기를 재배하려면 벌을 이용해 수정을 해야 하지만 LED 조명 아래에서는 벌의 활동성이 떨어져 수정 성공률이 낮은 게 문제다. 넥스트온은 자체 노하우로 이런 문제를 해결했다.

넥스트온은 엽채류와 바이오 소재용 작물, 딸기에 대한 재배 노하우 이외에 의료용 헴프(대마)에 대한 재배·학술연구 허가도 보유하고 있다. 터널 남쪽 끝 자물쇠로 걸어 잠근 작은 밀폐 공간에서 의료용 헴프를 재배한다. 의료용 헴프는 치매와 우울증 등 다양한 질환의 치료제 개발용으로 사용되는 것으로, 전 세계 시장 규모가 400조원에 달하는 것으로 추정될 정도로 유망한 분야다. 우리나라에서는 아직 규제로 묶여 있지만 유럽과 미국에서처럼 판매가 합법화될 경우 상당한 사업적 시너지를 낼 것으로 회사 측은 기대하고 있다.

농장으로 변신한
도심 지하

인류에게 식량위기가 닥칠 것이라고 주장하는 사람들의 가장 큰 근거는 전 세계 인구는 지속적으로 증가하는 반면 각국의 개발 여파로 경작지 면적은 계속 줄어들기 때문이라는 것이다. 그러나 희소식 중 하나는 이른바 '도시농업'이 생각보다 활발하게 발전하고 있다는 점이다. 아파트 베란다나 건물 옥상, 자투리 텃밭에서 농사를 짓는 도시민이 증가하고 있는 것이 대표적이다. 여기서 한 발 더 나아가 지하철 역사나 버려진 지하상가 등 도심의 지하를 수직농장으로 바꾸는 사례도 국내에서 적극적으로 나타나고 있다. 도심지 지하 공간에 농장을 설치하는 것은 전 세계적으로도 드문 일이지만 우리나라 농업 스타트업들은 꽤나 활발하게 시도하고 있어 주목된다.

우리나라에서 도시농업이라는 개념이 처음 등장한 것은 1986년 서울 아시안게임 개최를 즈음해서다. 사상 최대 규모 글로벌 체육 행사를 앞두고 이런저런 생활개선운동이 한창이던 시절이었다. 이때 농촌진흥청이 들고나

팜에이트가 서울 지하철 7호선 상도역에서 운영하고 있는 메트로팜 모습.

온 것이 바로 '생활원예'라는 개념이었다. 그 첫 사업이 아파트 건설 붐에 편승한 '베란다 원예'였다. 이어 1992년 우리나라 최초의 주말농장이 청계산 자락인 서울 서초구 원지동에 생겼다. 지금도 운영 중인 대원주말농장이 바로 그곳이다. 이후 조용하게 성장하던 도시농업은 2010년 이후 더욱 빠른 속도로 발전하기 시작했다. 경기도농업기술원에 따르면 2010년 104㏊이던 전국 도시 텃밭 면적은 2019년 1323㏊(약 400만평)로 9년 새 12.7배 늘었다. 여의도 면적의 1.4배에 해당하는 도시 텃밭이 운영되고 있는 셈이다. 또한 도시농업 참여자 수는 같은 기간 15만3000명에서 241만8000명으로 15.8배 증가했다.

지금까지는 이처럼 가정 단위에서 하는 개별 도시농업만 존재했다면 최근 들어서는 기업 단위에서 진행하는 도심 지하 도시농업이 등장하고 있다는 점에서 차별화된다. 그동안 도시농업이 양적인 성장을 해 왔다면 앞으로는 질적인 성장을 예상할 수 있는 대목이다. 단순히 남는 땅을 활용한 텃밭 농사에 그치지 않고 LED 조명으로 작물을 기르는 첨단 수직농장을 포함한 스마트팜 형태의 도시농업이 도심에서 발전하고 있는 것이다.

대표적인 것이 지하철 역사에 등장한 수직농장이다. 서울 지하철 7호선 상도역에 들어선 '메트로팜'이 좋은 사례다. 이곳은 우리나라 최초로 수직농장을 도입한 샐러드 생산업체 팜에이

서울 지하철역 5곳 이어 폐쇄됐던 지하상가도 도심형 수직농장 변신

트가 운영하고 있다. 상도역 계단으로 내려가다 보면 예전에 비어 있던 자투리 공간에 규모가 꽤 큰 수직농장이 눈에 띈다. 이곳에서는 6단으로 설계된 선반에서 LED 조명과 수경재배 방식으로 샐러드용 채소를 재배하고 있다. 바닥 면적 221㎡(약 66평)에서 하루 500포기 엽채류를 생산한다. 이 채소는 메트로팜 내에 있는 카페에서 직접 샐러드로 만들어 팔기도 하고, 다른 유통업체에 공급되기도 한다.

이 수직농장이 위력을 발휘하는 것은 한여름이다. 여름철에는 채소류 공급이 줄면서 가격이 급등하는 경우가 많다. 여기선 날씨와 관계없이 온도를 섭씨 20도 전후로 유지하며 사계절 내내 같은 품질의 채소를 안정적으로 생산할 수 있다. 겨울엔 주로 허브류 재배로 차별화한다.

이런 메트로팜은 상도역 이외에 2호선 충정로역 · 을지로3가역, 5호선 답십리역, 7호선 천

왕역 등 서울 4개 역에 더 있다. 서울교통공사는 빈 공간을 내주는 대신 민간업체가 올리는 매출의 일정 비율을 수수료로 받아 서로 윈윈하고 있다.

이보다 규모가 큰 지하 수직농장이 운영되고 있는 곳도 있다. 바로 서울 지하철 3호선 남부터미널역과 연결된 지하상가다. 이곳은 옛 진로종합유통 건물 지하로 연결되는 공간으로 121개 상가가 있던 자리다. 민간에서 운영하다가 상권이 완전히 죽은 탓에 2008년 기부채납된 이후 10년 넘게 공실로 비어 있던 곳이다. 지하 1층과 2층, 3층에 각각 폭 10m, 길이 180m 터널형 공간이 있다. 전체 면적은 5629㎡(약 1700평)에 달한다.

이곳 지하 2층 공간에서는 현재 다양한 엽채류가 자라고 있다. 여기서 재배한 채소는 가장 신선한 상태로 인근 레스토랑 등 도심 내 수요지로 바로 납품된다. 이 수직농장을 설치한 스타트업이 바로 옥천터널에서 수직농장을 운영하는 넥스트온이다. 넥스트온은 이곳을 단순히 재배를 위한 지하공간으로서만 활용하기보다 새로운 도심지 문화명소로 육성한다는 계획을 갖고 있다. 현재 재배공간으로 활용하는 지하 2층을 제외한 지하 1층과 3층을 새로운 문화공간으로 탈바꿈시키는 작업을 진행하고 있다. 최근 들어 관심을 받고 있는 K-농업을 전 세계로 알리는 전진기지로 만들겠다는 것이 이 회사의 목표다.

세계에서 가장 달달한 토마토

토마토는 과일인가? 채소인가? 예전에는 과일이라고 답하는 사람도 많았지만 요즘은 자연스레 채소로 여겨지고 있다. 국내에서 논란이 많았던 것은 토마토에 대한 쓰임새가 우리와 서구가 좀 다른 데서 기인한다. 우리나라에선 토마토를 대개 과일처럼 먹는다. 어린 시절 냉장고에서 바로 꺼내서 그대로 한입 베어 먹을 때 나오는 토마토의 시원한 즙은 일품이었다. 이에 비해 서구에선 토마토만 따로 먹는 일이 거의 없다고 한다. 샌드위치나 햄버거, 피자 아니면 샐러드에 넣어서 먹는다. 익혀 먹는 경우가 더 많을 정도다. 요즘은 우리도 토마토를 채소처럼 섭취하는 일이 빠르게 늘어나고 있다. 통계청에서도 토마토를 오이나 호박, 가지, 고추처럼 과채류로 분류하는 만큼 공식적으로도 채소가 맞는다. 채소는 세 종류로 구분되는데 토마토와 같은 과채류가 있고, 상추와 같은 엽채류, 그리고 연근과 같은 근채류가 있다.

과채류는 과일과 달리 당도가 낮다 보니 과거엔 토마토에 설탕을 뿌려 먹는 일이 많았다. 그런데 요즘 설탕을 뿌린 것보다 훨씬 더 단맛을 내는 토마토가 시중에 등장했다. 일명 '스테비아 토마토'다. 생산 농가와 판매 업체에 따라 다양한 브랜드가 있지만 공통점은 스테

우듬지팜이 운영 중인 첨단 반밀폐 유리온실 모습. 우듬지팜 제공

비아를 활용해 토마토의 단맛을 높였다는 점이다.

스테비아는 남미가 원산지인 식물로 여기에서 나는 단맛은 설탕보다 200~300배 강한 것으로 알려져 있다. 이 식물에서 추출한 감미료가 바로 스테비오사이드인데, 국내에서는 이를 스테비아로 통칭해 부른다. 미국 식품의약국(FDA)에서 승인한 천연감미료이다 보니 레스토랑 등에서 단맛을 내기 위해 사용돼 왔다.

이 단맛 나는 스테비아 토마토가 급속히 시장을 넓혀가고 있다. 그동안 토마토를 찾지 않던 소비자들이 새로운 맛의 토마토에 빠져들고 있다. 이 토마토를 주로 생산하는 한 스마트팜 실적이 매년 급성장하고 있는 배경이다. 덕분에 해당 토마토 생산 기업은 우리나라 최초로 '스마트팜 증시 상장'이라는 목표에 한걸음 다가서고 있다. 그 주인공은 충남 부여에 있는 우듬지팜이다.

젊은 층 입맛 사로잡자 매출 급증

충남 공주역에서 차를 타고 30분 정도를 달리면 부여 우듬지팜이 나타난다.

멀리서부터 보이는 대형 유리온실이 눈길을 확 사로잡는다. 하나는 1만평짜리, 다른 하나는 9000평짜리다. 여기에 1000·4000·7000평짜리 스마트 비닐온실도 한곳에 모여 있다. 이 밖에 이런저런 시설을 다 합치면 온실 면적만 3만3000평 정도 된다. 축구장 13개가 들어갈 수 있는 넓이다.

여기에서 재배하는 품목은 대부분 토마토. 샌드위치나 햄버거에 들어가는 완숙토마토도 있지만 주로 대추방울토마토가 재배된

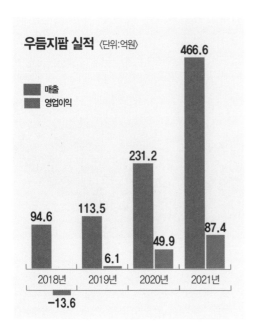

우듬지팜 실적 〈단위:억원〉

■ 매출
■ 영업이익

466.6

231.2

113.5

94.6

6.1

49.9

87.4

−13.6

2018년   2019년   2020년   2021년

다. 연간 생산량은 3000t 정도. 우리나라 토마토 단일 농장으로는 가장 많은 생산량을 자랑한다.

단순히 면적이 넓어서 생산량이 많은 건 아니다. 우듬지팜이 보유하고 있는 유리온실 두 곳은 지금까지 개발된 것 중 가장 첨단에 속하는 '반밀폐 유리온실'이라 생산성이 높다. 그러나 그것만으로는 스마트팜의 첫 증시 상장이라는 꿈을 이루기 어렵다. 매출 확대와 수익성 확보에 한계가 있기 때문이다. 토마토를 아무리 잘 길러봐야 매출액 대비 영업이익률 5%를 넘기기가 쉽지 않다. 만약 날씨와 기온 등 환경 제어 실패로 생산성이 떨어지거나 시장의 전체적인 공급 증가로 가격이 떨어지게 되면 매출

우듬지팜 직원들이 충남 부여군 소재 첨단 반밀폐 유리온실에서 토마토를 수확하고 있다. 우듬지팜 제공

이 언제라도 줄어들 수 있는 리스크가 있는 게 농업이다. 우듬지팜의 진짜 경쟁력은 재배보다 가공에서 나온다. 토마토에 스테비아를 함유시키는 특허 기술이 바로 그것이다.

스테비아를 채소나 과일에 적용해 당도를 높이려는 노력은 오래전부터 있어 왔다. 일본이 먼저 시도했지만 상용화에 도달한 사례는 거의 없다. 우리나라에서도 사과를 시작으로 몇 개 품목에서 스테비아 처리를 통해 당도를 높이려는 시도가 있었지만 결과는 신통하지 못했다. 양액에 스테비아를 섞어서 살포하는 방법으로 작물의 당도를 높이기도 했고, 스프레이를 활용해 토마토에 살포하는 방법이 쓰이기도 했다. 그러나 대부분 본격적인 상용화로 이어지지는 못했다. 우듬지팜도 이런저런 방법을 시도했으나 초기에는 효과를 보지 못하다가 수많은 시행착오 끝에 2019년 지금의 기술을 고안하게 됐다.

우듬지팜의 특허는 스테비아 희석액을 넣은 체임버(고압을 견디는 용기)에 토마토를 가득 채운 뒤 가압과 감압을 반복하는 기술이다. 이때 스테비아 희석액이 빠르게 스며들 수 있도록 초음파를 활용한다. 최종적으로 토마토 무게의 1000분의 1 정도에 달하는 스테비아 희석액이 토마토 내부로 스며든다.

이렇게 만들어진 스테비아 토마토는 아주 달 수밖에 없다. 시장 반응을 조사해 보면 연령대별로 그 차이가 뚜렷한 이유다. 우듬지팜

우듬지팜의 온실 확장		
완공 시기	면적(평)	온실 형태
2013년 10월	4000	비닐
2014년 3월	1200	비닐
2016년 3월	7000	비닐
2017년 5월	1000	비닐
2019년 12월	9000	반밀폐 유리
2020년 3월	1400	반밀폐 유리
2020년 12월	1만	반밀폐 유리

자체 조사에 따르면 50·60대 이상 소비자들은 "너무 달다"는 반응이 대부분이다. "너무 달아서 별로야"라고 생각하는 것이다. 40대에서도 "달다"는 평가가 많다. 그러나 30대에서는 "괜찮은데", 20대에서는 "맛 좋은데"라는 반응이 압도적으로 많다고 한다. 평소에 토마토가 맛이 없어 먹지 않던 젊은 층이 스테비아 토마토를 접한 뒤 토마토 구매 단골 고객이 되는 등 새로운 토마토 시장을 창출하고 있는 것이 이 회사의 최대 강점이다. 더구나 스테비아 성분은 포도당(단당류)과 달리 다당류여서 몸에 흡수되지 않는다. 당뇨병 환자가 먹어도 당 수치가 올라가지 않는다는 뜻이다. 칼로리도 낮은 편이어서 다이어트를 시도하는 젊은 여성들도 스테비아 토마토에 대한 선호도가 높은 것으로 나타나고 있다.

농업회사법인 어석의 직원이 유럽형 상추를 수경재배하는 베드 안쪽을 보여주고 있다.

단맛에 대해 우려하는 시각도 있지만 스테비아의 하루 권장량은 몸무게 kg당 4mg(미국 FDA 기준)이어서 60kg 성인 기준으로 240mg에 달한다. 스테비아 토마토로 이 정도를 섭취하려면 토마토를 하루 10박스 정도는 먹어야 하기 때문에 일상적인 스테비아 토마토 섭취가 몸에 해로울 이유는 없다는 게 회사 측 설명이다.

스테비아 토마토에 대한 시장 수요가 늘어나면서 우듬지팜은 자체 생산량의 2배에 달하는 토마토 물량을 협력 농가에서 사들여 스테비아 가공을 한다. 전국 60여 개 농가가 우듬지팜에 토마토를 공급한다. 이 회사가 2021년 467억원 매출에 87억원 영업이익을 올린 배경이다.

농가 · 대기업 상생

스마트팜

서울에서 자동차로 약 1시간30분 거리에 있는 경기도 이천시 장호원읍 어석리는 주변이 온통 야트막한 산과 논, 밭으로 둘러싸인 전형적인 농촌 마을이다. 그 한편에 대형 비닐하우스가 있다. 바닥 면적 8000㎡(약 2400평)에 높이 8m로 농촌에서 흔히 볼 수 있는 비닐하우스보다는 넓고 높아서 멀리서 보면 마치 대형 유리온실처럼 보인다. 여기서는 낮 기온이 30도를 훌쩍 넘는 한여름 무더위 속에서도 파릇파릇한 상추가 잘 자라고 있다. 버터헤드, 이자벨, 카이피라, 이자트릭스, 로메인 같은 유럽형 상추다. 이런 모습이 낯선 건 고온이 지속될 경우 비닐하우스 안에서는 상추가 웃자라거나 타버려 못쓰게 되기 때문이다. 여름철만 되면 상추가 삼겹살보다 비싼 금(金)추가 되는 배경이다.

이곳 비닐하우스 스마트팜은 농업회사법인 어석이 운영하고 있는데, 이 어석을 설립해 운영하는 곳은 바로 동원그룹이다. 식품 대기업이 비닐하우스로 농사를 짓는다고 하면 언뜻 이해하기가 어렵다. 대기업이 농업을 하는 게 요즘은 특별한 일이 아니지만, 그래도 비닐하우스로 농사를 짓는 건 매우 특이한 사례에 속한다. 속사정을 들어보니 이곳은 김재철 동원그룹 명예회장의 못다 이룬 꿈을 실현하기 위한 농장이었다.

김 회장은 부산에 있는 수산대(현 부경대)를 졸업한 뒤 20대부터 원양어선 선장을 하다가 1969년 회사를 설립해 지금의 동원그룹을 일군 기업인이다. '참치왕'이라는 별명이 너무나 자연스러운 바다 사나이다. 그런데 김 회장은 사실 고향에 있는 강진농고(현 전남생명과학고)를 졸업했다. 농촌에서 9남매의 장남으로 태어난 그에게 농고는 자연스러운 선택이었다. 성적이 좋았던 그는 서울대 농대 입학까지 예정돼 있었지만 "내가 너희라면 자원의 보고인 바다로 가는 길을 선택하겠다"는 담임 선생님 말씀에 감화돼 막판에 수산대로 방향을 틀었다. 이후 동원그룹 경영만 50년을 했고, 2019년 현직에서 물러난 이후 지금껏 농업에 몰두하고 있다. 그 결과가 바로 이곳 비닐하우스형 스마트팜이다.

상추류가 여름이면 문제가 되는 것은 저온성 작물이어서 섭씨 20도 전후에서 잘 자라는 특성 때문이다. 낮 기온이 30도를 훌쩍 넘는 한국의 여름은 하우스 상추 재배엔 넘사벽이다. 어석도 수많은 시행착오를 겪었다. 그러나 이제는 여름을 두려워하지 않는다. 핵심은 두 가지. 하나는 물의 온도를 낮추는 칠러, 다른

농업회사법인 어석이 경기도 이천시 장호원읍에서 운영 중인 스마트팜 모습.

비닐하우스 안에 있는 육묘장에서 상추 씨를 활용해 싹을 틔우고 있는 모습.

하나는 용존산소 공급기다.

이곳에서 상추를 재배하는 방식은 흙이 아니라 물을 사용하는 수경재배로 폭 83㎝, 깊이 18㎝, 길이 92m의 대형 베드에 물과 양액(양분)을 담은 뒤 그 위에 상추를 올려 재배한다. 물 온도를 섭씨 20도에 정확히 맞추는 게 핵심이다. 이를 위해 베드 안에 알루미늄으로 만든 파이프를 넣고, 그 안으로 차갑게 식은 물을 흐르게 한다. 파이프 내 물의 온도는 섭씨 15도. 그러면 이 파이프로 인해 베드 안의 물이 식으면서 물 온도가 대략 섭씨 20도로 맞춰진다.

물 온도를 잘 맞춘다 해도 시간이 지나면서 물

의 용존산소가 줄어드는 게 문제다. 어석은 이를 해결하기 위해 물고기를 기르는 어항에서 쓰는 것과 같은 용존산소 공급기를 달았다. 다른 스마트팜에서는 적용하지 않는 방식이지만 일반 흙보다 밀도가 낮은 모래흙에서 상추가 더 잘 자라는 것에 착안했다. 물 안에 산소를 보강해 주자 생산성이 20% 높아졌다. 아무리 그래도 한여름에는 비닐하우스 내부 온도가 섭씨 40~50도 이상으로 순식간에 올라가는데 상추가 잘 자랄 수 있을까. 대부분의 농민이 제기하는 의문이다. 숨은 비결이 더 있기에 가능한 일이다. 일반 비닐하우스보다 층고를 높여 내부 체적을 넓힌 것이 주효했다. 그러면 한여름에도 온도 제어에 유리하고, 대류 순환의 긍정적 효과도 볼 수 있다. 내부 기온을 낮추는 또 하나의 비법은 물의 온도가 낮아지면서 베드 바닥이 함께 차가워지는 효과를 이용하는 것이다. 베드 아래에 설치된 송풍기로 흘려보낸 공기가 차가워진 베드와 만나 주변을 서늘하게 만든다. 여기에 더해 자동으로 차광막까지 덮으면 30도 이상의 폭염 속에서도 상추를 안정적으로 재배할 수 있다.

덕분에 어석은 전체 직원들 인건비 등 이런저런 비용을 제외하고도 충분한 수익을 창출할 수 있게 됐다. 정부 지원을 받지 않고도 수익을 낼 수 있는 스마트팜을 완성했다는 데 가장 큰 의미가 있다. 여기서 한 발 더 나아가 시행착오를 겪으며 확보한 스마트팜 운영 노하우를 계약 농가에 교육하고, 이들 농가에서 생산한 물량에 대한 판로도 책임져 주고 있다. 자체 농장의 생산 물량과 일반 농가에서 생산한 물량을 한데 모아서 대형 유통업체의 상설 매대로 연결해주는 상생 모델을 도입한 것이다. 어석은 이미 충남 부여와 논산, 전북 정읍·김제·무주·진안, 경북 문경 등에서 여러 농가와 계약을 맺어 함께 생산하고 있다.

구체적인 재배 방식은 조금씩 다르지만 어석이 그동안 쌓은 상추 재배 노하우가 이들 농가에 아낌없이 제공된다. 이뿐만 아니라 이들 농가에서 생산한 상추를 한곳에 모아 전량 유통까지 해준다. 일반 농가들과 달리 공영 도매시장에서 경매 방식으로 파는 게 아니라 전량 대형 마트나 외식 프랜차이즈, 식자재 업체 등으로 공급되기 때문에 연중 일정한 가격을 받는 것이 최대 강점이다.

어석과 농가의 협업은 '디지털 강소농'이라는 새 모델을 제시하고 있다는 평가를 받는다. 한국 농업은 농가당 경지 면적이 작은 소농 위주로 구성돼 있다는 게 최대 약점이다. 세계 최고의 경쟁력을 갖춘 네덜란드는 농가당 경지 면적이 20㏊가 넘는다. 이에 비해 우리나라 농가의 평균 경작 면적은 1㏊ 수준. 따라서 이런 소농이 경쟁력을 갖추려면 부가가치가 높은 작물을 재배해 고소득을 올릴 수 있는 강소농이 돼야 한다는 지적이 오래전부터 제기돼왔다. 특히 4차 산업혁명 시대를 맞이해 빅데이터와 인공지능(AI), 사물인터넷(IoT) 같은 정보통신기술(ICT)을 농업에 접목하는 이른바 '디지털 강소농'을 육성해야 한다는 주장이다. 문제는 자본과 경험이 부족한 소농들에게 디지털 역량을 심어주는 것이 쉽지 않다는 점이다. 그런 면에서 어석이 발전시킨 비닐하우스형 스마트팜은 소농들이 경쟁력을 확보할 수 있는 기술과 판로를 제공해 준다는 점에서 한국형 디지털 강소농을 육성할 수 있는 유력한 대안이 될 수 있다는 평가가 나오고 있다.

전국 논 면적 〈단위:만ha〉

2009년	2013년	2016년	2019년	2021년
101	96.4	89.6	83	78

쌀 생산량 〈단위:만〉

2009년	2013년	2016년	2019년	2021년
492	423	420	374	388

쌀 자급률 〈단위:%〉

2009년	2013년	2016년	2019년	2021년
101.1	89.2	104.7	92.1	84.6

벼농사에도 스마트 농법 적용

스마트 농업이라고 하면 대개 채소나 일부 과일 등 시설재배만을 떠올리기 쉽지만 그건 오해다. 미국에서는 스마트 농업이라는 말 대신에 정밀농업이라는 말이 먼저 사용됐고, 정밀농업은 시설재배 이전에 노지재배에 먼저 적용되기 시작했다. 옥수수와 콩, 밀, 감자 등 노지 작물이라도 재배 과정에 센서나 환경제어 등 기술이 적용된다면 그건 스마트 농업으로 분류된다. 우리나라에서는 시설재배 쪽에서부터 스마트 농법이 적용되다 보니 많은 사람들이 스마트 농업 혹은 스마트팜이라고 하면 우선적으로 시설재배를 떠올리는 것일 뿐이다. 최근 들어서는 우리나라의 대표적인 농업인 벼농사에도 스마트 농법이 활발하게 적용되고 있다. 이른바 '스마트 벼농사'다.

스마트 벼농사의 핵심은 그동안 토지 생산성에 집중하던 벼농사 농법을 노동 생산성을 끌어올리는 쪽으로 바꾸는 것이다. 과거에는 벼농사에서 단위면적당 생산량을 끌어올리는 게 지상 최대 과제였다. 한정된 국토 면적을 보유한 나라에서 전 국민을 풍족하게 먹일 쌀을 생산하려면 같은 땅에서 보다 많은 쌀을 수확하는 것이 1순위 과제였던 것이다. 박정희 정권 때 밥맛이 아무리 없어도 통일벼 재배를 강제 독려한 것도 맛을 추구하기보다는 배고품을 해결하는 게 더 절실한 시절이었기 때문이다.

쌀 자급률이 어느 정도 달성된 이후 '맛없는' 통일벼가 도태된 것은 예정된 수순이었다. 1980년대 중반 이후부터는 통일벼가 사라지면서 맛 좋은 품종의 벼가 속속 도입됐다. 물론 그 이후에도 우리나라 벼농사는 여전히 토지 생산성 굴레를 벗어나지 못했다. 인력, 설비, 비료 등을 대거 투입해 같은 면적에서 많이 생산하는 게 여전히 최선의 방식으로 여겨졌다. 그러나 이런 방식은 문제가 많다. 단위면적당 생산량이 아무리 많아도 투입되는 인력, 설비, 비료 비용이 많이 들어가면 실제 농민이 손에 쥐는 순수익을 늘릴 수 없기 때문이

다. 더구나 농촌에서는 일손 구하기가 갈수록 어려워지고 있다.

이에 따라 다양한 방법으로 벼농사 농법에서 혁신이 이뤄져왔는데, 그중 첫 번째는 소식재배다. '소식(疏植)'은 벼를 성기게 심는 것을 말한다. 소식재배를 순우리말로 '드문모 심기'로 표현하기도 한다. 벼농사는 가장 먼저 하는 것이 모판에 볍씨를 뿌린 뒤 싹을 틔우는 일이다. 그렇게 해서 벼가 15㎝ 정도 자라면 모판(육묘상자)을 논으로 가져와 모내기를 한다. 모내기는 보통 가로 30㎝, 세로 15㎝ 간격으로 일정하게 심는다. 과거엔 사람들이 일렬로 서서 작업을 했지만 1970년대 후반부터 이앙기가 도입됐다.

한 농민이 경기도 여주 논에서 콤바인을 이용해 추수를 하고 있다.

물에 뜨지 않도록
볍씨에 철분을 코팅
드론으로 직파 재배

일반 벼농사는 모내기 때 벼 10개를 한 뭉치로 심는다. 그렇게 해야 자라면서 옆으로 퍼져 추수할 때가 되면 논 전체가 벼로 꽉 찬다. 이에 비해 소식재배는 벼 4개를 한 뭉치로 심는다. 벼 뭉치를 심는 간격도 가로 30㎝, 세로 20㎝로 좀 더 띄운다. 일반 벼농사에서는 33㎡(약 10평)당 모판 1개가 필요하다. 4만㎡(약 1만2000평) 벼농사를 지으려면 모판이 1200개 필요한 셈이다. 이에 비해 소식재배는 벼를 성기게 심기 때문에 132㎡(약 40평)당 모판 1개만 있으면 된다. 일반 벼농사의 4분의 1에 해당하는 300개 모판만 있으면 4만㎡에 모내기를 할 수 있다.

모판 수가 줄어든 만큼 비용이 절감된다. 볍씨도 적게 들고 공간도 덜 필요한 데다 모판을 실어 나르는 데도 장비와 인건비가 덜 들어간다. 소식재배가 보급되기 시작한 건 2016년이었다. 농촌진흥청과 한국농수산대 등에서 농가에 보급하기 시작했는데, 확산에 가속도가 붙고 있다. 곡창지대 중 한 곳인 전북 익산은

농촌진흥청 관계자들이 드론을 활용한 벼 직파 실증재배 현장을 점검하고 있다. 농촌진흥청 제공

전체 논 면적 중 절반 정도가 소식재배로 전환했다. 벼를 성기게 심으면 뿌리가 튼튼해지고, 잎이 부챗살처럼 잘 퍼져 광합성이 잘되면서 생산성이 좋아진다고 한다. 벼 사이사이로 바람도 잘 통해 병해충에도 강하다 보니 비료나 농약이 적게 들어 비용 또한 많이 절감된다고 한다.

모내기를 하지 않아도 되는 벼농사도 활발하게 시도되고 있다. 모판에서 볍씨 싹을 틔운 뒤 모내기를 하는 게 아니라 논에 바로 볍씨를 뿌리는 방식이다. '직파(直播)재배'로 불린다. 이 직파재배는 사실 새로운 개념은 아니다. 인류가 벼 재배를 시작한 기원전 3500년께는 직파재배가 일반적이었다. 한반도에서도 기원전 3000년께 중국에서 벼가 도입된 이후 직파재배가 시작됐다. 벼농사에서 모내기가 역사책에 처음 등장한 건 고려시대였다. 물을 채운 논에서 벼를 재배하면 잡초를 억제할 수 있다는 장점이 발견된 뒤였다. 조선시대 중기 이후 모내기법이 전국적으로 장려되기 직전까지만 해도 벼농사는 직파재배 위주였다.

그런데 신기술이 도입되면서 무논(물을 댄 논)에 볍씨를 점점이 뿌려 재배하는 '무논점파'가 새로운 벼농사 방식으로 주목받고 있다. 국내 농업계에 무논점파 기술이 처음 도입된 건 20년 전이었지만 당시에는 볍씨를 무논에 뿌리면 물 위에 뜬 볍씨를 조류가 먹어치워 생산성이 떨어졌다. 그런데 한국농수산대

식량 자급률 〈단위:%〉

연도	자급률
2009년	56.2
2013년	47.5
2016년	50.8
2019년	45.8
2021년	44.4

곡물 자급률 〈단위:%〉

연도	자급률
2009년	29.6
2013년	23.3
2016년	23.7
2019년	21
2021년	20.9

*축산용 곡물 포함

벼농사 농법 발전사

기원전 3000년	직파재배
조선시대	손 모내기
1970년대 후반	기계 모내기
2016년 이후	소식재배
	무논점파
	드론직파

*자료:농림축산식품부 · 한국농수산대

연구팀 주도로 볍씨에 철분을 코팅하는 기술이 개발되면서 걸림돌을 해결했다. 철분이 코팅된 볍씨는 무거워 물에 뜨지 않는 데다 표면이 딱딱해 새가 쪼아 먹기 어렵기 때문이다. 더구나 무논점파는 수확량이 좋고, 병해충이나 쓰러짐에도 강한 장점이 있다고 한다. 파종 시기나 물 관리 등을 기술적으로 정교하게 진행해야 하는 부담이 있긴 하지만 조금씩 그 재배 면적이 늘어나고 있다.

직파재배 중에서도 볍씨를 뿌릴 때 드론을 활용하는 농사법이 각광받고 있다. 드론을 활용하면 한 사람이 하루 23만~26만㎡(약 7만~8만평) 논에 볍씨를 뿌릴 수 있다. 일반 모내기 방식으로는 2~3명이 닷새 이상 작업해야 하는 양인데 단 하루 만에 한 사람이 끝낼 수 있는 것이다. 게다가 모판을 따로 만들지 않아도 되기 때문에 비용 절감 효과도 크다.

드론직파는 초기에는 성공률이 높지 못했다. 울퉁불퉁한 논바닥에 그대로 볍씨를 뿌린 탓에 어느 부분은 논이 물에 많이 잠기고 어느 부분은 덜 잠겨 싹이 일관되게 나지 않았다. 논바닥을 완전히 평평하게 고르지 않으면 땅이 물 위로 드러난 곳에선 잡초가 많이 자라고, 물이 깊은 곳에서는 벼가 죽어버리는 문제가 생긴다. 이를 해결하기 위해 논바닥을 평평하게 고르는 '레이저 균평기' 적용 기술이 도입되면서 드론직파에 탄력이 붙고 있다. 스마트 벼농사 기술의 발전은 현재진행형이다.

팽이버섯 생산 자동화로 年 100억 이익

흔한 팽이버섯. 가격도 비싸지 않다. 동네 마트에서 150g 한 봉지에 1000원 남짓이다. '국민버섯'이라 불릴 만하다.

이 팽이버섯 시장에서 40% 이상을 점유하고 있는 회사가 있다. 바로 대흥농산이다. '황소고집'이라는 브랜드로 유명하다. 놀라운 것은 이 회사가 한 해 100억원에 가까운 순이익을 올릴 때도 있다는 사실이다. 그 비결이 궁금해 경북 청도군에 위치한 대흥농산 본사를 찾았다.

대흥농산에 대한 고정관념은 본사에 들어서면서부터 바로 깨졌다. 팽이버섯 회사는 왠지 산골이나 적어도 산기슭에 있지 않을까 막연히 생각했다. 버섯이라는 작물 이미지 때문이었을 것이다. 그런데 큰 길을 달리다 보니 바로 회사가 나온다. 기계류를 생산할 것처럼 생긴 공장이었지만 이곳이 팽이버섯 농장이었다. 하루 20만병의 팽이버섯이 생산되고 있었다. 팽이버섯 한 병에서는 대략 150g짜리 팽이버섯 세 봉지가 생산된다.

이 공장이 잘나가는 최대 비결은 자동화율이 매우 높다는 점이다. 팽이버섯은 마지막 수확과 포장 단계에서 사람의 손길이 많이 필요하다. 그런데 이 회사는 해당 공정을 대부분 자동화시켰다. 요즘처럼 외국인 근로자를 구하

경북 청도에 있는 대흥농산의 재배실에서 팽이버섯이 자라고 있는 모습.

기가 하늘의 별 따기만큼 어려운 시절에는 그 장점이 더욱 발휘되고 있다.

팽이버섯은 종균을 병에 주입한 뒤 대략 2개월이 지나면 다 자란다. 팽이버섯이 마지막 생육방에서 나오면 수확실로 옮겨지는데 이후로는 대부분 기계가 작업을 한다. 먼저 병 위로 자란 팽이버섯을 둘러싸고 있는 권지(팽이버섯이 자라면서 옆으로 퍼지지 않도록 둘러싸주는 종이)를 기계가 자동으로 벗긴다. 이어 기계가 병을 옆으로 누인 뒤 자동으로 버섯의 밑둥을 잘라낸다. 밑둥이 잘린 팽이버섯을 3개의 칼날로 3등분해서 각각을 150g짜리로 포장하는 것도 기계가 한다. 이어 제품을

박스에 차곡차곡 넣은 뒤 포장을 완료하는 것도 역시 기계 몫이다. 이 모든 작업을 이전에는 전부 사람이 했다.

회사 관계자는 "자동화를 통해 생산 직원 수를 기존에 비해 3분의 1 이상 줄일 수 있게 됐다"며 "구인난을 해결한 데다 인건비도 절감할 수 있어 일석이조의 효과를 보고 있다"고 말했다. 그는 "이뿐만 아니라 사람의 손길이 닿지 않기 때문에 오염 가능성이 줄어드는 등 품질관리 측면에서도 유리한 것이 많다"고 덧붙였다.

또 다른 비결은 생산과 품질관리 능력이 뛰어나다는 점이다. 현재 대흥농산에서 생산되는

팽이버섯의 불량률은 0.5% 수준이다. 세계 최고로 알려진 일본에서도 2% 이하를 최고로 치는 점을 감안하면 상당히 낮다. 경매시장 등에서도 다른 제품보다 높은 등급과 가격을 부여받는 이유다.

지금의 자동화는 시작일 뿐이다. 앞으로는 정보통신기술(ICT)을 활용한 재배 방식 고도화 계획도 갖고 있다. 회사 관계자는 "품종 개발이나 재배 방식을 과거 관행대로만 할 게 아니라 빅데이터와 사물인터넷(IoT)을 통해 고도화하는 작업을 추진하고 있다"며 "다른 업체들이 따라오기 어려울 정도의 경쟁력을 확보할 수 있을 것으로 기대하고 있다"고 말했다.

수출이 늘어나고 있는 것도 대흥농산의 강점이다. 현재 수출 비중은 미국과 캐나다, 호주, 베트남 등을 중심으로 전체 생산량의 20~25% 수준이다. 특히 베트남 등 동남아의 경우 현지에 생산공장을 직접 짓는 방식으로 직진출하는 방안도 생각하고 있다.

대흥농산의 높은 수익성은 투자회사를 끌어들였다. 데일리푸드홀딩스가 2016년 대흥농산을 인수한 것. 당시 투자회사가 농기업을 인수한 사례로는 역대 최대 규모였다. 데일리푸드홀딩스 관계자는 "투자회사가 중시하는 EBITDA(법인세와 이자, 감가상각비 차감 전 영업이익) 측면에서 보면 대흥농산은 100억원을 훌쩍 넘어설 때도 있다"고 말했다.

대흥농산은 다 자란 팽이버섯의 절단과 포장을 자동화함으로써 인건비 부담을 크게 줄였다.

농업, CES에 등장하다

주목받는
농업 디지털 플랫폼

불과 몇 년 사이 우리는 디지털 플랫폼 경제 시대를 살고 있다. 대표적인 플랫폼 기업이 아마존이나 쿠팡 같은 전자상거래 업체다. 우버나 에어비앤비 같은 공유경제 업체들도 플랫폼 기업이다. 우리는 택시를 탈 때도, 숙소를 구할 때도, 물건 하나를 살 때도 이젠 플랫폼을 이용한다. 그런데 '시골에서 농사짓는 농부들도 플랫폼이 필요하지 않을까?'라고 가장 먼저 생각한 사람이 있었다. 바로 미국 구글에서 엔지니어로 일하던 찰스 배런이었다.

그에게는 미국 네브래스카주에서 옥수수 농장을 운영하는 처남이 있었다. 처남이 가끔 일손 부족에 시달릴 때 그는 농장으로 가서 일을 돕고는 했다. 이때 처남이 일하는 방식을 보고 그는 깜짝 놀랐다. 파종부터 농자재 구입, 재배, 수확, 판매까지 모든 업무를 처남 혼자서, 그것도 완전히 감으로 해결하는 것이었다. 자신이 일하고 있는 구글의 일처리 방식과는 너무 달랐던 것이다. 구글에서는 감이 아니라 데이터에 기반해 일하는 것이 기본이었기 때문이다.

그가 보기에 농부들에겐 올해 밭에 뭘 심어야 할지, 씨앗이나 농기구는 얼마에 사야 할지 등 어떤 결정을 내리기 위해 필요한 기본 데이터가 턱없이 부족했다. 예를 들어 다른 농부들이 씨앗과 비료를 얼마에 샀는지에 대한 정보만 정확히 알 수 있어도 농부들이 터무니없는 값에 구매하는 일은 없을 것이다.

이에 착안해 찰스 배런은 2014년 농부들을 위한 정보 공유 플랫폼인 '파머스 비즈니스 네트워크(FBN)'를 설립했다. FBN은 농부들이 자신의 농업 노하우를 공유하는 플랫폼이다. 이 플랫폼에 접속하면 내 토지에 맞는 종자는 어떤 것인지, 농기계 값은 얼마가 적당한 건지,

현재 내가 기르고 있는 작물을 언제 수확하면 좋을지, 작물을 시장에 얼마에 팔아야 하는지 등에 관한 정보를 얻을 수 있다.

FBN은 대략 4000에이커, 즉 500만평 이상의 농지를 보유한 대농들을 대상으로 하고 있는데, 현재 미국과 캐나다 등에서 4만8000명 이상의 농부들이 이 플랫폼을 이용하고 있다. 이 플랫폼의 특징 중 하나는 회원 농가들이 올리는 정보가 빅데이터로 구축되면서 정보를

존디어는 CES 2023에서 자율주행 트랙터를 선보여 큰 관심을 끌었다.

계속해서 업그레이드한다는 점이다. 예컨대 이 플랫폼에서는 2000여 개 종자에 대해 실제로 재배 후에 성과가 어땠는지를 확인할 수 있는데, FBN이 일방적으로 정보를 제공하는 게 아니라 회원 농가에서 실제로 해당 종자를 심고 나서 수확한 결과가 수시로 반영되고 있기 때문에 데이터의 정확도가 매우 높다. 다른 농가에서는 그런 정보를 보고 자신의 농장에 맞는 최적의 종자를 선별하게 된다. 그만큼 농사에 실패할 가능성을 줄일 수 있다. 농업 데이터 시장에서 혁신을 일으킨 FBN은 일찌감치 기업가치 1조원 이상을 돌파한 유니콘 기업이 됐고, 투자회사들로부터 유치한 누적 투자금액이 최근까지 8억7000만달러에 달하고 있다. 이 회사의 현재 기업가치는 40억달러 이상으로 평가된다.

디지털 플랫폼으로 변신한 존디어

FBN은 처음부터 디지털 농업 플랫폼으로 출발한 기업이지만 전통 농기계 업체였다가 플랫폼 기업으로의 변신에 성공한 사례도 있다. 바로 '존디어'라는 세계적인 농기계 제조회사가 그곳이다. 녹색 트랙터로 유명한 존디어는 180년 역사를 가진 세계 최대 농기계 업체로 미국의 대규모 곡물 농업을 상징하고 있다. 존디어는 창업자의 이름이다. 1836년 미국에서 대장장이로 일하던 존 디어는 농부들의 고민을 듣게 된다. 쟁기질을 할 때 쟁기 끝에 흙이 달라붙어서 계속 떼어내느라 작업이 더디다는 거였다. 미국 중부지방의 흙은 찰기가 있어서 끈적하게 달라붙었던 것. 존디어는 연구를 거듭한 끝에 쟁기 끝에 반짝반짝하게 윤이 나는 톱날을 달았다. 미끈거리는 톱날 때문에 흙이 붙지 못하게 표면처리를 한 것이었다. 결과는 대성공이었고, 인근 지역 수백 명의 농부가 존디어의 신제품을 보기 위해 몰려들었다. 농부들의 고충을 해결한 혁신이 바로 존디어를 탄생시킨 것이다.

하지만 세상이 변하면서 존디어 역시 전통적인 비즈니스에서 위기를 겪게 됐다. 2014년 농업경기 침체로 농기계 판매가 부진에 빠지면서 매출이 10% 이상 감소해 직원 600여 명을 구조조정해야 하는 아픔을 겪었던 것이다. 그런 위기를 겪으면서 존디어는 이제는 농기계만 팔아서 돈을 버는 시대는 지나갔다는 사실을 깨닫게 됐다. 이제 농가에서 정말 필요로 하는 것은 농기계보다는 농사에 필요한 각종 데이터라는 사실을 알게 된 것이다.

존디어는 다시 혁신을 시작했다. 농기계뿐만 아니라 데이터에 기반해 날씨, 위치정보, 원격관리, 토지 샘플 분석, 농사 모니터링 등의 서비스를 제공하는 회사로 탈바꿈을 시도했다. 변신은 적중했다. 덕분에 회사 실적은 나날이 개선돼 2021년에는 당초 기대치보다 훨씬 많은 55억달러에 달하는 순이익을 올렸다.

최근에는 완전 자율주행 트랙터까지 선보여 주목받고 있다. 스스로 토양 상태를 측정해 가장 적합한 곡물 종자를 필요한 만큼 심고 비료와 농약도 적정량을 자동으로 투입한다. 농부는 트랙터에 탑승해 작업할 필요 없이 스마트폰과 PC로 작업 상황을 확인만 하면 된다. 갈수록 일손이 부족해지는 농가에서 이 트랙터로는 24시간 작업을 할 수 있어 인건비는 최소화하고 매출은 극대화할 수 있다.

글로벌 플랫폼 도약 '트릿지'

얼마 전 세계 최대 커피 생산국인 브라질에 가뭄과 냉해가 겹치면서 커피 생산량이 30% 이상 급감한 적이 있다. 그러자 커피 원두 가격이 직전 해에 비해 2배 이상 치솟았다. 브라질 커피 원두를 수입해오던 전 세계 모든 유통업체와 식품업체에는 날벼락 같은 소식이었다. 가격도 가격이지만 물량을 확보하기가 어려운 게 더 문제다. '모자란 커피 원두를 어디서 구해야 하지?' 이런 고민에 빠진 글로벌 유통업체나 식품업체의 농산물 바이어가 서둘러 찾는 업체가 있다. 바로 한국의 스타트업 트릿지다.

바이어가 브라질산 원두를 대체할 구매처를 문의하면 트릿지는 자체 보유한 글로벌 농축수산물 산지 · 작황 · 가격 빅데이터를 활용해 새로운 거래처를 찾아 알선한다. 제시된 산지와 물량, 가격을 바이어가 받아들이면 트릿지는 자체 구축한 글로벌 물류망을 활용해 해당 유통 · 식품업체에 새로운 커피 원두를 공급해준다.

40만에 달하는 회원 고객사들이 이런 식으로 거래 요청하는 금액이 연간 수천억 원대로 올라섰다. 전체 고객의 95% 이상이 월마트, 까르푸, 네슬레 같은 해외 기업이다. 기라성 같은 해외 유통 · 식품업체들이 트릿지와 거래하는 이유는 이 회사가 그동안 축적해 놓은 방대한 양의 농축수산물에 대한 빅데이터 때문이다. 유통 · 식품업체들이 필요로 하는 거의 모든 농축수산물에 대해 산지 · 작황 · 가격 등 데이터를 보유한 곳은 트릿지가 전 세계에서 유일하다. 트릿지가 이 분야에서 '원 앤드 온리(One & Only)' 기업으로 인정받는 배경이다.

트릿지는 흔히 글로벌 농산물 무역 거래 플랫폼이라는 말로 소개되지만 단순히 무역 거래만을 알선해 주는 것이 아니라 고객사가 원하는 농산물을 파악해 산지에서 검수한 뒤 주문업체까지 자체 물류망으로 실어다 주기 때문에 글로벌 풀필먼트 서비스 업체로 분류된다. 회사 측에서도 플랫폼에서 한 걸음 더 나아가 글로벌 서플라이 체인 매니저(세계 공급망 관리자)를 지향하고 있다는 점을 강조하고 있다.

트릿지는 이미 투자업계로부터 3조6000억원의 기업가치를 인정받아 우리나라 최초의 농업 분야 유니콘으로 등극했다.

데이터 아무리 모아도 표준화 안되면 무용지물 잘 쓰도록 하는 게 경쟁력

원자재서 농축산물로 플랫폼 전환

트릿지가 지금의 모습을 갖추게 된 과정도 재미있다. 트릿지의 창업자는 서울대 기계공학과를 졸업한 신호식 대표. 그는 졸업 후 한 제조업체에서 병역특례를 마치고 미국 미시간대로 건너가 금융공학 석사를 마친 뒤 도이치뱅크와 한국투자공사(KIC) 등에서 원자재 트레이더와 투자 전문가로 활약했다. 당시 그는 석탄 6만t을 미국 광산회사로부터 공급받아 한국과 일본 철강회사에 납품하는 계약을 맺었다가 아찔한 경험을 하게 된다. 국제 석탄 가격이 오르자 미국 회사가 약속했던 물량을 계약대로 공급하지 않고 현물시장에 풀어버린 것이다. 신 대표는 납품 기일을 지키기 위해 한 달간 미국 현지 광산을 샅샅이 뒤졌지만 원하는 물량을 구할 수 없었다. 결국 현물시장에서 웃돈을 크게 주고 겨우 물량을 구해 납기를 맞출 수 있었다. 편의점에서 비싼 돈을 주고 물건을 사서 낮은 가격에 대형 할인점에 납품한 격이었다. 큰 손해를 피하지 못했다.

신 대표는 그런 경험을 거치면서 원자재 시장

트릿지의 신호식 대표.

에서 수급 불안정과 정보 비대칭을 해결할 수 있는 플랫폼을 만들면 승산이 있겠다는 생각을 하고 2015년 1월 트릿지를 창업했다. 이때의 비즈니스 모델은 원자재에 대한 무역 플랫폼이었다. 전 세계 각국의 원자재 상품 전문가들이 트릿지 플랫폼에 자신의 딜을 제안하면 이를 필요로 하는 수요업체와 연결시켜 거래를 성사시키는 방식이었다. 이때 자신의 제안을 올리는 전문가에게 '파인더(Finder)'라는 이름을 붙였다. 플랫폼 서비스 개시 몇 개월 만에 전 세계에서 4만명의 파인더가 모집됐다.

그런데 재밌는 현상이 발견됐다. 이들 파인더가 올리는 제안, 그리고 수요업체가 필요로 하는 딜에 대해 빅데이터 분석을 한 결과, 전체 거래의 70~80%가 농축수산물인 것으로 확인된 것이다. 왜 농산물에 대한 거래 수요가 이렇게나 많을까 분석해보니 상품 중에서도 정확한 정보를 입수하기가 가장 어렵고, 또 수급 불균형과 가격 변동성이 가장 큰 것이 바로 농축수산물이었던 것이다. 이후 신 대표는 농업 분야에서의 정보 비대칭과 불투명성을 해결할 수 있는 글로벌 교역 플랫폼을 만드는 쪽으로 방향을 선회했다. 이때부터 트릿지는 전 세계 농산물 생산·작황·가격 등 데이터 수집과 분석, 매핑(Mapping·데이터 간 비교가 가능하도록 표준화하는 작업)에 매달렸다. 공대 출신의 소프트웨어 프로그래머 중심

으로 30여 명의 데이터팀을 꾸려 전 세계 농축수산물 정보를 모으기 시작했다. 지금 트릿지는 전 세계 1100만곳의 소스에서 발생하는 농축수산물 데이터를 매일 5만개씩 업데이트하고 있다.

트릿지에서가 아니면 구할 수 없는 농축수산물 데이터 덕분에 전 세계 유통·식품업체들이 트릿지를 애용하고 있다. 동시에 데이터만 공급할 것이 아니라 농산물 조달과 공급까지 맡아주면 어떻겠냐는 요구가 회원사들로부터 빗발쳤다. 트릿지가 2020년 하반기부터 본격적인 농산물 교역 비즈니스에 나선 배경이다.

그렇다면 트릿지가 제공하는 데이터는 어떤 것일까. 유통·식품업체들이 필요로 하는 농축수산물에 대한 모든 정보를 망라하고 있다고 보면 된다. 예를 들어 아보카도라는 과일이 있다고 치자. 생산되는 지역에 따라 품종이 조금씩 다르다. 그에 따라 가격도 다르다. 같은 품종이라도 생산되는 지역이나 시기에 따라 품질도 차이가 난다. 또한 지역별로 아보카도 공급자도 다양하다. 그런 식으로 데이터를 수집하는 농축수산물 품목이 총 15만종에 이른다. 전 세계적으로 거래되는 거의 모든 농축수산물에 대한 정보를 집대성하고 있는 곳은 트릿지가 유일하다.

특히 트릿지는 단순히 데이터를 수집하는 데 그친 게 아니라 매핑 작업에 심혈을 기울인 점

이 성공 요인이다. 데이터를 수집해도 해석이 안 되면 무용지물이다. 가락도매시장 데이터를 미국인이 보면 무슨 뜻인지 알 수 없는 게 대부분이다. 미국인이 양파 한 망의 의미를 알 수 없는 식이다. 그래서 데이터 매핑이 매우 중요하다. 예컨대 어떤 사람이 "나는 95점이야"라고 말하면 도대체 무슨 의미인지 알 수 없다. 적어도 '중학교 3학년 2학기 중간고사 수학 객관식 시험에서 100점 만점에 95점을 받았다'고 해야 95점의 정확한 뜻을 알게 된다. 제시된 데이터가 어떤 의미를 갖는지 알 수 있도록 비교를 통해 그 위치를 알게 하는 과정이 매핑이다. 트릿지에서 제공하는 농산물 데이터는 이처럼 고객들이 그 의미를 정확히 알 수 있도록 잘 매핑돼 있는 게 최대 강점으로 평가된다.

트릿지 직원(왼쪽)이 제3국으로 수출할 물량을 확인하기 위해 남미에 있는 바나나 농장을 방문한 모습. 트릿지 제공

고(故) 이어령 교수가 평창동 서재에서 농업과 인공지능(AI), 메타버스에 대해 이야기하고 있다.

메타버스를 타고 가는 농업 세상

테슬라 CEO 일론 머스크는 2016년에 "우리가 사는 사회가 현실일 가능성은 거의 없다"고 말했다. 미국 투자회사 메릴린치는 "현재 경험하고 있는 이 세계는 우리 후손인 미래 세대가 만든 시뮬레이션일 수도 있다"고 밝힌 적이 있다. 마치 영화 '매트릭스'처럼 지금 우리가 인공지능(AI)과 최첨단 컴퓨터가 만들어 낸 가상세계에서 살아가는 것일 수도 있다는 상상을 해본 것이다.

30년 전에 등장한 인터넷은 우리의 생각과 일하는 방법 등 인류의 삶을 크게 변화시켰다. 어느덧 인터넷 없는 세상은 상상하기 어려운 시대에 와 있다. 그런데 지금 우리는 그다음 버전인 메타버스로 넘어가는 전환기를 맞이하고 있다. 메타버스는 가상을 의미하는 메타

(Meta)와 세계를 의미하는 유니버스(Universe)의 합성어로 새로운 개념의 인간, 공간, 시간을 3차원 가상세계에 만든 것을 말한다. 훗날 우리는 지금 인터넷을 사용하는 빈도와 시간 그 이상으로 가상세계에 머물게 될 가능성이 크다.

2021년 가을 평창동에서 한국 최고의 지성인 고(故) 이어령 교수님과 메타버스와 관련해 대화를 나눌 기회가 있었다. 이 교수님은 인류 문명 단계를 '탈것'으로 풀어내면서 "메타버스에 탑승해야 한다"고 강조했다. 그는 "최초의 인간은 말을 탔고, 산업혁명을 거쳐 자동차·배·비행기를 차례로 탔으며, 우주항공 시대에 접어들어선 로켓을 탄 덕분에 우주 너머에 있는 다른 세계를 접할 수 있었다"며 "미래에 우리는 가상세계에서 현실처럼 생활하게 될 것인 만큼 메타버스의 승무원이 되어 새로운 세계를 열어가야 한다"고 말씀하셨다.

이미 메타버스와 관련된 다양한 플랫폼이 등장하고 그것으로 돈을 버는 세상이 오고 있다. 농업 분야 역시 메타버스와 결합되면서 지금까지 경험하지 못한 가치를 제공하는 새로운 변화를 예고하고 있다.

메타버스와 농업 간 결합이 다양하게 시도되고 있지만, 그중에서도 눈에 띄는 분야는 가상공간에서의 유통이다. 즉 가상공간에 설치된 농장에서 아바타(가상인간)가 농산물 홍보를 하고 현실의 농장과 연계하여 판매하는 방식이다. 메타버스에 농산물 도매시장과 판매장을 짓는다고 가정해보자. 가상인간(경매인, 중도매인)이 경매에 참여해 낙찰받은 꽃(아이템)을 가상의 공간에서 판매하면 바로 그것이 현실 농장의 주문과 배송으로 이어질 수 있다.

메타버스에서는 농업 교육도 효율적으로 실행할 수 있다. 가상현실(VR)과 증강현실(AR)을 통해 농사 관련 교육을 1년 내내 할 수 있다. 현실에서는 날씨, 온도, 습도, 광, 토양, 물 등 많은 자연변수를 통제할 수 없어 교육이 어렵지만, 가상공간에서는 다양한 환경 변수를 조절할 수 있는 만큼 실전에서 적용 가능한 농법을 익힐 수 있다. 현실 농업에서는 단 한 번의 실패로 농사를 망칠 수 있겠지만 메타버스에서는 오히려 실패를 반복하면서 실전 경험을 쌓을 수 있다.

비상하는 메타버스 혁명의 기회를 잡고 그 변화에 올라타기 위해서는 탁월한 상상력이 필수다. 콜럼버스가 15세기에 신항로를 개척하고 신대륙을 발견한 것은 끊임없는 탐구심과 용기 덕분이었다. 농식품 분야에서 새로운 게임의 법칙이 만들어지고 있는 지금 농업에 메타버스를 담대하게 접목한다면 다양한 농업 비즈니스를 새롭게 창출할 수 있다. 그만큼 한국 농업의 생명력은 강해질 수 있다. 메타버스는 한국 농업에 좋은 기회가 될 것이다.

메타버스가 바꾸는 농업의 미래

카지노의 성지로 불리는 미국 라스베이거스, 이곳은 매년 연초가 되면 전 세계인들의 관심이 집중된다. 그 이유는 첨단과학기술이 바꾸어 놓을 미래를 보여주는 세계 최대 IT · 가전 전시회 CES(Consumer Electronics Show)가 개최되기 때문이다. 2023 CES의 주제는 'Be In It!'으로 세상을 바꿀 미래 혁신기술과 제품에 '빠져들라'라는 슬로건을 내세웠다.

CES는 이제 단순한 가전 박람회를 넘어 '인간 안보'와 인류의 위기 극복을 위한 기술을 선보이는 행사가 되어가고 있다. 특히 2023년에는 유엔의 'HS4A(Human Security For All)' 이니셔티브 등과 협력하면서 식량, 건강, 에너지, 모빌리티, 메타버스 등 인류가 당면한 문제를 다양한 관점에서 조망하고 있다.

그중에서도 2023년 새로운 주제로 추가된 메타버스가 뜨거운 화두로 눈길을 끌었는데, 이미 시작된 미래의 생활 변화에 어떻게 적응해야 하는지를 짐작할 수 있었다. 실제 삶에 한

농촌진흥청이 메타버스로 개발한 가상농장인 메타팜 화면을 캡처한 모습. 농촌진흥청 제공

층 더 가까워진 기술을 통해 가상세계에서 사람들이 어떻게 일하고, 생활하고, 놀아야 하는지를 보여주고 있다.

메타버스는 다양한 산업과 접목이 가능한데, 농업 분야에서도 그 활용 가치가 매우 높다. 자연환경과 기후변화에 큰 영향을 받으며 인구 및 평균수명 증가로 세계적인 식량 문제에 민감한 농업의 특성상 메타버스 등 첨단기술을 이용한 농업혁신은 인류의 미래에 희망을 줄 수 있다.

2023년 1월 11일 서울에서 '메타버스가 바꾸는 농어촌의 미래'라는 주제로 제1회 농업 메타버스 컨퍼런스가 개최되었다. 메타버스 신기술을 활용해 우리나라 농어업 발전 방안을 모색하는 자리로 많은 관계자와 청중이 자리를 함께했다.

소프트웨어정책연구소 이승환 박사는 기조연설에서 농업 메타버스 창업을 통한 젊은 인재 육성, 지역의 관광 명소를 넘어선 글로벌 워케이션(Work+Vacation) 명소로의 발전, 가상매장을 통해 체험하고 전 세계에서 구매하는 지역 특산품 개발 등의 전략을 제시하면서 농업과 메타버스의 결합이 미래에 엄청난 결과를 초래할 수 있다고 강조했다.

농촌진흥청의 성제훈 디지털농업추진단장은 주제발표에서 실제 스마트팜과 동일한 메타버스 환경을 구축하여 효율성을 극대화하는 스마트팜 플랫폼 '메타팜'을 소개했다. 이를 통해 농업인이 고된 노동에서 해방되고 현실과 가상에서 소득을 창출할 수 있는 기회를 얻게 될 것으로 기대했다. 그는 "영화 '해리가 샐리를 만났을 때'에서 둘의 만남이 사랑으로 결실을 맺었듯이 농업이 메타버스를 만나면 돈으로 연결될 것"이라고 정리했다.

농업 메타버스 서비스의 최종 목표는 한국 농업의 경쟁력을 높이는 데 있다. 메타버스는 단순히 가상의 공간이 아니라 또 다른 현실이다. 따라서 메타버스 기술이 현장 곳곳에 활용되어 농업의 새로운 부가가치를 창출하는 수단이 되어야 한다. 현실 농업과 연계를 할 수 있는 '농업 메타버스'를 제대로 구축한다면 우리 농업의 경쟁력을 높이는 새로운 기회를 만들어낼 수 있을 것이다.

시동 거는 농업 메타버스 플랫폼

충남 금산군 서대산 자락에는 한국벤처농업 대학이 있다. 주말을 이용해 매월 한 차례씩 운영되는 1년 과정의 비정규 대학이지만 한국 농업계에 끼친 영향력은 상상을 초월한다. 2001년 4월 첫 입학생을 받아 매년 100~150명씩 배출한 졸업생이 지금까지 3200명에 달한다. 이곳을 거쳐간 전국 각지 농민들은 지역으로 돌아가 '선도 농가'로서의 역할을 톡톡

Start Metaverse on the Agricultural Planet 'TORIVERSE'

TORIVERSE

TORIVERSE
한국농업의
미래가 되겠습니[

맘테크가 이미지로 표현한 또 하나의 농업 세상인 메타버스 농업행성 '토리버스'.

히 하고 있다.

농림축산식품부가 지정하는 식품명인이자 대
한민국 대표 농부로 꼽히는 광양 청매실농원
의 홍쌍리 여사가 이 대학 1기 졸업생이다. 이
후에도 이 대학에서 배출한 '명인'이 30여 명
에 달한다. 정부가 공식 인정한 명인(농식품
부 식품명인+농촌진흥청 농업기술명인)이
총 150명 정도인 점을 감안하면 대단한 숫자
다. 전국 지자체와 민간단체에서 지정한 명인
까지 합치면 벤처농업대학 출신 명인은 셀 수

조차 없을 정도로 많다.

벤처농업대학은 처음 세웠던 원칙 그대로 정
부 지원 없이 오로지 농민들이 자발적으로 낸
수업료로 지금껏 운영되고 있다. 졸업을 하려
면 출석 일수를 채워야 하고, 자체 사업계획서
를 제출해야 하는 것도 그대로다. 그런데 벤처
농업대학이 새로운 변신을 시도하고 있다. '벤
처'라는 단어가 생소하던 시절 벤처와 농업의
접목을 시도했던 이 대학에서 새롭게 주목하
기 시작한 것은 바로 '메타버스(Metaverse)'다.

벤처농업대학 운영진과 이 대학을 졸업한 농식품 분야 명인들, 그리고 농업에 애정을 가진 ICT 인재들이 서로 힘을 합쳐 농업 메타버스 행성 구축을 추진하고 있다. 이를 구체화하기 위해 맘테크라는 스타트업도 만들었다. 농업과 메타버스의 결합은 아직까지 전 세계적으로도 매우 드문 시도에 속한다. 맘테크는 농업 메타버스 세상으로 가는 초석을 다지기 위해 벤처농업대학 출신 명인들과 손을 잡았다. 이들 명인은 대부분 농업계에서도 가장 혁신적인 생각을 가진 선도 농가들로 구성

돼 있다. 이들이 먼저 농업 메타버스를 주도해 나간다면 다른 농민들에게 상당한 파급 효과를 미칠 수 있을 것이라는 게 맘테크의 판단이다.

농업 메타버스 세상 '토리버스' 구축

맘테크는 이를 위해 2022년 7월 명인들과 함께 디지털농업자산포럼을 결성해 정기적인 모임을 갖기 시작했다. 이 포럼은 명인들이 보유하고 있는 다양한 농업 관련 지식과 노하우를 포

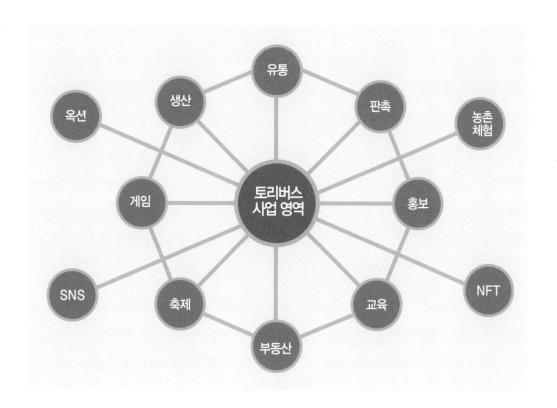

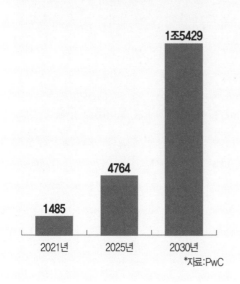

전 세계 메타버스 시장 규모 〈단위:억달러〉

1485 (2021년)
4764 (2025년)
1조5429 (2030년)

*자료:PwC

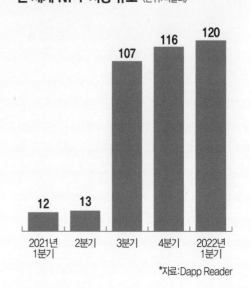

전 세계 NFT 시장 규모 〈단위:억달러〉

12 (2021년 1분기)
13 (2분기)
107 (3분기)
116 (4분기)
120 (2022년 1분기)

*자료:Dapp Reader

함해 농업·농촌 자원을 디지털화할 수 있는 토대를 마련하고, 인적·기술적 생태계를 조성하는 것을 목표로 하고 있다. 메타버스를 구축하기 위한 전초 작업인 셈이다.

이 포럼엔 농업 분야 최고 전문기관인 농촌진흥청과 산하 국립농업과학원이 참여하고 있고, 메타버스 분야 전문가들도 도우미를 자처하고 나섰다. 벤처농업대학과 디지털농업자산포럼, 그리고 명인들의 목표는 아직까지 누구도 시도하지 못했던 농업 메타버스 세상을 구축하는 것이다. 이 메타버스에는 '토리버스(Toriverse)'라는 이름도 붙였다. 비옥한 땅을 의미하는 조어인 토리(土里)와 메타버스의 합

성어다. 이 메타버스 행성에서는 농업과 관련해 상상할 수 있는 모든 것이 구현될 수 있도록 한다는 방침이다.

우선 농업행성 안에서는 작물을 재배하고 생산해 유통하는 것이 가능하다. 가상의 공간이지만 실제 농장과 연계 운영함으로써 작물을 실제로 재배하고, 사고파는 것이 가능하다. 최근 들어 각광받고 있는 스마트팜을 메타버스에 구축하는 것도 가능하다. 농산물이 필요한 소비자는 보다 안전한 농산물을 구매할 수 있고, 농사 경험이 적은 귀농인들은 메타버스에서 가상으로 농사를 지어봄으로써 보다 쉽게 농촌에 정착할 수 있는 길을 열 수 있다. 이

를 응용하면 농업 교육 측면에서도 큰 효과를 볼 수 있을 것으로 기대하고 있다. 농업 교육은 시간과 장소 제약을 많이 받을 수밖에 없지만 메타버스를 활용해 증강현실(AR)이나 가상현실(VR) 교육을 실시하면 시공간 제약 없이 교육 목적을 충분히 달성할 수 있다.

공영도매시장을 대체할 수 있는 농산물 거래소를 메타버스에 구축하는 것도 가능하다. 기존의 온라인 거래에 비해 훨씬 더 현실 세계와 가깝게 구현할 수 있어 오프라인 거래소를 적극적으로 대체할 수 있다는 게 장점이다. 이 밖에도 농업 메타버스를 통해 구축할 수 있는 서비스는 △지역·테마별 축제 △농업 관련 게임 △농축수산물 광고·홍보 △농업자산을 활용한 대체불가토큰(NFT) 출시 △농업 NFT 전시·경매 등 다양하다.

사람들은 늘 한국 농업은 위기라는 말을 달고 살지만 진짜 위기는 농업을 위기로 바라보는 사람들의 생각과 농업에 대한 잘못된 인식이다. 농업을 위기라고 말하기에 앞서 우리 소농(小農)들이 경쟁력을 확보할 수 있는 수단을 제시해 줘야 한다. 현실 농업과 연계가 가능한 농업 메타버스를 제대로 구축한다면 우리 농업에 새로운 기회를 만들어낼 수 있다. 샤넬과 같은 명품 브랜드들이 메타버스 매장을 통해 매출을 늘리고 있듯이 우리 소농들도 메타버스를 활용해 새로운 돌파구를 마련할 수 있다는 것이다.

맘테크는 이를 위해 토리버스의 지향점을 리얼 라이프(Real Life) 메타버스로 잡았다. 가상의 공간이지만 현실에서와 마찬가지로 보고 듣고 느낄 수 있는 경험을 할 수 있도록 고안하겠다는 것이다. 기술적으로는 햅틱과 모션트래킹, 풀보디트래킹 등 기술을 활용해 풀다이브(Full Dive·완전몰입형) 메타버스를 구축하는 것을 목표로 하고 있다. 현실 세계에서의 사용자 움직임 그대로 메타버스 안에서 자신을 닮은 아바타가 움직이는 것을 경험하게 하겠다는 것이다. 맘테크는 메타버스 생태계 구축을 위해 맘토큰(MAM Token) 발행도 추진하고 있다. 토리버스 내에서 하는 모든 거래가 맘토큰을 통해 이뤄질 수 있도록 하기 위해서다. 맘토큰의 활용도를 높이기 위한 방안으로 다른 분야 온·오프라인 기업들과 제휴해 맘토큰 보유자들이 다양한 서비스를 받을 수 있도록 한다는 계획을 세워놓고 있다.

전국서 차로 달려와 금산서 매월 1박2일 수업

'벤처'라는 말과 '농업'이라는 말은 왠지 서로 어울리지 않는다고 생각하는 사람들이 여전히 많다. 그러나 우리나라엔 한국벤처농업대학이 있다. 입학생을 받기 시작한 지도 어느덧 20년을 훌쩍 넘겼다. 2022년 학교 이름을 '메타 아그로 스쿨'로 바꾸기는 했지만 여전히 대한민국 벤처농업의 산실이다.

이 학교는 인삼의 고장인 충청남도 금산군에 위치해 있다. 충남에서 가장 높은 해발 904m 서대산 자락에 자리를 잡았다. 물론 정식으로 학위가 수여되는 대학은 아니다. 그럼에도 매년 120~150여 명의 농업인들이 이 학교에 입학해 1년 과정을 마친다.

수업은 매월 셋째주 토요일에 모여 일요일까지 1박2일로 진행된다. 한 달도 거르는 날 없이 1년 열두 달 열린다. 공식 학위가 수여되지 않으니 소속감이 적을 거라고? 그렇지 않다.

절반에 가까운 학생들이 개근상을 받는다. 4회 이상 결석하면 졸업장을 받지 못한다. 그럼에도 졸업장을 받지 못하는 학생들이 그리 많지는 않다. 그만큼 벤처농업대학 학생들은 열정적이다.

2020년 5월에 열렸던 19기 학생들의 졸업식과 20기 학생들의 입학식을 참관했다. 3월에 열렸어야 했는데, 코로나19 사태로 연기를 거듭한 끝에 겨우 열렸다.

졸업생은 총 130여 명인데, 코로나19 여파로 모든 학생이 참석하지는 못했다. 그래도 이날 졸업식은 완전히 축제 분위기였다. 20대 청년 농부에서 노익장을 과시하는 70대 농업인까지 격의 없이 어울리며 서로 검은색 학사모 위치를 잡아주며 웃고 즐기는 모습에서 이곳 분위기를 짐작할 수 있었다.

이날 졸업식은 벤처농업대학 설립자 겸 운영자이자 전임교수인 민승규 교수 사회로 진행됐다. 마이크를 잡은 민 교수는 "2001년 벤처농업대학이 수업을 시작한 이후 처음으로 휴강을 할 정도로 코로나19가 많은 속을 썩였다"며 "오늘은 교수진이 학생들에게 춤을 선보이려고 준비를 많이 했는데 코로나19로 다음으로 미룬다"고 너스레를 떨었다.

축제 분위기 속 130명 졸업생 배출

코로나19 탓에 실내에서 하던 졸업식을 밖으로 옮겨 진행하다 보니 빔 프로젝터를 활용하지 못하는 게 단점이었다. 1년간의 학교 생활을 음악과 함께

한국벤처농업대학 19기 학생들이 졸업식을 마친 뒤 학사모를 던지고 있다.

사진으로 준비했지만 결국 사회자가 말로 소개하는 것으로 대체됐다. 다행히도 민 교수의 뛰어난 유머 감각 덕분에 화면 없이도 모두가 1년을 즐겁게 추억하기에 부족함은 없었다.

이어 공로상과 우수상, 농림축산식품부장관상, 농협회장상, 농촌진흥청장상, 최우수학생상 등에 대한 수여식이 열렸다. 시상식은 마치 영화제나 연예대상처럼 흥이 넘쳤다. 역시 백미는 수상 소감이었다. 농업인들의 소감엔 진솔함이 묻어나면서 재미도 만점이다.

차로 3시간을 달려 울산에서 왔다는 김복영 씨는 식사시간에 돼지고기를 제공해준 '공로'를 인정받아 상을 받았지만 반전 소감으로 히트를 쳤다. 김 씨는 "벤처농업대학 존재조차 모를 때 지인 소개로 왔다가 지금은 학교가 너무 좋아졌는데 벌써 졸업"이라고 아쉬움을 토로하면서 "사실은 저는 소를 기르고 있다"고 말해 좌중의 배꼽을 잡게 했다. 이뿐만 아니라 "소는 저한테 너무 귀한 존재라 다음에도 요청만 해주시면 무조건 돼지로 보내겠다"고 덧붙여 또 한 번 웃음을 자아냈다.

이날 맛난 아이스크림을 '스폰'해 찬사를 받은 엄용태 씨는 물류회사를 운영하고 있음에도 "땅 5000평을 마련해 조만간 농업에 진출하겠다"고 선언해 박수갈채를 받았다.

농협회장상은 수상자보다 시상자가 더 감동적이었다. 금산군 추부면에 위치한 만인산영농조합법인의 전순구 조합장이 그 주인공이다. 그 역시 벤처농업대학 6기 졸업생이다.

조합장 선거에서 4차례 낙선 끝에 당선된 것도 눈길을 끌었지만 직원 6명으로 시작한 유통센터를 90명 직원에 400억원대 매출로 키웠다는 사회자 소개에 환호가 이어졌다. 전 조합장은 "저는 초등학교밖에 졸업하지 못했지만 벤처농업대학을 다니면서 생각을 바꾼 덕에 지금은 매년 사업계획을 초과 달성하고 있다"며 "후진 기어가 없어서 지금까지 전진만 해왔듯이 여러분들도 한국 농업과 농촌, 농민 문제를 해결할 수 있도록 전진 기어만 사용해 달라"고 힘줘 말했다.

역시 이곳 졸업생이자 교수로도 활약 중인 김병원 전 농협중앙회장도 학생들 앞에 섰다. 21대 국회

의원 선거에서 낙선한 뒤 조용하게 지내온 김 전 회장은 "한자로 '락'자에는 떨어질 락(落)과 즐거울 락(樂)이 있는데, 이번에 떨어지고 나니까 이렇게 즐거울 수가 없다"며 "떨어지지 않았으면 이런 사실을 평생 모를 뻔했다"고 비유적으로 심경을 전해 응원의 박수를 받았다.

학사모를 위로 던지는 마지막 이벤트와 함께 졸업장을 받아든 학생들은 삼삼오오 기념사진을 찍은 뒤 전국 방방곡곡으로 흩어졌다. 민 교수는 마지막 발언에서 "코로나19로 언싱크(unthink), 언러닝(unlearning), 언택트(untact)가 자리 잡는다고 하지만 여러분들은 이런 때일수록 더 많이 생각하고, 더 많이 공부하고, 더 많이 만나면서 네트워크를 만들라"고 마지막 숙제를 냈다. 집으로 돌아가는 졸업생들의 발걸음이 그렇게 힘차 보일 수 없었다. 한국 농업의 미래는 그래서 밝은 것 같았다.

입학식날 첫 강의는 20년째 김광호 원장

졸업식이 무사히 끝나고 오후에는 입학식이 열렸다. 코로나19 탓에 입학식 역시 강의실이 아니라 바깥에서 열렸다. 입학식 시작을 알리는 사회자 멘트가 끝나자 멋진 슈트를 차려입은 노신사 한 분이 연단으로 다가왔다. 바로 김광호 콤비마케팅연구원 원장이다.

벤처농업대학 개강 첫날 첫 강의는 20년째 김 원장이 맡고 있다고 했다. 단 한 번도 거르지 않고 20년째 입학식날 첫 강의를 똑같은 사람이 하고 있다니 참 대단한 일이라는 생각이 들었다. 도대체

그의 강의가 어떻길래 20년간 첫 강의를 독차지한 것일까. 의문이 풀리기까지 그리 오랜 시간이 걸리지 않았다. 강의가 진행되는 한 시간 남짓 동안 한 마디라도 놓칠세라 기침소리 한 번 나지 않았다. 강의 내내 입학생 모두가 가슴 한쪽에서 뭔가 꿈틀거리는 걸 느낄 정도였다.

김 원장은 코로나19로 비롯된 위기는 사실 우리에게 절호의 기회가 된다고 말했다. 난세에 영웅이 나고, 불황에 거상(巨商)이 난다는 거다. 외환위기 이후 부(富)의 질서가 재편되고, 금융위기 이후 새로 강한 기업이 태어났듯이 코로나 이후에도 신경을 곤두세우고 촉각을 예민하게 하면 개인이든 기업이든 부를 일굴 기회가 반드시 있을 거라고 말이다. 그래서 이날 그의 강연 제목은 바로 '비상(非常)이다. 비상(飛上)하자'였다. 현재의 위기 상황에서 나만의 전략으로 성공 스토리를 써나가자는 것이다.

김 원장은 그 자신에게 주어진 임무에 대해 먼저 얘기했다. 명강사로서 입지를 유지하고 나아가 더 명망 있는 강사가 되기 위한 전략 말이다. 그건 바로 최고의 내용을, 가장 먼저, 유일하게 전할 수 있는 사람이 돼야 한다는 것이었다. 이른바 '베스트 퍼스트 온리 원(Best First Only One)' 전략이다. 자신만이 할 수 있는 유일무이한 '킬러 콘텐츠'를 만들라는 것이었다. 경북 영주 대장간에서 만든 호미가 미국 아마존에서 국내보다 5배 비싼 가격에 팔릴 수 있었던 원동력이 바로 '베스트 퍼스트 온리 원'이기 때문이다.

그는 이미 위기에서 기회를 만들어낸 전력이 있었

한국벤처농업대학 20기 학생들이 입학식에서 김광호 원장의 강의를 듣고 있다.

다. 외환위기가 터진 직후 잘 다니던 보험사에서 반강제적으로 명예퇴직을 당했던 것. 6개월간 실업급여도 받았다. 지방대학 농학과를 나온 그는 직장 생활을 곧잘 했지만 외환위기를 피해 가지는 못했다. 이때 그는 좌절하지 않고 새로운 도전에 나섰다. 자신의 장기를 살려 글쓰기에 도전한 것이다. 그냥 글쓰기가 아니었다. 하루에 A4지 한 장씩 매일 글을 썼다고 했다. 그렇게 해서 500일간 500장의 글이 완성됐다. 고독한 시간에 자기와의 승부를 벌이면서 그의 생각은 세련되게 정리돼 갔고 그의 글쓰기 실력은 하루가 다르게 향상됐다.

그런 노력이 그를 삼성그룹 최고 외부 인기강사 반열에 올려놨다. 삼성경제연구소에서 주관한 '분야별 명강사 99인'에 선정되기도 했다. 당시 매일경제신문에 '골프와 경영' 칼럼을 3년간 연재한 것도 그런 노력 덕분이었다. 그는 지금도 연간 200회 정도 강연을 한다. 주로 골프와 경영, 마케팅을 연결함으로써 직장인 인생에 도움이 되는 인사이트를 임팩트 있게 전달하는 데 주력하고 있다. 그러다 보니 기업들이 직원들 연수를 위해 모시는 강사 중

최고인 S등급 강사로 이름이 높다.

이렇게 잘나가는 그에게 다시 큰 위기가 찾아왔다. 코로나19 발발 이후 그의 주 무대인 오프라인 강의가 완전히 사라진 것이었다. 그러나 그는 좌절하지 않았다. 그는 이 시기를 비대면 온라인 강의 진출의 절호의 기회로 보고 동영상 콘텐츠를 만드는 데 심혈을 기울이고 있다고 했다. 500일간 A4지 500장의 글쓰기를 했듯이 이번에는 동영상 콘텐츠를 하루에 하나씩 만들고 있다고 했다.

그는 강연 말미에 '거위의 꿈'이라는 노래를 부르는 인순이의 동영상을 틀었다. "난 난 꿈이 있었죠. 버려지고 찢겨 남루하여도 내 가슴 깊숙이 보물과 같이 간직했던 꿈. (중략) 그래요 난 난 꿈이 있어요. 그 꿈을 믿어요. 나를 지켜봐요. 저 차갑게 서 있는 운명이란 벽 앞에 당당히 마주칠 수 있어요. 언젠가 난 그 벽을 넘고서 저 하늘을 높이 날 수 있어요. 이 무거운 세상도 나를 묶을 수 없죠. 내 삶의 끝에서 나 웃을 그날을 함께해요." 호소력 짙은 인순이의 노래가 산중에 울려 퍼지는 동안 눈시울이 붉어진 사람들이 꽤 보였다.

AI 농부가 온다

인간과 AI 중
누가 더 작물을 잘 기를까

세계 최고의 농업대학인 네덜란드 바헤닝언 대학의 연구과제 중 눈길을 끄는 것이 하나 있다. 사물인터넷(IoT) 기술을 농업에 접목하여 미래 농업의 새로운 방향을 제시하는 IoF(Internet of Food&Farm) 프로젝트가 바로 그것이다.

연구책임자 조지 비어스 박사의 말에 따르면 유럽 농식품 전 분야에서 디지털 네트워크 구축과 농업 패러다임 변화를 목표로 하는 연구라고 한다. 그의 설명은 가슴을 두근거리게 하기에 충분했다. 오랫동안 펼치지 않았던 농

업 역사책을 다시 꺼내든 이유다.

근대 농업 역사에는 두 번의 혁명적 사건이 있었는데 영국의 '윤작법(돌려짓기)'과 미국의 '녹색혁명'이 그것이다. 영국은 18세기 중반 한 경작지에 여러 가지 농산물을 교대로 재배하여 지력을 증진시키는 윤작법을 통해 농업 강국으로 성장했다. 1950년대 미국은 생산력의 증대를 가져오는 다수확 품종의 개발로 현재까지 세계 농업의 중심 국가로 자리 잡고 있다. 그리고 지금 4차 산업혁명의 신기술이 농업에 접목되면서 새로운 농업혁명이 꿈틀거리고 있다.

2016년에 있었던 '알파고 대 이세돌'의 바둑 대결에서 최종 승리는 알파고가 거머쥐었다.

바둑 천재 이세돌이 한 게임 이긴 것을 대단하다고 평가받을 정도로 인공지능(AI) 앞에서 이제는 인간도 어쩔 수 없다는 것을 보여주었다. 인공지능이라는 단어가 대중에게 강하게 인식되었던 사건이다.

그렇다면 과연 작물 재배에서 인간과 AI가 경쟁한다면 승자는 누가 될 것인가?

2018년 6월 네덜란드 바헤닝언대학은 중국 IT 기업 텐센트와 함께 '제1회 세계농업인공지능대회(Autonomous Greenhouses International Challenge)'를 개최했다. 세계 최초의 농업인공지능대회에서 AI팀이 전문 농부가 직접 재배한 팀을 제치고 1위를 차지하였다. 짧은 재배 주기를 갖는 오이 재배라는 특성을 차치하더라도 인공지능이 농부를 이긴 것은 가히 알파고가 이세돌을 이긴 것에 버금가는 놀라운 결과라고 할 수 있다.

1회 대회 우승자 데이비드 카친은 "농가의 기존 재배 방법들이 최선의 선택이 아닐 수도 있

다는 교훈을 얻었다. AI는 환경 제어 등 몇 가지 사항에서 사람이라면 하지 않을 선택을 했고, 이는 결과적으로 기존 재배 전문가들의 판단을 뛰어넘었다"고 말했다.

물론 사람의 개입이 필요 없는 '완전 자율온실'이 되기까지는 아직 갈 길이 멀지만, 작물 재배에 있어 AI가 사람보다 뛰어날 수 있음을 확인했다. 특히 인구 증가와 기후변화로 인한 식량 부족 문제로 생산 방식의 변화가 요구되는 지금, AI가 농업에 어떠한 발전을 가져다줄 수 있는지를 세계가 주목하고 있는 것은 당연한 일인지도 모른다.

세계 3强에 오른
한국 AI농업팀

2019년에 시작해 2020년에 막을 내린 '제2회 농업인공지능(AI)대회'에서는 한국의 디지로

매일경제TV가 2020년 개최한 'Agro AI' 포럼에서 민승규 교수가 발표하고 있다.

그팀이 참가해 세계 3위를 차지하는 쾌거를 거두었다.

디지로그팀의 성과가 대단하다고 평가되는 가장 큰 이유는 두 가지로 요약된다. 하나는 우리나라는 선진 농업국과 비교해 AI농업의 불모지나 다름없다는 점이고, 다른 하나는 참가팀들 대부분이 글로벌 IT기업이거나 정부 산하기관인 반면 디지로그팀은 자발적으로 구성된 민간팀이라는 사실이다.

디지로그팀은 각기 다른 곳에서 일하는 사람들이 AI농업에 대한 관심과 열정만으로 참여한 외인부대나 다름없다. 각자 경험과 기술에 따라 역할을 나누었다.

우선 팀장은 네덜란드 바헤닝언대학에서 로봇으로 박사 학위를 받은 서현권 교수가 맡은 가운데 재배전략팀이 구성됐다. 재배전략팀은 6개월간 방울토마토를 재배하는 본선 기간 중 작물의 상태를 매일 모니터링하고, 적절한 처방을 내리는 역할이었다. 스마트팜 원격재배 비즈니스를 하고 있는 스타트업 아이오크롭스의 조진형 대표와 이혜란 연구원, 농산물 유통 분야 스타트업인 파미너스의 최대근 대표, 서울대 박사과정에 재학 중인 문태원 씨가 이 일을 맡았다.

인터페이스팀은 예선과 본선 초기에 데이터를 업로드하거나 작물을 모니터링하는 시스템을 구축했다. 이쪽은 한광희 이지팜 연구원과 이준표 스페이스워크 연구원이 활약했다. 머신러닝팀도 있었다. 스페이스워크의 이경엽 이사, 하정은 연구원, 최하영 연구원을 비롯해 아이오크롭스의 서영웅 연구원과 벨기에 리에주공대 박사과정 꾀랄 알테스부쉬다.

디지로그팀이 대회 출전에 앞서 팀명을 지어주고 격려해준 이어령 교수와 기념촬영을 하고 있다. 디지로그팀 제공

디지로그팀이 배정받은 유리온실 안에서 본격적인 방울토마토 재배 준비를 하고 있다(위). 디지로그팀이 네덜란드 바헤닝언대학 유리온실에서 인공지능으로 재배한 방울토마토 모습(아래).
디지로그팀 제공

하드웨어기술팀은 아이오크롭스의 이민석, 심소희 연구원이 맡았다. 팀원 대부분이 20대와 30대 청년들이었다.

역설적이게도 디지로그팀 내에는 토마토를 제대로 재배해본 경험을 갖춘 인력이 없었다고 한다. 다른 경쟁팀들이 토마토 재배 전문가를 여럿 두고 있는 것과 큰 차이였다. 그나마 최대근 대표가 LED 조명을 활용한 토마토 재배 연구를 할 때 잠시 들여다본 적이 있었고, 조진형 대표가 KIST 연구실과 국내 농장에서 잠깐 재배한 경험이 있는 게 전부였다. 그러다 보니 6개월간의 본선 재배기간 중 말 못할 사연이 많았다고 한다. 최대근 대표는 "토마토를 처음 심고 나서는 하루 6시간 이상 PC 앞에 앉아 작물을 모니터링할 수밖에 없었다"며 "새벽에 자다 깨서 온실 내 온도를 조절했던 기억이 많다"고 말했다.

우여곡절도 있었다. 본선 초기 주최 측에서 갑자기 디지로그팀의 온실에 설치된 전자장비의 전기코드를 뽑아버렸다고 연락해온 것이다. 깜짝 놀라 알아 보니 한국팀이 규정보다 많은 전력을 사용하고 있어 그랬다는 답이 왔다. 알고 보니 현지 관리자가 디지로그팀의 전력 사용 수치를 잘못 본 게 화근이었다. 팀장이었던 서 교수가 "이럴 바엔 전부 철수시키자"고 펄쩍펄쩍 뛰었을 정도였다. 결국 한국팀의 확인 요청에 주최 측이 실수를 인정해 원상 복귀되긴 했지만 아찔한 순간이었다. 비가 와서 온실에 물이 찬 적도 있었다.

외인구단이라 생기는 어려움도 적지 않았다. 다양한 분야에 일면식도 없던 팀원들이 모이다 보니 의견들이 각양각색이어서 어떤 의사 결정을 내리기가 어려웠다는 것이다. 각자가 개인적으로 시도해 보고 싶은 것이 많았지만 자기 주장만 고집할 수는 없었다. 서 교수는 "본선 후반부에 들어선 뒤에는 소통이 잘되면서 서로 배려하는 모습이 보기 좋았다"고 말했다.

이번 대회의 최대 성과는 사실 순위가 아니라 모두가 농업의 소중함을 다시 깨달은 것이었다. 한 팀원은 "농업을 생각하면 가슴이 뛰는 사람, 농업 발전에 도움이 될 수 있는 사람이 되고 싶다"고 말했다.

인공지능 전문가 구하느라 진땀…
토마토 외양과 당도에서는 깜짝 1위

네덜란드 바헤닝언대학은 2019년에 '제2회 세계농업인공지능대회' 개최 사실을 알렸다. 제1회 대회에서 AI팀이 네덜란드 최고의 오이 재배 명인을 제치고 1위를 차지한 사실에 충격을 받은 나는 이미 마음속으로 2회 대회가 열리기만을 기다리고 있었다. 사실 1회 대회가 끝난 뒤 대회 주최 측에 이메일을 보내 본선 대결은 3개월이면 재배할 수 있는 오이보다 최소한 6개월 정도의 재배기간이 필요한 토마토로 하는 게 어떠냐는 제안을 해둔 터였다. 2회 대회 공고가 나오자마자 무조건 팀을 구성해 도전하기로 마음먹었다.

그런데 팀원을 모집하기 시작하자마자 벽에 부딪혔다. 국내 주요 농업 관련 전문기관에 문의했지만 AI 농업 전문가를 찾기가 너무도 어려웠기 때문이다. 이름만 대면 알 만한 대형 기관들에서조차 AI농업 전문가는 전무한 실정이었다. 이대로 대회를 포기할까 하는 생각도 들었지만 어렵게 찾아온 기회를 놓칠 수는 없었다. 고민 끝에 특정 기관에 의존하기보다 전문가들을 수소문해 알음알음 모으는 방식으로 팀을 구성하기로 마음먹었다. 다행히도 네덜란드 바헤닝언대학에서 방문연구원으로 있던 시절에

현지에서 만난 서현권 세종대 교수(바헤닝언대 박사)가 참여를 결정해줬다. 로봇과 AI 전문가인 그에게 팀장을 맡겼다.

이후 서 교수와 함께 주변 사람들 추천을 받아가면서 계속 사람을 모았다. 전문가라고 소개를 받으면 무조건 찾아가 설득하는 식이었다. AI전략 분야 전문가를 찾는 게 가장 힘들었다. 그렇게 해서 드림팀이 구성됐다. 팀 구성에만 2개월이 넘는 시간이 걸렸다. 모두가 각 분야의 실력자들이었다. 그렇게 해서 모아진 멤버가 총 14명이었다.

멤버를 모으면서 조건이 하나 있었다. 누구의 지원도 받지 않고 스스로 모든 경비를 해결하겠다는 약속이었다. 우리 팀은 대회에 참가할 때 소요된 항공료와 숙박비, 식비 등 비용 일체를 갹출해 조달했다.

우리 팀은 대회를 앞두고 고(故) 이어령 교수님을 찾아뵙고 조언을 구했다. 이 교수님께서는 "앞으로 다가올 신농업에서는 AI를 이용해 인간의 한계를 넘는 일을 해낼 수 있게 된다"고 하면서 인간과 AI의 조화를 당부했다. 또한 디지털과 아날로그의 합성어인 '디지로그(Digilog)'라는 팀명을 지어 주시며 우리의 도전을 응원했다.

대회에 참가한 디지로그팀은 2019년 전 세계 AI 인재와 농업 전문가로 구성된 21개의 팀과 예선전을 펼쳤다. 24시간 동안 '해커톤(해킹과 마라톤의 합성어로 참여자가 팀을 구성해 한정된 기간 내에 결과 모델을 만들어내는 것)' 방식의 가상 시뮬레이션으로 예선전이 진행되었는데, 디지로그팀은 당당하게 2위로 본선에 진출했다.

2019년 12월 시작된 결승전은 2020년 6월까지 진행되었다. 네덜란드 연합팀, 중국농업과학원팀, 글로벌 농업 컨설팅 회사 연합팀 등과 함께 본선에서 우승을 다투게 되었다. 본선에 진출한 상위 5개의 AI팀은 네덜란드 베테랑 재배 농가와 실제 유리 온실에서 '고품질, 다수확 방울토마토' 재배를 통해 실력을 겨뤘다. 대회 과정 중에 참가팀들은 토마토 재배를 위해 유리 온실을 짓는 단계까지만 직접 개입이 가능하고, 온실 공사가 완료된 이후에는 인공지능을 활용하여 원격제어를 통해서만 재배에 참여할 수 있었다. 한국의 디지로그팀도 바헤닝언대학에서 약 8600㎞ 떨어진 서울 양재동의 사무실에서 농장 시설을 원격 제어했다.

그리고 대회에서 3위라는 깜짝 놀랄 만한 성과를 거뒀다. 농업 분야 최고 기술을 보유한 네덜란드팀과 최대 인원이 참가한 중국팀을 제외하면 가장 높은 순위다. 외양과 당도(브릭스) 등 품질 부문에서는 100점 만점에 103점으로 1위를 기록하기도 했다. 이번 대회에서 또 하나 주목할 점은 베테랑 농부팀이 AI팀에 패배했다는 점이다. 네덜란드 방울토마토 분야 최고 생산량과 품질을 자랑하는 인간 농부팀은 첫

해 대회에서 2위를 차지했지만, 2회 대회에서는 다섯 개의 AI팀 모두에게 패배했다. 인간의 고유 영역으로 여겨졌던 농업생산 분야에서도 인공지능이 인간을 넘어설 가능성이 있음을 보여준 것이다.

세계 농업 모델은 크게 대규모 토지를 이용하는 미국식 농업, 미국보다 규모는 작지만 첨단기술이 접목된 유럽형 기술 농업, 그리고 한국처럼 소농 중심의 아시아 농업이 있다. 디지로그팀은 이번 대회를 발판 삼아 한국 농업에 적합한 농업 인공지능의 개발과 '아시아 인공지능농업대회' 개최라는 야심 찬 목표를 가지고 있다. 이제 우리가 아시아 농업의 색깔을 찾아, 한국의 소농가들이 디지털 혜택을 누리게 해야 한다. 이것이 디지로그팀의 과제다.

디지로그팀의 최대근 부사장이 본선대회에서 3위를 차지한 뒤 환호하고 있다.

류희경 CVA팀장(왼쪽 둘째)이 팀원들과 함께 트로피를 들고 기뻐하고 있다. CVA팀 제공

제3회 AI대회서도
3위·5위 차지한 한국팀

디지로그팀의 선전이 약이 된 것일까. 2021년에 네덜란드 바헤닝언대학에서 열린 '제3회 농업AI경진대회' 최종 예선에서는 한국팀이 1위와 3위를 차지하는 깜짝쇼를 펼쳤다. 1

차 예선을 거쳐 전 세계에서 17개팀이 참여한 최종 예선에서 상위 5개팀이 본선 진출을 확정한 가운데 그중 2개팀이 한국팀이었던 것이다.

1위를 차지한 한국팀은 스마트팜 교육과정에 다니는 여성과 AI 전문가를 중심으로 구성된 'CVA팀'이다. 전북 익산 스마트팜혁신밸리에

서 운영되고 있는 스마트팜 청년창업보육사업 교육생인 류희경 크로프트(Croft) 대표를 팀장으로 이우람 경기과학기술대 전자공학과 교수와 김민우 학생, 성황현 유니버설로봇 연구원, 백승민 Motion2AI Biz Dev&Product 매니저, 임창진 낮은집작업실 대표, 최연규 전라북도 농식품인력개발원 농업전문관 등이 참여했다.

3위는 아이오크롭스의 조진형 대표와 장동철 강원대 박사, 학생 등으로 이뤄진 '먼데이 레튜스팀'이 차지했다.

이 밖에 최종 예선에서는 러시아의 '디지털 큐컴버팀'이 2위를 차지했다. 이들은 러시아국립농업대학과 러시아농업은행 등 인력으로 구성됐다. 4위를 차지한 '배지 마이트팀'은 우크라이나 등 다국적 참가자로 구성됐다. 5위는 지난 1차 예선에서 1위를 차지했던 미국의 '코알라팀'이다. 코알라팀은 '제1회 농업AI경진대회'에서 최종 1위를 차지했던 '소노마팀'의 리더가 이끌었다.

최종 예선은 24시간 해커톤 방식으로 이뤄졌다. 배점의 60%는 가상의 유리온실에서 상추를 얼마나 잘 재배했는지, 40%는 AI 알고리즘을 얼마나 잘 구성했는지를 기준으로 평가가 이뤄졌다.

류희경 CVA팀장은 "최소의 학습을 통해 최대의 수익을 얻을 수 있도록 하는 강화학습 알고리즘을 개발한 것이 높은 평가를 받은 것 같다"며 "전 세계에서 모여든 AI농업 전문가들과 함께 서로 만나 소통할 수 있었던 것도 큰 소득"이라고 말했다.

유리온실서 4개월간 상추 재배

CVA팀은 앞서 개최된 1차 예선에서는 2위를 차지했다. 24개국에서 46개팀이 참여한 1차 예선은 온라인 챌린지 방식으로 각 팀이 두 가지 과제를 얼마나 잘 해결했는지에 대한 대결이었다. 하나는 상추 이미지 인식 알고리즘을 누가 더 잘 개발했는지였고, 다른 하나는 시뮬레이터를 활용해 누가 더 상추 재배 머신러닝 알고리즘을 잘 개발했는지에 대한 것이었다.

최종 예선에서 1·3위를 차지했던 한국팀이 본선에서는 아쉽게도 3위와 5위로 조금씩 밀렸다. 본선은 유리온실에서 AI 알고리즘을 활용해 4개월간 상추를 재배하는 대결이었다. 최종 순위는 전기료 등 상추 재배에 들어간 여러 가지 비용을 제외하고 최종 순이익을 누가 더 많이 올렸는지를 평가하는 방식으로 이뤄졌다.

3회 대회 본선에서 대망의 1위는 2차 예선에서 5위를 기록했던 미국의 코알라팀이 차지했다. 농업 스타트업 코이드라와 코넬대 출신 연구원들로 구성된 코알라팀의 리더는 제1회 대회에서 본선 1위를 차지했던 소노마팀의 리

더 케네스 트란이 다시 맡았다.

2위는 러시아국립농업대학에서 결성한 디지털 큐컴버팀, 4위는 여러 국가 전문가들로 구성된 배지 마이트팀이 차지했다.

CVA팀 리더인 류희경 크로프트 대표는 "AI를 활용한 농업에서 우리 팀이 부족했던 부분들을 앞으로 많이 보완해 나가야 할 것 같다"고 말했다. 크로프트에서 CTO(최고기술경영자) 역할을 맡고 있는 같은 팀의 이우람 경기과학기술대 교수는 "대회에 참여하면서 많은 부분을 배울 수 있었다"며 "앞으로 나아가야 할 방향에 대해 진지하게 고민할 수 있는 좋은 경험을 했다"고 말했다. 이 교수는 "크로프트가 세계를 선도하는 AI 농업회사가 될 수 있도록 노력할 것"이라고 덧붙였다.

금산군 깻잎 농가와 손잡은 美 아마존

충남 금산군에서 깻잎 농사를 짓는 한 고령의 농부에게 문자메시지가 왔다. '곧 소나기가 내릴 예정이니 환기막을 닫아주세요.' 농부는 스마트폰에서 '환기막 닫음' 표시를 누른 뒤 한숨을 돌렸다. 오후 늦은 시간 다른 문자가 날아왔다. '오늘 밤 온도가 급강하할 예정이니 보온막을 쳐주세요.' 그는 이번엔 '보온막 닫음'을 누르고는 편안한 저녁시간을 보냈다.

국내 최대 깻잎 산지인 금산에 있는 농부들이 꿈꾸는 삶은 바로 이런 것이다. 그럴 만도 한 것이 깻잎은 다른 농사에 비해 손이 많이 가기로 유명한 작물이다. 깻잎은 온도와 습도 관리를 섬세하게 해야 하는 데다 조금만 실수해도 병해충이 잘 생긴다. 금산이 전국 깻잎 생산량의 42%를 차지하는 최대 산지로 성장한 것은 그만큼 농부들이 많은 땀을 흘렸다는 뜻이다. 더구나 금산 깻잎 농가는 다른 곳보다 농가당 규모가 작고 고령자 비중이 높다. 갑자기 비가 내리거나 밤 기온이 급강하하면 언제라도 비닐하우스로 뛰어가야 하는 일이 제일 고역이다.

그런데 금산 깻잎 농가들이 이제 세계적인 IT 기업인 미국 아마존의 도움으로 농사에 인공지능(AI), 빅데이터 같은 정보통신기술(ICT)을 활용하기 시작했다. 비닐하우스 설비를 자동화하고, AI를 활용해 날씨를 정확히 예측하는 일이 가능해지고 있다. 깻잎 농부의 꿈이 현실화되는 것이다.

이는 부산에 있는 아마존웹서비스(AWS) 클라우드혁신센터(CIC)가 금산군 농업기술센터, 동아대 등과 손잡고 금산 깻잎 농가에 대한 디지털 지원 사업을 벌이고 있기에 가능해진 일이다. 아마존 측은 국내에서의 사회공헌활동을 위해 자신들이 보유한 ICT 인프라스트럭처 지원 대상을 물색하고 있었고, 이 소식을 접한 동아대 측에서 아마존과 시너지를 낼 수 있는 대상으로 스마트팜을 제안하면서 일이 급진전됐다. 2016년 부산에 둥지를 튼 AWS CIC는 클라우드 인프라 제공과 유망 스타트업 발굴 등 업무에 주력하고 있다. 동아대 쪽에서는 농업에 ICT를 접목하는 일에 관심이 많다. 여기에 국내 최대 깻잎 생산지인 금산군에서 영세 고령농가 지원 필요성을 적극 제기하면서 의견이 모아졌다.

그동안 금산군 농가들은 깻잎 재배에 고충이 많았다. 깻잎 재배의 최대 변수는 날씨인데, 일기 예보가 넓은 지역을 대상으로 이뤄지다 보니 예측이 정확하지 못했다. 기온이 낮은 상태에서 다습한 상태가 장시간 지속되면 잿

빛곰팡이병에 쉽게 걸려 피해를 보는 일이 많았다. 이런 상황을 파악한 동아대 측에서 아마존이 보유한 ICT 인프라를 활용하면 깻잎 농가에 도움이 되는 AI 스마트팜 시스템을 갖출 수 있다고 판단했다. 디지로그팀의 팀장이었고, 지금은 세종대로 자리를 옮긴 서현권 교수가 당시 동아대 측 책임자였다.

금산군 쪽에서도 적극적으로 나섰다. 농업인 출신으로 누구보다 깻잎 농가의 어려움을 이해하는 문정우 당시 군수가 팔을 걷어붙이고 아마존 유치에 나섰다. 그는 "깻잎 농사는 하우스 시설 개폐, 병충해 예찰, 관수 조절, 액비 공급 등 연중 하루도 쉬지 못하고 고된

충남 금산군에 있는 전형적인 깻잎 비닐하우스 내부 모습.

작업에 매달려야 한다"며 "AI 같은 첨단기술을 활용한 스마트 농업을 접목하면 획기적인 도움을 받을 수 있다"고 말했다. 그는 "AI 재배 데이터를 장기간 축적하면 향후 어떤 상황에서도 고령농들이 깻잎 농사를 잘 지을 수 있는 기반이 마련될 수 있을 것"이라고 기대했다.

아마존과 동아대는 고령농이 많은 현실을 감안해 음성 기반 알리미 서비스를 우선 개발해 적용하기 시작했다. AI를 활용한 가격 예측 시스템 도입도 논의 중이다. 예컨대 '내일 가락시장에서 깻잎 수요가 감소하면서 가격이 떨어질 전망'이라는 안내를 AI 음성 서비스로 하는 방식이다.

작물 모니터링을 위한 센서도 다양하게 설치하고 있다. 카메라가 작물이 자라는 상태를 24시간 지켜보면서 발육과 병해충 상태를 점검하기 위한 것이다. 우선 5개 농가를 선정해 AI 시스템 적용을 진행하고 있고, 향후 성과에 따라 대상 농가를 늘린다는 계획이다.

AI농업 전문가들이 말하는 미래 농업

연간 농식품 수출액이 1100억달러(약 131조원)에 달하는 네덜란드. 농지 면적이 우리나라와 엇비슷하지만 미국에 이어 전 세계 2위 농식품 수출국이다. 수출 규모가 우리나라의 10배에 달한다. 특히 4차 산업혁명 시대를 맞아 네덜란드 농업에서는 인공지능(AI), 빅데이터, 사물인터넷(IoT) 등 정보통신기술(ICT)이 활발하게 쓰이고 있다. 네덜란드가 2018년부터 세계에서 유일하게 '농업AI경진대회'를 개최하는 배경이다. 이 대회에서 우리나라가 연달아 선전을 펼치고 있어 한국 농업의 AI 경쟁력에 기대가 모아지고 있다. 그러나 우리나라가 농업AI경진대회에서 좋은 성과를 거두었다고 해서 우리 농업계가 그 정도로 높은 수준의 ICT 경쟁력을 가졌다고 평가할 수는 없다. 농업계는 물론이고 식품업계에서도 여전히 AI 전문가를 찾아보기 어렵다. 그러다 보니 농산물·식품 생산과 가공에 AI를 활발하게 적용하는 선진국들과 달리 우리나라에서는 AI가 농식품 산업 현장에 거의 적용되지 못하고 있다. 일부에서 AI 적용을 시도하고 있지만 전문인력 부재로 어려움을 겪고 있다. 이런 상황을 어떻게 해결하는 것이 바람직할지 농업 분야 AI 전문가들의 이야기를 들어봤다.

질문은 정혁훈 농업전문기자가 했고, 답변은 민승규 세종대 석좌교수와 최재빈 넥스트온 대표, 김영상 멀티캠퍼스 IT교육사업 팀장(상무), 서현권 세종대 교수, 최대근 디지로그 부사장이 했다.

최재빈 대표는 SW 프로그래머 출신이며 서

왼쪽부터 김영상 멀티캠퍼스 상무, 최재빈 넥스트온 대표, 최대근 디지로그 부사장, 서현권 세종대 교수, 민승규 세종대 석좌교수.

울반도체 사장을 지낸 LED 전문가로 폐터널을 활용한 수직농장에서 엽채류와 딸기, 바이오 작물을 생산하고 있다. 김영상 상무는 시스템통합(SI) 업체에서 20년간 컨설팅과 솔루션 개발을 맡았고, 지금은 기업 인재 교육 기관인 멀티캠퍼스에서 IT교육사업을 총괄하고 있다. 서현권 교수는 네덜란드 바헤닝언대학에서 농업용 로봇과 AI 연구로 박사 학위를 받았고, 제2회 농업AI경진대회에서 3위를 차지한 디지로그팀의 팀장이었다. 최대근 부사장은 바헤닝언대학에서 시설원예로 석

사 학위를 받은 뒤 국내로 들어와 온라인 농식품 판매 플랫폼인 파미너스를 창업한 경험이 있다.

Q 농업에 AI가 접목되면 어떤 변화가 생길까.

A 서현권 교수=과거 두 차례의 농업혁명은 농산물의 생산량 증대로 이어졌다. 그런데 현재 AI와 함께 진행되고 있는 신(新)농업혁명은 단순히 생산량의 증대만이 아니라 농업 전후방 산업 전체를 송두리째 바꿔놓

세계는 新농업혁명 경쟁
과거엔 생산량 증대가 목적
이젠 생산·소비 전방위 혁신

을 만한 파괴력을 갖고 있다. 종자 개발부터 농산물 재배, 가공, 유통, 소비로 이어지는 전체 밸류체인(생태계)에서 혁신적인 변화가 일어날 것이다. 전후방 산업 전체가 환골탈태하면서 지금까지는 생각하지 못했던 새로운 부가가치를 만들어낼 것이다. 아날로그 시대를 풍미했던 일본 소니가 디지털 시대로의 전환에 적응하지 못하면서 어려움을 겪었듯이 이제 AI에 적응하지 못하는 농업은 설 자리를 잃을 것이다. 지금까지의 농업 경쟁력이 시설과 장비, 기술에 달려 있었다면 앞으로는 빅데이터와 AI를 누가 더 잘 활용하느냐에 따라 결과가 달라질 것이다.

최재빈 대표=지금까지와는 다른 농업이 펼쳐지게 된다. 우선 생산성이 상향 평준화될 것으로 예상된다. 또한 전략의 자동화를 통해 농부의 의사결정이 보다 정교해질 수 있도록 도움을 줄 수 있다. 사실 농촌 현장에 가보면 고령화로 인해 어떤 의사결정을 할 때 어려움을 겪는 농민이 많다. 날씨나 병충해 등 돌발 변수가 발생했을 때 농부의 대처 능력을 키워줄 수 있는 것도 이점이다. 작물 상태에 대한 인지능력 면에서 이미 AI가 농부를 추월한 사례가 많다. 특히 지구온난화로 인한 기후변화로 자연재해가 늘어나는 것에 대처하기 위해서도 AI는 필수다. 급변하는 대외 변수에 즉각 대응하려면 AI 지원을 받는 것이 유리하다.

Q 농업에 AI를 적용하기 위해 중요한 것은.

A 민승규 교수=지금 전 세계를 보면 혁신적인 농업 비즈니스 모델이 속속 탄생하고 있다. 그런데 우리나라는 농업기술 수준이 선진국 수준 대비 75%에 불과하다. AI 수준도 미국을 100이라고 하면 우리나라는 81.6에 불과하다는 연구가 있다. 우리가 신농업혁명의 흐름에 올라타기 위해서는 무엇보다 사람이 중요하다. 농업에 ICT를 접목할 수 있는 융복합 인재를 길러내야 한다. 농업도 알면서 ICT에도 능한 인재가 필요하다. 그런데 불행하게도 우리 정부는 농업에 대한 지원에는 예산을 많이 투입하지만, 융복합 농업 인재를 키우는 데는 별로 관심이 없다. 그러나 AI와 같은 ICT를 적용해 생산과 가공, 유통 등 농업 밸류체인 전체를 혁신할 수 있는 인재가 절실한 실정이다.

Q 정부에서도 농업 IT 인재를 육성하지 않나.

A 서현권 교수=농업에 첨단기술을 도입하는 것이 세계적 추세이다 보니 정부에서도 스마트팜 기술 확산을 위해 노력하고 있는 것은 사실이다. 그러나 스마트팜 기술에 대한 교육을 담당하는 강사진 대부분이 기존 농업계 출신이라는 점이 한계다. 이들은 IT 분야 전문가들과 달리 ICT의 최신 흐름을 제대로 파악하지 못하고 있다. 스마트팜 교육 커리큘럼이 과거 IT에 의존하고 있는 것은 큰 문제다.

민승규 교수=농업의 ICT 기반이 외딴섬에 갇혀 있는 느낌이다. 신농업혁명은 농업계 인사들만 갖고는 어렵다. 융복합 인재 육성이 꼭 필요한 이유다.

Q 해외에서는 어떤 노력을 기울이고 있나.

A 최대근 부사장=유럽에서는 농업과 ICT를 융합할 수 있는 교육기관을 만들어 대응하고 있다. 네덜란드는 농업대학의 한계를 극복하기 위해 유럽의 MIT라고 하는 델프트공대에 애그테크 인스티튜트(Agtech Institute)라는 기관을 설립했다. 농업(Agriculture)과 기술(Technology)의 접목을 담당하는 기관이다. 세계 최고 농업대학인 네덜란드 바헤닝언대학 출신들이 AI 기술을 추가로 배우기 위해 애그테크 인스티튜트를 찾는다. 한국으로 치면 KAIST에 농업대학원을 설치해 각 대학 농대 출신 인재들에게 ICT를 교육하는 식이다.

Q 스마트팜 기업에서 보는 상황은.

A 최재빈 대표=소프트웨어 프로그래머 출신으로 농업 스타트업을 창업해 IT를 적용해 보면서 느끼는 것은 다른 산업에 비해 농업에 ICT를 접목하는 것이 더 어렵다는 것이다.

농업에서 생산하는 작물은 살아 움직이는 생명체이다 보니 품질을 컨트롤하기가 훨씬 더 어렵다. 일분일초의 시간에도 세포분열을 하는 것이 작물이다.

IT 산업보다 더 수준 높은 지식 관리가 필요한 분야가 바로 농업이다. 따라서 농업에서는 다른 산업에 비해 더 수준 높은 ICT 전문가가 필요하지만 현실은 그렇지 못하다. 농업 분야 인력이 ICT를 활용할 수 있도록 교육하는 기관이 거의 없다. 이를 늘려야 하는 것이 최우선 과제다.

또 한 가지 문제는 농업에 대한 인식이 여전히 개선되지 못하고 있어 인재들이 농업을 기피하는 현상이 여전하다는 점이다. 바이오 소재용 작물 재배를 위해 약학박사를 구하는 데 3년이 걸렸을 정도다.

Q 멀티캠퍼스에서 IT 인재를 키워보니 어떤가.

A 김영상 상무=K-디지털 트레이닝과 같이 멀티캠퍼스가 진행하는 청년 IT 인재 양성 과정들을 보면 IT 비전공자 수강 비중이 점차 증가하는 추세다. 현재 비전공자 비중은 거의 50%에 가깝다. 기존에 소프트웨어를 전혀 배우지 않았지만 특정 분야에 대한 지식을 기반으로 추가로 소프트웨어에 대한 지식을 습득한 사람들이 해당 분야에서 능력을 발휘할 수 있기 때문이다. 예컨대 경영을 전공한 학생이 IT 인재 양성 교육을 통해 소프트웨어 기술을 배운 뒤 기업이나 금융사로 취직해 인정받는 경우가 많다. 소프트웨어 기술을 익힌 은행 창구 직원이나 보험사 영업 직원이 ICT를 활용해 현장 업무를 혁신시키는 일이 일어나고 있다. 농업도 마찬가지다. 농업 분야 전공자가 추가로 소프트웨어 기술을 익히면 농업계를 혁신시킬 수 있는 융복합 인재로 거듭날 수 있다.

Q 교육 전문가로서 복안이 있다면.

A 김영상 상무=농업 분야에서는 문제기반학습(Question Based Learning · QBL) 방식의 교육이 적절할 것 같다. 교육생을 모아놓고 단순히 정해진 커리큘럼에 따라 가르치는 것이 아니라 수강생의 질문에 전문가들이 답을 찾아주는 과정을 통해 교육하는 방식이다. 예컨대 과일을 수확한 뒤 크기나 무게, 품질에 따라 선별하는 작업에 시간과 비용이 많이 드는 것이 현실이다. 이런 문제를 AI와 같은 ICT로 해결하는 방법이 없을까 질문을 던지는 것이다. 그러면 AI 전문가가 나서 카메라와 이미지, 빅데이터 등을 활용해 과일을 자동으로 선별할 수 있는 방안을 고안해 보는 것이다.

Q 식품업계에서도 AI 도입에 어려움이 많은데.

A 김영상 상무=농업과 마찬가지로 식품업계에서도 QBL 방식의 교육이 필요하다. 얼마 전 농산물 가공식품 공장에서 AI를 활용한 불순물 제거 공정에 관심을 표명한 적이 있다. 다른 불순물은 여러 가지 장비를 이용해 다 걸러낼 수 있는데, 유독 사람의 머리카락은 걸러내기 어렵다는 것이었다. 식품 분야 전문가에게 카메라를 활용해 이미지를 인식할 수 있는 AI 기술을 가르치면 얼마든지 해결할 수 있는 문제다. 그림을 잘 못 그리는 사람에게 포토샵을 아무리 가르쳐봐야 좋은 작품이 나오지 않는다. 반면 그림을 잘 그리는 사람에게 포토샵을 가르치면 기가 막힌 작품이 나오는 것과 같은 이치다. 농식품 분야 종사자들이 ICT를 익힐 경우 얻을 수 있는 시너지 효과는 상상 이상일 것이다.

제2부
농업, 혁신이 되다

가속도 높이는 농업 혁신

빅블러 시대,
농업의 경계가 흐려진다

우리는 배가 고플 땐 배달 앱으로 음식을 배달시키고, 택시를 탈 때는 택시 앱을 사용한다. 그렇다면 음식 배달 앱은 외식업이고, 택시 앱은 운수업일까?

과거에는 업종 간 경계가 명확해서 금융업, 제조업 등 각 업종에서 전문적으로 그 일만 행해왔었다. 그러나 최근에는 구매자와 판매자, 서비스와 제품, 오프라인과 온라인 등 다양한 영역에서 경계가 사라지는 '경계융화 현상'이 나타나고 있다. 이른바 빅블러(Big Blur) 시대가 도래한 것이다. 물론 이러한 현상은 과거에도 있었다. 하지만 과거에는 상호 보조적 관계에 그쳤다면, 지금은 완전히 다른 사업으로 변신하는 경우가 늘어나고 있다.

빅블러(Big Blur)는 '크다'의 Big과 '흐릿해지다'의 Blur가 결합된 용어로 '경계 융화, 즉 산업·업종 간 경계가 급속하게 사라지는 현상'을 의미한다. 2013년 '당신이 알던 모든 경계가 사라진다'(조용호 저)에서 제시되면서 주목을 받았다. 4차 산업혁명 시대에 비즈니스 모델의 대충돌을 일으키는 현상이라는 맥락으로 설명되고 있다. 저자는 빅블러를 "시장의 모든 시스템을 재편하는 혁명으로 간주하고 경계를 허무는 자가 승리한다"라고 예견한다. 빅블러의 시대에 가장 큰 경쟁자는 업계 내부가 아니라 오히려 경계 밖에 존재한다는 것이다.

누군가는 상황이 어떻게 변하든지 나는 내 일만 열심히 하면 된다고 생각할 수 있지만, 지금의 상황에서는 예상치도 못한 경쟁자에 의해 견고하다 믿었던 자신의 자리를 빼앗길 수도 있다. 특히 인공지능, 빅데이터 등 4차 산업혁명의 혁신적인 기술의 도입 이후, 빅블러 현상은 우리 주변에서 본격적으로 일어나고 있다. 전자상거래 업체 아마존은 미국 유기농 식품점 홀푸드를 인수했고 무인 점포 '아마존고'를 운영하고 있으며, 차량 공유서비스 '우버'와 주택 공유서비스 '에어비앤비' 역시 빅블러 사례 중 하나다.

농업 분야도 예외가 아니다. 충북 옥천터널에 버티컬팜을 만든 최재빈 넥스트온 대표는 매출 1조원대 LED칩 회사 사장직을 내려놓고 미래의 식탁을 책임지겠다며 농업에 뛰어들었다. 그는 아날로그 산업으로 여겨졌던 농업에 IT를 접목해 디지털과 농업이 합쳐지는 농업을 만들고자 회사를 설립했다. 어떤 산업이든 기술의 발전과 미래의 시장 규모가 중요한데, 농업이야말로 먹거리 산업의 경계를 뛰어넘어 의약, 바이오 등 다양한 분야로의 발전 가능성과 시장 확장성이 무궁무진하다고 판단한 것이다. 이는 축산 분야에서도 일어나고 있는데, 대표적으로 식물성 고기가 있다. 소, 돼지, 닭 등 가축으로부터 얻어지는 것이 육류의 전부였지만 이제는 밀, 콩 등 곡물을 이용해 고기의 맛과 향을 만들어내는 육류 대체

식품까지 등장하고 있다. 빅블러(Big Blur) 시대, 농업에 대한 고유 영역과 고정관념을 허무는 새로운 판이 만들어지고 있다. 우리가 이런 변화에 어떻게 대응하느냐에 따라 한국 농업의 미래가 달라질 것이다. 정부의 역할이 어느 때보다 중요해지고 있다.

식물성 고기의 습격

미국에서 열리는 세계 최대 규모의 가전제품 박람회 'CES(Consumer Electronics Show)'에서 IT 제품만큼이나 주목받은 식품이 있다. 바로 '식물성 버거'다. 2019년 CES에서 식물성 소고기로 사람들을 놀라게 한 '임파서블 푸드(Impossible Foods)' 기업이 2020년에는 식물성 돼지고기와 소시지를 선보이면서 그해 CES 5대 트렌드에 선정되었다.

과거에도 식물성 고기가 존재했지만, 실제 고기의 맛과 차이가 있었기 때문에 대중화되지 못했다. 임파서블 푸드는 이 점을 보완하기 위해 콩 뿌리에서 추출한 DNA의 유전자 조작으로 실제 고기 맛과 피 색을 구현했다. 이 기업의 창업자인 '패트릭 브라운' 박사는 맛과 영양 조절이 가능한 소고기, 돼지고기뿐 아니라 닭고기와 물고기까지 만들어낼 것이라고 했다. 2035년까지 세계 식량에서 축산을 완전히 대체하는 것이 이들의 미션이다.

홍콩에 있는 레스토랑에서
식물성 고기 직접 시식

식물성 고기는 축산의 문제점으로 지적되는 환경오염과 동물 윤리, 그리고 인구 증가에 따른 육류 소비 증가 등에 대한 대안으로 등장했다. 최근 다양한 식물성 고기 회사들이 글로벌 IT 기업들의 투자를 받고 있으며, 일부 제품은 이미 유명 프랜차이즈 업체에서 판매 중이다.

또한, 음식을 통해 환경에 책임감을 가져야 한다는 셰프들도 늘어나고 있다. 이전에 채식주의에 대해 부정적인 의견을 표출한 바 있는 영국의 '고든 램지' 셰프는 그의 레스토랑 메뉴에 채식주의자를 위한 식물성 버거를 추가했다. 특히 채식주의 중에서도 비건(환경과 동물을 생각하는 채식주의자)의 규모가 늘어

남에 따라 앞으로 식물성 고기 시장은 더 확대될 것으로 전망된다.

산업 간 경계가 허물어지는 빅블러(Big Blur · 기존의 경계가 모호해지는 현상) 시대를 맞이한 지금, 축산업도 예외는 아니다. 이제 세계 축산업계는 식물성 고기라는 축산 대체식품과도 경쟁해야 하는 새로운 '게임의 법칙'에 직면하게 되었다. 이에 따라 식물성 고기 옹호자들과 반대자들의 논의 역시 활발하게 이루어지고 있다. 미국에서는 전통적인 방법으로 생산된 고기가 아니면 'Beef' 'Meat' 같은 단어 사용을 금지하는 법안이 발의되기도 했다.

이러한 세계적 변화에 대해 우리 축산업계도 예의주시할 필요가 있다. 식물성 고기가 앞으

로 한국 축산업계를 강타할 태풍이 될 수도 있기 때문이다. 농업 생산액의 40%를 점하는 축산의 입지가 좁아지게 되면, 농업 경제의 근간이 흔들릴 우려가 있다. 게다가 식물성 고기는 축산물이 아닌 조제 식료품으로 수입되어 0%의 관세가 적용된다. 점점 낮아지는 가격으로 인해 그 수요도 늘어날 것으로 예상된다.

국내 축산물의 새로운 경쟁력을 찾아야 한다. 소비자들에게 우리의 맛과 가치를 인정받을 수 있는 차별화된 전략이 필요하다. 품질은 물론이고, 가격에서도 경쟁력을 높여야 한다. 쌀떡볶이의 사례는 축산업계에 시사하는 바가 크다. 과거에는 쌀떡볶이가 대부분이었지만, 점차 밀떡볶이의 비중이 증가하며 사람들의 입맛이 그것에 길들여져 이제는 길거리에서 밀떡볶이를 더 쉽게 접할 수 있다. 이처럼 사람들이 수입 고기나 식물성 고기의 맛에 익숙해져 국내 축산물을 외면할까 걱정이 앞선다.

얼마 전 간담회에서 만난 양돈 농가들도 식물성 고기에 대해 위기감을 느끼고 있었다. 그들은 이 문제에 대한 자구책을 마련하고자 농업 분야에서 최고 수준인 네덜란드 바헤닝언대학과 컨설팅 형태의 화상 교육을 준비하고 있다. 과거 2001년 소고기 수입 개방이 확정되었을 때, 많은 전문가가 축산의 위기 상황을 예상했다. 하지만 우리 축산 농가들은 품질 향상을 통한 '한우'라는 독자적인 브랜드를 만들어 한국 축산인의 역량을 보여주었다. 이번 상황 역시, 위기를 기회로 삼아 한국 축산업계의 지혜를 다시 한번 보여줄 때이다.

농업 분야의 삼성전자, 테슬라들

'불이 꺼지지 않는 도시'라 불리는 미국의 라스베이거스는 세계적인 관광 및 카지노의 도시다. 사막 한가운데의 아름다운 야경과 화려한 쇼들은 물론 각종 호텔과 음식점, 도박장 등을 경험하기 위해 전 세계에서 관광객들이 몰린다. 여기에는 단순한 여행객뿐만 아니라 전 세계의 많은 CEO도 포함되어 있다. 그들이 이곳을 찾는 이유는 바로 CES(Consumer Electronics Show) 때문이다.

최근 산업·업종 간 경계가 무너지고 기술의 평준화, 범용화가 가속화하면서 뛰어난 아이디어를 가진 다양한 스타트업이 출현하고 있다. CES에서 선보이는 그들의 혁신적인 기술은 매년 세계를 놀라게 하고 있으며, 전 세계 CEO들 역시 이러한 기술에 관심을 보이며 새로운 경쟁력의 디딤돌로 삼으려 한다.

특별히 2022년 CES에서는 3가지 핵심 카테고리로 대체불가토큰(NFT)과 우주기술, 푸드테크(Food Technology)를 발표했다. 그중 푸

CES 2022 화제가 된 3가지 분야

대체불가토큰   우주항공기술   푸드테크

드테크란 농식품의 생산, 가공, 보관, 운반 등 모든 분야에 과학기술을 접목해 이전보다 발전되고 새로운 형태의 부가가치를 창출하는 산업을 뜻한다. 최근 식품 공급망이 흔들리고 농식품에 4차 산업혁명 기술들이 결합하여 농식품 시장이 확대됨에 따라, 농업이 새로운 미래 산업으로 각광을 받고 있다.

이 CES에서는 네덜란드의 푸드테크 스타트업인 오르비스크(Orbisk)의 완전 자동화 음식물 낭비 절감 및 모니터링 기술이 많은 주목을 받았다. 이 기술은 AI를 통해 공급·구매 과정을 최적화하고 식당에서 음식 재료의 양을 자동으로 파악하여 최대 70%의 음식물쓰레기를 줄일 수 있다. 국내 대표적인 스마트팜 업

체인 엔씽은 CES에서 2020년 '최고혁신상'에 이어 2022년에 '혁신상'을 수상하며 2관왕을 달성했다. 사물인터넷(IoT) 기반의 모듈형 컨테이너 수직농장 기술을 통해 장소에 구애받지 않는 컨테이너 팜에서 흙과 빛 없이 엽채소 및 바이오 작물을 재배한다.

미국의 농업 장비 제조업체인 '존디어'가 선보인 자율주행 트랙터 기술은 '농업계의 테슬라'라는 평과 함께 많은 눈길을 끌었다. 이들은 현재 토지와 노동력이 줄어들고 있는 반면, 2050년까지 전 세계 인구가 80억명으로 늘어날 것에 대비하여 AI와 자율주행 등의 기술로 농업 생산성을 높일 계획이라고 강조했다.

이처럼 새로운 가치를 추구하는 많은 기업이

디지로그에서 개발 중인 인공지능 수확 로봇. 디지로그 제공

CES에서 자신들의 혁신적인 기술을 선보이고 있다. 한국의 농식품 스타트업인 디지로그 (Digilog)도 이러한 흐름에 동참하기 위해 인공 지능 수확 및 방제 로봇인 '솔리드(SOLID)'를 제작 중이다. 디지로그의 서현권 대표는 "CES 푸드테크 분야의 혁신상을 목표로, 디지털 혜 택을 받지 못하는 전 세계의 소규모 농가들에 도움을 주는 것이 우리의 궁극적인 목표"라고 말했다. 이제 국내에서도 많은 농업 스타트업 들이 유니콘 기업으로 성장할 수 있을 것으로 보인다. 그러기 위해서는 정부와 기업, 연구 기관 및 농가가 힘을 합쳐 농업 생태계에 혁신

의 바람을 불러일으켜야 한다. 한국 농업에서 전례 없는 담대한 도전이 필요할 때다.

창고에서 피어나는 농업 스타트업의 꿈

"Red Eye, Cold Pizza, No Sleep."(충혈된 눈, 차가운 피자, 그리고 잠 못 잠.) 춥고 배고팠던 실리콘밸리 초기 창업자들의 일상을 표현하는 말이었다. 가난했지만 도전 정신이 가득했던 시간이 지금의 실리콘밸리

를 만들어냈고, 그러한 과정은 이제 벤처 기업의 당연한 수순이 되었다. 글로벌 IT 기업 중 우리가 알고 있는 마이크로소프트, 애플, HP 등의 기업들은 모두 창고에서 시작했다. 실제로 빌 게이츠는 "우리가 가장 두려워하는 것은, 지금 창고에서 새로운 무엇인가를 개발하고 있을 스타트업이다"라고 말했다.

최근 한국에서도 엔씽, 팜에이트 등 농업의 변화를 선도하고자 하는 '애그테크(Ag-Tech · 농업과 기술의 합성어)' 스타트업이 출현하고 있다. 그중 디지로그(Digilog)라는 한 스타트업도 서울 우면동 창고에서 세상을 놀라게 할 준비를 하고 있다. 그들은 네덜란드에서 로봇 및 원예를 전공한 연구원들과 기업의 개발자들로 구성되었으며, 실리콘밸리 초기 창업자들처럼 헝그리하지만 농업을 향한 열정으로 가득하다.

이들은 딸기 농가의 애로사항인 방제와 수확 문제를 해결해 주는 인공지능 농업 로봇을 개발 중이다. 주요 병충해를 자동 탐지하고 정밀 방제하여 농약 사용을 90%가량 감소시킬 수 있으며, 자율주행 기능과 높이 조절을 통해 다양한 농가에 적용이 가능하다. 특히 3D 프린터로 일부 부품을 제작하고 인공지능 시스템 고도화를 통해 외국의 경쟁사보다 저렴하고 기술적인 차별화를 가진다는 점은 매력적이다. 하지만 디지로그 역시 다른 스타트업처럼 여러 고난과 역경을 마주했는데, 개발 도중 재정의 어려움으로 연구가 중단되기도 했다. 그러다 얼마 전 농협 조합장과 딸기 명인이 이 소식을 듣고 이들과 함께 뜻을 모았다. 남서울농협의 안용승 조합장은 선뜻 농협 건물의 한 창고를 로봇연구소로 제공했다. 그는 "고령화와 일손 부족 문제가 심각한 농촌에 농업용 로봇이 보급된다면 그 파급효과는 대단할 것"이라며 응원을 보냈다.

경남 거창 봉농원의 류지봉 딸기 명인은 서울까지 한걸음에 달려와 "로봇이 현장에서 적용되기 위해서는 밤에도 딸기를 구분할 수 있어야 한다"며 필드 테스트 기회를 제공해주었다. 이제 몇 달 후면 로봇이 온실 안을 자유롭게 돌아다니며 자동으로 방제와 수확을 하고, 농민은 휴대폰 앱을 통해 딸기의 이상 여부를 확인할 수 있게 될 것이다. 디지로그의 서현권 대표는 "미래 농업은 농부와 로봇의 협동으로 이루어질 것입니다. 농가에 실제로 도움이 되는 인공지능 로봇을 개발하겠습니다"라고 말했다. 이들의 목표는 세계 최대 규모의 가전 박람회인 CES에서 혁신상의 쾌거를 이루는 것이다. 밤늦게까지 로봇을 조립하느라 옷에는 기름때가 묻고 땀이 흥건하지만, 이들의 얼굴은 꿈과 자부심으로 가득 차 있다. 이 젊은 연구자들뿐만 아니라, 다양한 애그테크 기업들이 한국 농업의 문제를 해결하고, 새로운 혁명을 일으키는 세계 농업의 미래가 되길 기대해본다.

고려인삼, 비상(非常)이다!
비상(飛上)하자

1686년 9월 태국 왕국 외교사절단이 프랑스 베르사유 궁전을 방문한다. 이들은 루이 14세의 환심을 사기 위해 선물을 준비했는데 조선에서 가져간 인삼이었다. 인삼은 17세기부터 동서양을 잇는 교역에서 매우 중요한 상품이었다. 뿌리 모양이 사람과 비슷한 인삼은 예로부터 그 효능과 희소성으로 말미암아 민간에서 불로초(不老草) 또는 만병초(萬病草)로 여겨졌으며, 귀신같은 효험이 있다고 하여 신초(神草)로 불리기도 한다. 고려인삼의 학명 Panax Ginseng의 Panax는 그리스어로, Pan은 '모든'이란 뜻이며 Axos는 '치료하다'라는 뜻으로 '모든 병을 치료한다'라는 만병통치의 의미가 있다.

유엔식량농업기구(FAO)는 독창적인 농업 시스템, 생물다양성과 전통 농업지식 등을 보전하기 위해 '세계중요농업유산제도'를 2002년에 도입했다. 국내에서는 금산인삼이 4번째로 세계농업유산에 등재되었으며 인삼으로는 세계 최초이다.

조상들이 외교 수단으로 여길 만큼 귀한 존재였고, 세계농업유산에까지 등재된 1500년 역사의 인삼이 현재 소비 위축과 재고 증가라는 위기에 시달리고 있다. 우리나라 연간 인삼 생산액이 대략 8000억원 정도인데 누적 재고는 2조원에 달한다고 한다. 앞으로 재고가 더 늘어날 것으로 예상되어 심각한 상황이 아닐 수 없다.

문제는 인삼에 대한 선호도가 지속해서 떨어지고 있다는 것이다. 코로나 팬데믹 위기 속에서 경제적으로 움츠러든 사람들은 기호품 소비부터 줄였고, 큰 소비층이었던 외국인들의 관광 수요가 급감하여 치명상을 입었다. 인삼 특유의 쓴맛에 대한 거부감으로 젊은 층이 인삼을 소비하지 않는 것도 인삼 산업의 우려이다. 하루속히 맛과 영양을 다 잡을 수 있는 제품을 개발해야 하는 이유이다.

무엇보다 시급한 과제는 인삼 산업의 경쟁력 확보다. 인삼 자체 제품으로 승부를 보는 것은 한계가 있다는 지적이다. 새로운 첨단기술을 접목한 혁신적인 인삼-테크 기업이 나와야 한다. 한 예로 인삼 한 뿌리 생산되지 않는 스위스의 '파마톤'이라는 기업에서는 사포닌 함량을 표준화해 G115라는 이름으로 세계 특허를 취득한 뒤 '진사나(Ginsana)'라는 제품으로 연간 약 1000만달러어치를 수출하고 있다. 우리도 세계 최고의 효능이 있는 고려인삼의 유효성분을 발굴하고 표준화하여 기능성식품이나 천연 의약품을 만드는 데 많은 투자가 필요하다.

이러한 상황 속에서 박범인 금산군수의 야심 찬 도전이 주목을 받는다. 그는 '금산인삼조합' 설립 100주년을 맞아 '세계인삼수도선포

충남 금산에 있는 인삼도매시장 내부 모습.

식'을 통해 새로운 도약을 준비 중이다. 한류의 흐름을 타고 인삼을 이용한 K푸드와 K뷰티를 소개하려 한다.

또한, 젊은 층 고객을 유입하기 위해 대체불가토큰(NFT) 발행과 메타버스 플랫폼을 통한 인삼 산업의 새로운 생태계를 구상하는 그의 행보를 눈여겨볼 필요가 있다. '1500년 인삼부활 프로젝트'를 통해 관계자 모두가 지혜를 모아야 한다. 미봉책이 아닌 근본 대책을 진지하게 고민해야 할 때이다. 고려인삼이 비상(非常)이다! 비상(飛上)을 준비하자!

돈 냄새 맡은 투자 귀신들

이미 2000년대 들어 "미래에 가장 유망한 산업은 농업"이라고 주장해온 투자의 대가 짐 로저스 로저스홀딩스 회장의 전망대로 농업이 새로운 부가가치 창출 동력으로 떠오르고 있다. 이미 투자회사들은 농업에서 '돈 냄새'를 맡고 발 빠르게 움직이고 있다. 수익이 있는 곳이면 어디든 달려가는 투자회사들 속성이 그대로 반영된 것이다.

산업계의 큰손으로 사모펀드를 운영하는 '프라이빗 에쿼티(PE)' 펀드를 비롯해 벤처캐피털, 액셀러레이터 등이 농식품 분야 기업에 대한 투자를 확대하고 있다. 이런 분위기를 타고 젊은 층을 중심으로 농업 분야의 창업 열기가 뜨겁다. 농업에 연관된 식품 산업까지 포함하면 스타트업 창업 열기가 정보기술(IT) 바이오 등 기존 주력 분야 못지않다는 평가가 나온다.

벤처캐피털의 농업에 대한 관심을 가장 확실하게 체감하고 있는 곳은 농업정책보험금융원(농금원)이다. 일반인들에게 생소한 농금원은 정부가 출자하는 농식품 벤처 모태펀드 관리기관이다. 심사를 거쳐 선정된 벤처캐피털에 정부 예산을 주고, 같은 금액만큼 벤처

애그테크 분야
글로벌 벤처투자 금액 〈단위:억달러〉

2015년	109
2016년	87
2017년	123
2018년	213
2019년	221
2020년	278
2021년	517

*자료:애그펀더(Agfunder)

캐피털이 돈을 태우게 하는 방식이다. 연간 1000억원 정도가 이런 방식으로 농식품 스타트업으로 흘러간다.

농금원은 2011년부터 이런 일을 해왔는데 초기에는 펀드모집 공고를 내도 벤처캐피털 반응이 시큰둥했다고 한다. 그러나 몇 년 전부터 이에 지원하는 벤처캐피털 숫자가 확 늘기 시작했다. KB인베스트먼트와 현대기술투자, 나우아이비캐피탈, 유티씨인베스트먼트 등 대형 벤처캐피털들이 달려들고 있는 것도 달라진 풍속도다. 특히 펀드가 결성된 이후 첫 투자가 이뤄지기까지 걸리는 시간이 크게 단축되고 있다. 2012년에는 10개월 정도 걸리던 것이 최근 들어서는 2~3개월 미만으로 줄었다. 일정 기간이 지나 펀드를 청산할 때 확정되는 투자수익률이 높은 것도 벤처캐피털들을 유혹하고 있다. 농금원에 따르면 최근 2년간 청산한 8개 펀드의 평균 수익률은 52%에 달한다. AJU-아그리젠토 펀드는 조성 금액 200억원에 분배 금액 459억원을 기록해 무려 130% 수익률을 올렸다. 이들 8개 농식품 벤처펀드 중 손실을 기록한 것은 단 한 개도 없었다.

산업계 '큰손' PE들도 관심이 많다. 인수·합병(M&A) 시장을 쥐락펴락하고 있는 PE들이 농기업에 주목하고 있다. IMM인베스트먼트와 어펄마캐피탈 등 유력 PEF들이 수년 전부터 농기업에 투자하기 시작했다. 최근 들어서는 추가 투자 유치를 통해 회사 규모를 키우거나 상장(IPO) 혹은 재매각을 통한 투자금 회수를 추진하는 사례도 나오고 있다.

투자업계에서 농업 분야 기업에 관심을 갖는 가장 큰 이유는 안정적인 수익 창출이 가능한 데다 수출 확대를 통한 성장 가능성도 크다고 보기 때문이다. 성장성이 높은 업체는 베타 값(변동성)이 크다는 단점이 있는데, 농식품 분야에서는 성장성과 안정성을 겸비한 기업을 찾을 수 있는 것이 장점으로 부각되고 있다. 더구나 농식품 분야에서는 현금 창출 능력이 뛰어나면서도 IT기업에 비해 상대적으로 저평가된 기업이 적지 않다는 평가가 많다.

냄새나는 축산은 가라

축산은 이제 문화입니다

한국에서 인기 있는 명절 선물 중 하나는 축산물이다. 한우, 한돈, 닭고기는 우리 국민의 많은 사랑을 받고 있다. 그런데 역설적이게도 그런 고기를 생산하는 축산업에 대해서는 '환경오염' '가축질병' '냄새' 등 부정적인 이미지를 많이 떠올린다. 농촌에서조차도 주변에 축사가 들어오는 것을 꺼리는 것이 현실이다. 축산업계에서도 이러한 문제를 인식하고 '친환경 축산' '동물복지' '순환농업' 등 다양한 노력을 통해 변화를 시도하고 있다.

우리는 그동안 축산물을 통해 동물성 단백질을 공급받았다. 그러나 소비자의 관심이 단순히 음식에만 그치지 않고 환경으로까지 넓어졌다. 축산물을 공급하는 과정도 소비자의 선택에 영향을 미치는 중요한 요소가 되었다. 이왕이면 환경친화적이고 건강한 음식을 선택하려는 소비자가 늘고 있다. 수입 축산물 시장에 이어, 최근에는 식물성 고기를 앞세운 대체육 시장까지 국내 축산시장에 진출하고 있다. 식물성 패티가 일반 패티보다 온실가스를 감축하는 데 효과적이어서 환경보호에 일조한다는 주장이 소비자를 설득했기 때문이다.

갈수록 입지가 좁아지는 국내 축산업이 소비자의 마음을 사로잡으려면 그들의 가슴 깊숙이 들어가 설렘과 감동을 주어야 한다. 이를 위해서는 가격과 품질을 뛰어넘는 문화 창출이 필요하다. 소비자가 국내 축산물을 단순히

1. 한우(韓牛)라는 말은 언제 생겼을까?

일제강점기 땐 <조선우>라 불렸으며 그 전엔 그저 소라 불렀다.
1399년 발간된 조선 시대 수의학서를 보면
과거 우리나라에는 백우, 흑우, 청우, 칡소 등 다양한 소가 존재했다.

그러나 일제강점기 때 '한우 표준법'을 제정해 1938년 한우표준법 제정,
한우는 황색으로, 일본 소는 흑색으로 한정짓는 모색통일 심사 규정을 만들었다.

안타깝게도 오늘날 한우를 누렁소로 인식하게 된 이유다!

일제강점기 시 조선우 집중 수탈

- 골격이 크고 영리한 조선우는 일소로서 큰 가치
- 맛이 좋아 고기소로도 으뜸이라 150만두 수탈
- 일본으로 반출된 한우는 일본 재래종 <와우>보다도 (기록)
- 한우의 우수한 유전적인 소질을 간파해 일본 품종개량

'식객'의 저자인 허영만 화백이 2021년 농협축산경제에서 주최한 '한우문화의 르네상스를 꿈꾸다' 심포지엄에서 발표하고 있다.

비싸다고 인식하는 것이 아니라, 이에 걸맞은 최고 수준의 문화를 지니고 있다는 자부심을 심어주어야 한다.

축산물을 이용해 다양한 요리를 제공하는 맛집과 유튜브 방송이 인기이다. 그러나 축산물에 특화된 '스타 셰프'는 바로 떠올리기 쉽지 않다. 안심, 등심, 삼겹살은 물론 특수부위를 재밌고 쉽게 요리하는 식당이나 방법을 소비자에게 소개하려는 노력이 필요하다. 이것이 축산업이 국민에게 가까이 다가가는 '한 걸음'이 아닐까 한다.

소에 관한 작품 전시도 하나의 방법이다. 문화가 만들어지려면 예술이 반드시 가미되어야 한다. 우리가 잘 알고 있는 소에 관한 대표적인 미술 작품은 이중섭의 '소'다. 굵은 붓으로 힘차게 그려진 소는 살아 움직이는 듯한 느낌을 준다. 디지털 축산문화관을 운영해보는 건 어떨까. 상대적으로 재정적 부담과 제한이 적어, 오프라인 문화관보다 훨씬 접근이 쉬울 것이다. 어린이들도 온라인을 통해 소와 돼지를 키우며 축산을 보다 친근하게 느낄 수 있다.

그래서 배우 류승룡과 박해준이 출연하는 영화, '정가네 목장'이 촬영에 들어간다는 소식이 반갑다. 소를 키우는 두 형제 이야기를 그린 작품을 통해 젊은 소비자들에게 축산현장을 조명하고 축산의 문화를 알릴 기회가 될 것이다. 동시에 환경과 생명을 중요하게 생각하는 축산인의 마음이 영화 속에 녹아, 그 진심이 전해지길 기대한다.

마침 농협에서 축산문화운동 진행 계획을 밝혔다. 축산의 정체성 확립과 가치를 높이기 위해 한우와 관련된 전통행사 재현, 다큐멘터리 제작 등 다양한 문화를 시도할 것이라고 한다. 김태환 전 농협축산경제 대표는 "한우를 단순히 먹거리가 아니라 생산자와 소비자가 함께 즐길 수 있는 문화 콘텐츠로 만들어갈 수 있도록 노력하겠다"라고 말했다.

우리 축산이 문화의 옷을 입고 소비자들과 함께 호흡할 날을 기대해 본다. 이러한 문화들이 한국 축산의 '격'을 높여, 그 위상을 드러내는 계기가 되었으면 한다.

기분이 저기압일 때는 '고기 앞'으로 가라

"기분이 저기압일 때는 '고기 앞'으로 가라"는 말이 있다. 넘치는 유머만큼이나 우리의 고기 사랑은 대단하다. 그런데 이런 고기를 생산하는 축산업에 대한 인식은 그다지 우호적이지 못하다. 농장 근처 주민들이 제기하는 민원이 해마다 늘고 있다. 그 이유로 혁신도시를 꼽

는 분들도 있다. 축사 분뇨 냄새가 과거에 비해 줄었는데도 불만이 늘고 있는 건 혁신도시로 인해 농촌으로 이주해 오는 도시민들이 많아졌기 때문이라는 것이다. 꽤나 설득력 있게 들린다. 더구나 소 방귀와 축분에서 나오는 메탄가스가 지구온난화의 주범이라는 비난까지 받고 있으니 축산업이 설 자리가 점점 좁아지고 있는 건 사실이다.

그러나 축산업이 우리 농업에서 차지하는 비중은 결코 무시할 수 없다. 농업 전체 생산액(50조원)의 40%인 20조원이 축산업에서 나온다. 품목별 생산액 1위는 쌀(8조8000억원)이지만 2~5위는 축산업이 차지한다. 돼지(6조8000억원), 소(5조3000억원), 닭(2조3000억원), 우유(2조1000억원) 순이다. 농가 평균 소

울릉도에서 길러지고 있는 우리 고유의 한우인 칡소 모습.

한우에서도 최고급인 1++ BMS NO.9의 등심 부위 모습.

득을 높이는 것도 축산이다. 연평균 소득은 축산 농가가 7500만원으로 전체 농가(4100만원)는 물론 도시 근로자(6700만원)보다도 많다.

축산이 이렇게 중요해진 건 요즘 들어서만도 아니다. 조선시대 과거시험에 '축우 육성 방안에 대해 논하라'는 것도 있었다고 한다. 당시 핵심 산업인 농업에서 소가 차지했던 위상을 생각하면 충분히 이해가 되는 대목이다. 지금으로 치면 '반도체 산업의 육성 방안에 대해 논하라'는 것과 마찬가지니까 말이다.

한우 하면 우리는 누런 소 즉 황우를 떠올린다. 그런데 우리나라 소의 대표가 황우가 된건 일제강점기 이후다. 그 이전에는 황우와 함께 흑우, 칡소, 흰소 등이 공존하고 있었다. 일제가 당시 선호도가 높았던 흑우를 자기네 땅으로 가져가면서 '조선의 소는 누런 소로 한다'고 한 게 지금까지 이어졌다고 한다. 일본이 자랑하는 와규가 바로 그 흑우에 기반하고 있다고 하니 안타까운 일이다. 사실 일본은 19세기 후반 메이지유신 이전까지 1200년간 육식을 하지 못했던 나라인데 말이다.

그에 비하면 우리나라는 쇠고기 요리에 관한 세계적인 국가다. 김치와 함께 한국을 대표하는 음식이 불고기 아닌가. 게다가 육식을 주로 하는 서양보다도 쇠고기 부위를 훨씬 더 많이 분류해 먹는다. 머리부터 꼬리까지 안 먹는 부위가 거의 없을 정도다. 조리법도 굽고 튀기고 찌고 삶고 말리는 등 서양보다 다양하다.

명절에 하는 윷놀이도 가축과 직접 관련이 있다. 도 · 개 · 걸 · 윷 · 모는 각각 돼지 · 개 · 양 · 소 · 말을 뜻한다. 우리는 쌀 · 기장 · 조 · 보리 · 콩을 오곡(五穀)이라고 하는 것만 알지만 사실 오축(五畜)이라는 말도 예로부터 쓰였다. 오축은 소 · 개 · 양 · 돼지 · 닭을 말한다. 축산이 우리의 일상이다 보니 오히려 축산에 무관심한 것 같다.

다행히도 최근 들어 한우에 문화를 입히는 작업이 시도되고 있다. 축산역사관 설립도 추진되고 있다. 농협축산경제가 주도하고 축산 관련 기업과 단체들이 힘을 보탠다고 한다. 한우가 유네스코 문화유산으로 등재되고, 사람들이 줄지어 들어가는 축산역사관이 만들어지길 기대해 본다.

"한우 원더풀"
세계가 극찬

'한우가 지구상 최고의 고기가 될 수 있는 이유. 와규나 고베(일본에서 가장 유명한 쇠고기 브랜드)는 잊어라.'

얼마 전 미국 유력 일간지 USA투데이가 게재한 기사 제목이다. 많은 사람이 놀라움을 금치 못했다. 한우를 좋아하는 소비자는 물론 한우 농가들도 마찬가지였다. 이 기사를 쓴 사람은 홍콩에서 활동하는 유명 저널리스트인 케이트 스프링어다. 그녀는 음식과 여행, 디자인 등 분야에서 여러 잡지의 편집장을 맡고 있는 프리랜서 기자로 세계 유수 언론에 기사를 게재하고 있다. 기사에서도 밝혔듯이 그녀는 한우를 처음 취급하기 시작한 홍콩 레스토랑에서 일본, 미국, 홍콩, 프랑스산 쇠고기와 비교 시식한 결과를 기사에 담았다.

그녀의 한우 칭찬은 이렇게 요약된다. "한우는 세계에서 가장 오래된 토종 소 중 하나로 2000년 이상 한반도에 살았다. 고베 비프와 같은 일본 와규처럼 마블링에 압도당하지 않으면서 동시에 미국 프라임 쇠고기의 살코기 풍미도 갖고 있다. 이런 완벽한 맛의 균형 비밀은 한우농장에서 사용하는 소먹이와 사육 방식에 있다." 그러면서 기사는 "작은 고깃집이든 5성급 호텔이든 메뉴판에 프리미엄 한우가 있으면 바로 주문하라"며 끝을 맺는다.

해외 언론에서 한우를 극찬하고 나섰지만 지금에 이르기까지 한우는 우여곡절이 많았다. 우리 기억 속에 선명하게 남아 있는 것은 1990년대 초반 쇠고기 수입 개방을 둘러싼 반발이었다. 당시 우루과이라운드(UR) 협상 테이블에서 한국의 쇠고기는 가장 뜨거운 감자 중 하나였다. 한우는 쌀과 함께 농촌의 상징이었다. 그러나 한국이 쌀과 쇠고기를 다 지키기에는 힘에 부쳤다. 결국 쌀을 지키고 쇠고기는 내줄 수밖에 없었다. 1993년 12월 UR이 타결되고 1994년 세계무역기구(WTO) 체제가 출범하자마자 1995년 쇠고기 시장이 개방됐다. "이제 한우는 다 죽었다"는 비명만 여기저기서 들릴 뿐이었다.

그러나 극적인 반전이 일어나기까지는 그리 오랜 시간이 걸리지 않았다. 시장 개방에 맞서 한우업계는 품질 개선에 사활을 걸었다. 우선 품종 개량에 매달렸다. 충남 서산에 있는 한우개량사업소를 중심으로 유전체 분석을 통해 우수 씨수소를 선발하고, 당대와 후대 검정을 통해 최적의 교배를 하는 데 주력했다. 농가에서는 일본 와규처럼 마블링이 잘 형성되도록 좋은 사료 배합에 심혈을 기울였다.

결과는 대성공이었다. 출하되는 한우의 평균 체중이 1974년 358kg에서 2000년 577kg으로 늘더니 2020년엔 705kg을 찍었다. 소비자 선호도가 높은 1등급 이상 고급육 출현율도 수입 개방 이전인 1993년 10.7%에 그치던 것이

2000년 24.8%, 2020년엔 74.1%까지 급상승
했다. 고급육이 더 많이 나오면서 한우농가
소득이 늘어나고, 그 결과로 한우 사육 두수
도 꾸준히 증가했다. 2000년 160만두이던 것
이 2020년 336만두까지 2배 이상 늘었다. 그
러는 사이 한우농가 숫자는 29만개에서 9만
4000개로 줄어들면서 규모화도 진전됐다.

고기 품질이 좋아지면서 이제 한우는 프리미
엄 식자재 대접을 제대로 받고 있다. 대표적인
것이 요즘 요식업계에서 가장 뜨거운 트렌드
로 부상한 한우 오마카세 식당의 확산이다. 오
마카세는 일본말로 '맡긴다'는 뜻으로 손님이
요리사에게 온전히 메뉴 선택을 맡기는 것을
뜻한다. 일식당에서 요리사가 그날그날 가장
신선한 식자재로 제철 요리를 만들어 내는 방
식이다. 한우 오마카세 역시 요리사가 다양한
한우 부위를 손님에게 선보인다. 최근 들어 오
마카세라는 용어 대신에 '맡김 요리' 혹은 '맡김
차림'이라는 말로 대체되기 시작했다.

한우 오마카세 식당은 5년 전 서울 마장동 입
구에 처음 등장한 이후 서울 강남권을 중심으
로 빠르게 늘고 있다. 1인분 가격이 대략 15만
~25만원 정도, 비싼 곳은 35만원인 곳도 있
지만 인기 있는 식당은 몇 주치 예약이 꽉 차
있을 정도다. 초기에는 주로 50대와 60대 비
즈니스 손님이 주를 이뤘다면 요즘은 30대와
40대 손님과 가족 손님 비중이 빠르게 늘어나
고 있다. 이처럼 고급 한우 요리가 인기를 끌

고 있는 배경은 무엇일까. 전문가들은 한우가
프리미엄 요리의 대표 식자재로 자리를 완전
히 잡아가고 있는 것으로 평가하고 있다.

물론 한우에 대한 찬사가 쏟아지고 있는 와중
에도 아직 일본 와규를 따라가려면 멀었다는
분석도 있다. 와규는 세계 각국에서 최고의
프리미엄 쇠고기로 인정하고 있는 데다 가격
도 한우와는 비교하기 어려울 정도로 고가에
형성돼 있다. 전문가들은 한우 산업의 퀀텀점
프를 위해서는 품질 개선 이외에 브랜드 가치
를 높이기 위한 노력이 더 필요하다고 조언한
다. 수출 시장에 더 눈을 돌려야 하는 것도 그
때문이다. 현재 한우가 수출되는 지역은 홍콩
과 싱가포르 정도에 그치고 있다. 이를 미국
이나 중동 지역 등으로 확대할 필요가 있다.
특히 쇠고기 소비가 많은 중동 지역 수출을 늘
리기 위해선 할랄 인증이 필수인 만큼 도축 단
계부터 수출을 염두에 두는 체계적인 지원이
필요하다는 지적이다.

한우를
패션 명품처럼

코로나19가 길어지자 '보복 소비'가 늘어나고
있다. 특히 명품 매출이 크게 뛰었다. '가격이
오르면 그만큼 수요는 감소한다'는 수요의 법
칙은 고전 경제학에서는 기본적 전제이다. 그

런데 가격이 비쌀수록 오히려 수요가 늘어나는 소비 행태가 버젓이 나타나고 있다. 이렇듯 비쌀수록 사고 싶어지는 인간의 심리를 경제용어로 베블런 효과(Veblen Effect)라고 한다. 이는 먹거리에도 일부 나타나고 있다. 고가의 농산물이 늘어났고, 명절이 되면 수십만 원대 한우, 멸치, 조기 등이 날개 돋친 듯 팔려나간다.

여기서 문득, 한국을 대표하는 명품 농산물은 무엇일까 생각해본다. 고가의 농산물이 명품일까. 그렇지 않다. 고가 농산물과 명품 농산물은 엄연히 차이가 있다. 명품 농산물은 가격과 품질을 뛰어넘는 특별한 제3의 경쟁력이 있어야 한다.

에르메스, 샤넬 등 익히 알고 있는 명품들은 공통적인 특성이 있다. 오랜 전통을 장인정신으로 이어가면서 현대화하고 있고, 그 제품을 소장함으로써 남들과 차별화된다고 느끼도록 설정해 마니아를 형성하고 있다. 한정 마케팅을 통해 누구나 소유할 수 없는 귀한 물건이라는 이미지도 심어준다. VIP 마케팅 역시 잘 활용된다. 샤넬의 스테디셀러 향수 No.5는

한우 1++ 등급에서도 마블링 스코어가 가장 높은 BMS N0.9 소고기의 갈빗살 부위.

"밤에 샤넬 No.5만 걸치고 잔다"는 매릴린 먼로의 한마디에 전 세계적으로 팔리고 있다. 이런 명품의 특성을 우리 농산물에 접목해 세계적으로 자랑할 만한 명품 농산물을 만들 수는 없을까. 이를 가능케 하기 위해선 세 가지 노력이 필요하다.

첫째, 소비자를 유혹할 수 있는 이야기, 즉, 물건을 팔기보다 이야기를 팔아야 한다. 농산물에 예술과 문화를 접목하는 것도 좋은 방법이다.

둘째, 만드는 사람의 혼과 신뢰를 심어야 한다. 소비자가 생산자의 장인정신을 느낄 수 있어야 한다. 그래야 이를 갖거나 먹는 것을 자랑스러워하고 알리고 싶어 한다.

셋째, 소비자의 행복을 최우선으로 고려하는 확고한 철학이 있어야 한다. 소비자가 원하는 기준에 철저히 부합해야 하고, 일반 제품과 확연히 구별되는 브랜드 차별화가 필요하다. 이런 명품의 조건에 가장 잘 들어맞을 수 있는 농산물엔 뭐가 있을까? 그중 하나가 아마 한우가 아닐까 한다.

미국 내 발행 부수가 가장 많은 일간지 USA투데이는 얼마 전 한우에 대해 세계에서 가장 오래된 토종 소 중 하나로 2000년 이상 한국에 살았고 '황금빛 갈색 코트'를 입고 있다고 표현했다. 미국 스테이크처럼 살코기 위주도 아니고, 일본의 와규처럼 기름지지도 않은, 아주 매력적인 풍미가 있는 최상급 고기라고 정의했다.

한우 명품화를 위한 움직임은 이미 시작되고 있다. 김태환 전 농협축산경제 대표는 최근 한 심포지엄에서 "한우는 이제 단순한 고품질 고기를 넘어 감동과 설렘을 사고 멋스러운 가치까지 줄 수 있어야 한다. 한우의 품격을 높이는 일에 앞장서겠다"라고 말했다.

이것이야말로 농산물 명품화 아닐까? 우리 농산물도 패션 명품처럼 누군가에게 이야기로 남길 명품 농산물이 더 나오길 기대한다. 분명한 목표를 정하고 노력한다면 기대 이상의 큰 성과를 거둘 수 있을 것이다.

한우 경매정보,
주가처럼 실시간 공개

전국 농가에서 사육된 소는 지정된 장소에서만 도축되는데, 그중에서도 가장 큰 도축장은 충북 음성축산물공판장이다. 각 농가에서 올라온 소는 도축되자마자 경매 절차를 거쳐 시장으로 풀리게 된다. 음성공판장의 경매장에 들어서니 갓 도축돼 벌거벗은 한우가 유리벽 안쪽에서 거꾸로 매달려 오른쪽에서 왼쪽으로 지나가고 있다. 유리벽 안쪽 정가운데에 자리 잡고 있는 경매사가 이들 한우에 대한 품질 등급과 무게 등 정보를 특유의 박자에 맞춰 흥얼거린다. 동시에 유리벽 바깥쪽에 앉아 있

음성축산물공판장에서 도축된 한우에 대한 경매가 이뤄지고 있다.

는 중도매인들의 손놀림이 빨라진다. 자신이 원하는 한우다 싶으면 순식간에 입찰 가격을 입력한다. 곧이어 경매사의 외침이 들린다.

"23번(중도매인 번호)에 낙찰."

한우 한 마리가 이렇게 경매되는 데 10초 남짓이면 충분하다. 그리고 앞에 있는 전광판에는 해당 한우의 무게와 등급 등 정보와 낙찰된 가격이 바로 게시된다.

경매가 이처럼 빠르게 진행될 수 있는 이유는 중도매인들이 이미 자신이 낙찰받을 한우를 점찍어 놨기 때문이다. 중도매인들은 경매장에 들어오기 전에 도축된 한우가 있는 대형 냉장실로 들어가 품질 등급과 고기 상태 등을 면밀히 살펴보면서 자신이 낙찰받을 한우를 메모해 놓는다. 거래처에서 원하는 가격과 품질의 소를 미리 찜해두는 과정이다.

이곳에서 경매되는 한우는 하루 700~800마리에 달한다. 주말을 제외하고 매일 열리는 경매에는 중도매인 60여 명과 대형 할인점·백화점 바이어(매참인) 20여 명이 참여한다. 이들이 낙찰받은 한우는 서울 마장동을 비롯한 대형 정육점과 1차 육가공 업체, 전국 할인점 · 백화점 등으로 풀려 나간다. 이곳 공판장에서 이뤄지는 경매 관련 데이터는 한우 가격 동향을 파악하고 미래 가격을 예측하는 데 반드시 필요한 정보다. 한우 가격 동향을 잘 알아야 한우 농가들은 출하 시기를 적절히 결정하고, 할인점과 같은 유통업체들은 한우 구매 시기를 조절할 수 있다. 각 주체들이 이처럼 정확한 경매 데이터를 기반으로 의사결정을 한다면 한우 가격을 안정시키는 데 도움이 될 것이라는 사실은 두말할 나위가 없다. 문제는 이런 경매 정보를 정확히 확인할 방법이 그동안 거의 없었다는 점이다.

이런 문제를 해결하기 위해 농림축산식품부는 2021년부터 '축산물 도매시장 경매 · 응찰 정보'를 개방하고 있다. 일반인 누구라도 축산물의 경매 · 응찰 데이터를 자유롭게 조회할 수 있게 된 것은 물론이다. 경매 · 응찰 정보 제공 서비스를 맡은 축산물품질평가원은 축산유통정보 사이트를 통해 경매응찰 데이터 조회 · 분석 서비스를 실시간으로 제공하고 있다.

이 서비스를 활용하면 축산물 도매시장 경락 가격과 중도매인의 입찰 정보를 자세하게 파악할 수 있다. 국내 최대인 음성축산물공판장을 비롯해 고령, 나주, 부천, 제주공판장, 안성도드람유통센터 등 대형 축산물 도매시장 6곳의 경매 정보가 우선 제공된다. 정보 제공 대상 도매시장은 앞으로 더 늘어나게 된다.

제공되는 데이터는 소와 돼지 품종과 성별, 등급 등을 비롯해 응찰 가격, 낙찰 두수, 낙찰 가격, 중도매인 참여 정보 등이다. 축산물 유통 현황과 환경 변화 등에 대한 수치화된 데이터를 보다 쉽고 정밀하게 파악할 수 있게 된 것이다.

이 같은 정보 공개에 따라 한우나 돼지 농가 등 출하자들도 큰 도움을 받고 있다.

도매시장별 세부적인 낙찰 가격 동향을 확인할 수 있어 농가가 출하한 축산물에 대한 예상 등급 판정 결과에 따른 수익 산정이 가능해지는 만큼 출하 시기 등을 자율적으로 조절할 수 있기 때문이다. 육가공업체나 유통업체와 같은 한우 구매자들 입장에서도 낙찰 경향을 파악해 구매량과 가격 등을 구체적으로 추정함으로써 수급 조절 등 업체의 자율적 경영 관리가 가능해진다.

정부가 축산물 수급 조절 대책을 수립하는 데도 도움이 될 전망이다. 도매시장 정보를 신속하게 입수한 뒤 다양한 관측 지표를 개발할 수 있기 때문이다.

그동안은 축산물 경매 정보가 공식 데이터가 아닌 풍문으로 떠돌면서 가격 쏠림 현상 같은 부작용이 나타나곤 했다. 축산물 경매시장 정보가 주식시장 거래 정보처럼 실시간으로 공개되면 출하자와 구매자 등이 시장 변화에 빠르게 반응할 수 있어 가격 급등락 같은 문제를 방지할 수 있을 것으로 기대된다.

우보천리21에 참여한 한우 명인들이 파이팅을 외치고 있다.

한우 명장들의 공부 모임 '우보천리21'

아메리카 원주민들은 평원을 달리다가 말에서 내려 뒤를 돌아본다고 한다. 이것은 자신의 영혼이 따라오고 있는지를 보기 위해서라고 말한다. 그동안 우리는 속도를 내기 위해 앞만 보고 열심히 달려야 하는 시대를 살아왔다. 그러나 코로나19로 인해 우리의 일상이 잠시 멈춰진 지금, 우리는 무엇을 위해 달려가고 있으며 나의 경쟁력은 과연 무엇인지 자문해 볼 때이다.

한국의 대표적인 축산업 한우도 그동안 열심히 달려왔다. 한우 농가의 노력으로 이루어진 '한우' 브랜드화와 품질 개선은 소비량 증가와

가격 상승을 가져왔다. 그 결과 한우는 농촌 경제의 최고 소득 품목으로 자리매김할 수 있었다. 최근 한우 산업을 역대급 호황이라고 말하지만, 내면을 들여다보면 위기의 그림자 또한 짙다. 수입량이 급증하면서 자급률은 낮아지고 있고, 수입 쇠고기에 대한 소비자 선호도 또한 높아지고 있다. 비싼 한우는 선물용이나 외식 접대용으로나 먹을 수 있다는 소비자 인식이 팽배해지고 있다. 더욱 우려스러운 것은 식물성 고기로 대표되는 대체육이 급격히 성장하며 한우 산업을 위협하고 있다는 사실이다. 이제 국내 축산은 가축 분뇨처리, 악취 저감, 가축 질병 등 환경문제뿐 아니라 기존과는 완전히 다른 대체육과 경쟁해야 하

는 새로운 게임의 법칙에 직면하게 되었다. 게임의 규칙이 바뀌면, 모든 것이 달라진다. 과거의 성공도 무용지물이 되고 만다. "나 때는 말이야, 이렇게 해서 성공했어~"라는 말은 이제 꼰대의 추억 회상일 뿐이다. 입식타격 이종격투기인 K-1에서 우승한 선수가 종합격투기인 UFC에서도 우승한다는 보장은 없다. 두 게임의 규칙이 엄연히 다르니 말이다.

2021년 5월 전국 9만4000여 개의 한우 농가를 대표하는 21명의 고수가 한자리에 모였다. 대부분은 전국에서 한우를 가장 잘 기르는 이른바 '한우 명장'이라고 칭송받는 한우 명인과 마이스터들이다. 이들은 일본 축산 전문가 팀과 함께 1년간 온라인상에서 상호 교류를 하기 위해 자리를 마련했다.

소의 걸음으로 천 리를 가겠다

한우에 대해서는 최고의 지식과 경험을 가진 '한우 명장'들이 왜 자발적으로 교육에 참여하게 되었을까? 그것은 머지않아 다가올 한우 산업의 위기에 대한 두려움 때문이었다. 그들은 이 위기를 어떻게 기회로 바꿀지에 대해 고민하며 새로운 시작을 준비하고 있다. 어쩌면 이런 마음가짐과 자세가 그들을 한우 고수로 만드는 원동력일지도 모른다. 모임의 이름은 '우보천리(牛步千里)21'로 정해졌다. '소의 걸음으로 천 리를 간다'는 뜻으

로, 1년간의 교육을 우직하게 잘 마치겠다는 21인의 의지를 담고 있다.

세계 곳곳에서 축산의 혁신적인 비즈니스 모델이 탄생하고 있는 지금, 한우 산업은 기존의 파수꾼으로 남을 것인지 아니면 새로운 경쟁력을 찾는 개척자가 될 것인지 기로에 서 있다. 이때 필요한 것이 스스로 쉼 없이 강해지고자 하는 자강불식(自强不息)의 정신이다. 병아리는 스스로 알을 깨고 나와야 생존한다. 누군가가 대신 계란을 깨뜨린다면, 그저 계란 프라이로 누군가의 식탁에 오를 뿐이다.

'우보천리21'이 한우 르네상스 시대를 여는 새로운 걸음이 됐으면 하는 바람이다. 그러자면 목표를 위해 끊임없이 물음표를 던지고 느낌표를 찾으라고 권하고 싶다. '물음표가 씨앗이라면, 느낌표는 꽃'이라는 말이 있다. 질문을 던지지 않으면 꽃은 필 수 없다.

'한우 영화제'를 열어 보자

한국 고유의 소, 한우는 우리나라에서 오랫동안 길러온 재래종 '소'다. 예전부터 소는 우리 민족의 삶 곳곳에 자리매김했으며, 농촌에서는 큰 재산이자 농경을 돕는 일꾼으로 생구(生口)라고도 불렸다. 생구는 먹여 키워야 하는 식구라는 의미가 있으며, 그만큼 소가 농경사회

영화 '워낭소리'에서 주인공 할아버지가 소달구지를 타고 가면서 잠이 든 모습.

에서 중요한 역할을 했다는 것을 알 수 있다. 우직하고 성실한 이미지의 소는 전국의 지명에 사용되기도 했는데 '우금치' '우혜마을' '우무동골' '소똥령' 등 731개나 있다. 또한, 이야기와 시, 그림 등의 문화예술 소재가 되기도 했다. '황희 정승과 소' 이야기는 지금도 우리에게 본보기가 된다. 조선 시대에 18년간 영의정에 재임한 황희 정승은 남의 장단점을 말하지 않는 불언장단(不言長短)으로 유명하다. 어느 날 그는 길을 가다가 멀리서 밭을 갈고 있는 한 농부에게 두 마리의 소 중 어느 소가 일을 더 잘하느냐고 물었다. 그러자 농부는 그에게 다가와 귓속말로 누렁소가 일을 더 잘한다고 대답했다. 왜 귓속말로 말하느냐고 묻는 황희에게 농부는 "비록 소가 말을 알아듣지 못한다고 해도, 누가 누구보다 못한다고 흉을 보면 기분이 상할 것 아닙니까"라고 말했다. 황희는 그 말에 큰 깨달음을 얻었고, 이후로부터 더욱 언행을 조심했다고 한다.

소 이야기를 하다 보니 할아버지 창고 한쪽에 걸려 있던 '멍에'가 생각이 난다. 멍에는 쟁기를 끌기 위해 소의 목덜미에 얹어 사용하는 구부러진 나무를 뜻한다. 할아버지는 산에서 멍에로 쓸 만한 나무가 있으면 그것을 직접 가져와 손질하시곤 했다. 창고에는 여러 개의 멍에가 걸려 있었고, 봄이 오면 할아버지는 창고 안의 멍에를 꺼내 부지런히 농사를 시작하셨다. 쟁기질하던 소가 말을 듣지 않을 때면 "멍에를 갈아야 할까봐"라며 새 멍에를 소에게 얹어주셨다. 일을 도와달라는 할아버지의 말씀에 그것이 싫어 꾀병을 부리곤 했던 기억이 오래된 사진처럼 마음 한편에 남아 있다. 점점 휘어져 가는 할아버지의 허리를 닮은 멍에는, 소와 할아버지가 연결되는 수단이었다.

우리에게는 소와 관련된 각자의 추억을 가진 이들이 많다. 이야기뿐만 아니라 관습, 풍속, 유적 등 우리 민족과 함께해 온 한우의 문화를 다시 한번 고찰하고, 더 발전시켰으면 좋겠다. 그중 하나로, 원 헬스 차원의 '한우 영화제'가 열리면 어떨까 하는 생각이 든다. 원 헬스(One Health)는 사람, 동물, 환경이 하나의 건강으로 이어졌다는 의미로, 최근 코로나19로 인해 다시 주목받고 있는 개념이다. 이처럼 새롭게 부상하는 건강 패러다임의 가치를 살리는 데도 한우 영화제는 큰 역할을 할 수 있다. 한우 영화제에서는 '소와 함께 여행하는 법'이나 '워낭소리' 등 소를 주제로 한 영화를 상영하고, 전 국민을 대상으로 소가 출연하는 다큐 등 동영상을 공모할 수 있을 것이다. 이는 소와 친숙하지 않은 다음 세대에 멋진 한우 문화를 물려줄 수 있을 뿐만 아니라, 향후 다양한 콘텐츠 확보가 가능한 아시아 영화제로 확대하는 것도 이뤄지게 할 수 있다. 기존의 문화에 새로운 가치를 더한다면, '100대 민족문화 상징'인 한우가 한국을 뛰어넘어 세계에 진출할 좋은 기회가 될 것이다.

슬기로운 동물생활

'고기 먹자'라는 말을 들으면 기분이 좋아진다. '인생은 고기서 고기'라는 말이 유행하기도 했다. 한국에서는 명절에 고기를 선물하거나, 기운이 없는 친구에게 고기를 사주는 등 축하나 위로 자리에서 고기를 빠뜨릴 수 없다. 3월 3일을 삼겹살데이로 정할 정도로 한국인의 고기 사랑은 대단하다. 이렇게 고기를 좋아하지만 막상 지역에 공장식 축사가 조성된다고 하면 환경오염, 동물 질병 등의 이유로 반대한다. 또한 몇 년 전 '살충제 계란 파동'으로 밀집 사육의 문제점이 지적되기도 했다. '사피엔스'의 저자 유발 하라리는 인간이 동물을 다룬 잔혹한 역사에 대한 반성과 공장식 축산의 비참한 현실을 영국 가디언지에 기고했다.

이러한 문제 해결을 위한 하나의 대안으로 동물복지농장이 등장했다. 동물복지는 사육 과정에서 가축들이 느끼는 고통을 최대한 줄이는 데 초점을 맞춘 사육 방식을 뜻한다. 쾌적한 환경에서 가축의 건강을 유지함으로써 안전한 축산물 생산을 가능하게 하자는 취지이다. 이 개념은 1964년 영국의 루스 해리슨이 '동물 기계(Animal Machines)'에서 동물들도 고통과 스트레스, 두려움을 느낀다는 것을 알리며 시작되었다. 현재 동물복지 선진국에서는 동물복지 규정을 준수한 축산물에 '동물복지축산농장' 인증마크를 표시하고 있다. 우리나라도 2012년부터 이러한 인증제를 도입하여 현재 250개 이상의 농장이 인증마크를 획득했다.

그중 경남 거창에 김문조 대표가 운영하는 '더불어행복한농장'이 있다. 행복한 가축이 행복한 소비자를 만든다는 뜻으로, 양돈 분야에서 최초로 '동물복지축산농장' 인증을 받았다.

그는 2010년 구제역이 전국을 휩쓸던 시기에 돼지들이 어떤 환경에서 자라야 좋을까 고민하기 시작했다.

유럽 국가들을 방문한 그는 높은 생산성을 유지하고 있는 동물복지 축산 농가들의 사육 기술과 스트레스를 적게 받으며 자라는 돼지들의 모습을 보고 크게 놀랐다.

사람을 위한 동물복지가 아닌 동물을 위한 동물복지가 되어야 한다는 신념 아래, 그는 동물복지 사육 방식을 결심했다. 사육 공간을 확장해 돼지들에게 편안하고 청결한 환경을 제공하고 악취를 없애는 설비와 분뇨처리 시스템, 돼지 놀이터와 샤워장도 마련했다. 또한, 새끼 돼지의 꼬리와 송곳니도 자르지 않았다.

그는 동물복지의 길로 들어설 때 들었던 "조물주가 돼지를 완벽하게 만들었는데 그 능력을 충분히 발휘하지 못하도록 사람이 잘못 사육하고 있다"라는 영국 수의사의 말을 지금도 잊지 못한다고 한다.

동물복지 활성화 여부는 소비자 몫

과거의 생산 방식은 질(質)보다 양(量)이 우선이었다. 소득 수준이 향상되면서 품질을 고려하기 시작했고, 더 나아가 현재는 축산물의 생산 과정까지 신뢰할 수 있는 안전한 먹거리를 지향하고 있다.

그러나 모든 농가가 동물복지형 축산으로 전환하기는 쉽지 않다.

동물복지 농장은 일반 농장보다 넓은 축사와 설비 투자 등으로 인한 추가 비용이 드는 데 비해 수익성은 많이 떨어지기 때문이다. 동물복지형 축산의 확대를 위해서는 무엇보다 소비자의 관심이 중요하다. 아무리 취지가 좋아도 시장에서 선택받지 못하면 동물복지의 미래는 없기 때문이다.

동물복지 선진국에서는 일반 축산물보다 비싼 동물복지 축산물을 찾는 소비자들이 적지 않다. 동물복지 활성화는 소비자들이 시장을 만들어 준 덕분에 가능했다.

이렇듯 한국에서도 동물복지의 가치 그 자체에 공감하는 소비자들이 많아져야만 가축을 더 좋은 환경에서 키우려는 농가가 늘어날 것이다.

다행히 동물복지 활성화를 위해 정부가 얼마 전 '제2차 동물복지 5개년 종합계획'을 발표하였다.

농촌진흥청에는 동물복지연구팀도 신설되었다. 슬기로운 동물복지를 통해 동물과 사람, 환경이 더불어 행복해져 한국 축산업의 신뢰가 한 단계 높아지길 기대한다.

감미로운 팝송이…쾌적하고 뽀송뽀송한 축사

김문조 더불어행복한농장 대표가 널찍한 공간을 차지하고 있는 돼지들과 교감하고 있다.

경남 거창군 위천면에 위치한 더불어행복한농장. 야트막한 산자락에 위치해 있는 이곳은 돼지농장으로는 아주 특별한 곳이다. 경남지역 제1호 동물복지인증 농장인 데다 양돈 마이스터가 운영하는 곳이다. 전국에 20여 곳의 동물복지 농장이 있지만 개인이 운영하는 곳은 드물다. 그가 취득한 양돈 마이스터도 전국에 스무 명도 채 되지 않을 정도로 적어 최고의 양돈 전문가로 칭해진다.

가을 햇살이 따스한 오후 농장에 들어서자 스피커를 통해 감미로운 팝송이 흘러나온다. 농장 밖에서 갑작스레 들려오는 작은 소리에도 민감하게 반응하는 돼지들을 배려한 것이다. 김문조 더불어행복한농장 대표는 "다른 돼지들도 그렇지만 특히 임신한 돼지들은 태아를 보호하려는 본능 때문에 소리에 아주 예민한 반응을 보인다"며 "음악을 틀어놓으면 돼지도 편안하게 지내고 일하는 사람도 좋아서 일석이조"라고 말했다.

"사료 느긋하게 먹어요" 거창 동물복지농장

우리나라에선 아직 생소한 동물복지는 가축이 살아가는 동안 스트레스를 줄여주면서 편안하게 지내도록 하는 것을 말한다. 사람에게 인권이 중요하듯이 가축에게는 동물권이 있다는 철학에서 생겨났다. 인간의 삶을 위해 숙명적으로 단백질 공급원 역할을 하고 있지만 도축되기 전까지는 그 '특별한' 역할에 대한 배려가 필요하다는 것이다. 스트레스를 줄인 가축이 맛과 영양도 더 좋을 수밖에 없다는 주장도 곁들여진다.

김 대표는 "영국의 한 수의사가 '돼지는 신이 만든 가장 완벽한 작품'이라고 표현한 것에 큰 감동을 받아 동물복지 농장을 생각하게 됐다"고 말했다. 돼지는 생육 속도나 사료 요구량 등 모든 면에서 인간에게 가장 효율적인 단백질 공급원이라고 전문가들은 평가한다. 김 대표는 "이런 돼지들이 자신들 습성대로 불편하지 않게 잘 지내도록 하는 게 바로 동물복지"라고 설명했다.

그래서 김 대표는 생산성만을 생각해 농장 단위면적당 돼지 숫자를 늘리는 것에 반대한다. 그는 "주변에서 만류하는 사람이 많았지만 2012년부터 동물복지 농장으로 본격 운영하고 있다"며 "돼지 마리당 거주 공간을 늘려주다 보니 4500두 돼지를 기를 수 있는 공간에서 현재 2500두 정도를 키우고 있다"고 말했다.

돼지는 넓고 쾌적한 공간에서 기르면 더 잘 자란다고 한다. 김 대표는 "일반 돼지 농장에서는 고기 1㎏을 생산하는 데 사료가 3.5㎏ 필요하지만 동물복지 농장에서는 고기 1㎏ 생산에 사료 2.8~3.0㎏이면 충분하다"고 말했다. 좁은 공간에서는 돼지들이 서로 경쟁을 하느라 필요 이상으로 더 먹게 된다는 것이다. 그는 "돼지들이 경쟁이 없는 상태에서 사료를 먹으면 소화를 충분히 시키고, 배설도 충분히 한 뒤에 먹기 때문에 사료 효율이 높다"고 설명했다. 동물복지 농장이 냄새가 덜한 것도 바로 이 때문이다.

김 대표는 "동물복지 농장에서는 돼지가 언제든 먹을 수 있다고 생각하기 때문에 서두르지 않고 소화를 완전히 시킨 뒤 배설을 하다 보니 분뇨에서도 냄새가 덜난다"고 말했다.

더불어행복한농장에서는 새로 태어난 새끼도 일반 농장에 비해 어미 곁에 더 오래 머물도록 한다. 김 대표는 "일반적인 관행 사육에서는 출산 후 23~24일 뒤에 젖을 떼지만 이곳에서는 28일이 지나야 어미와 떼어놓는다"고 말했다. 그만큼 어미와 새끼의 감성을 배려하는 셈이다. 젖을 늦게 떼면 모돈의 출산 주기가 길어져 생산성 측면에서 불리할 것 같지만 실제로는 경제적으로도 효과적이라고 그는 설명한다. 새끼가 젖을 뗄 때 체중이 많을수록 더 건강하게 자라기 때문에 전체적으로는 이익이라는 것이다.

김 대표는 일반 농장에서 사용하는 '스톨(돼지 사육틀)' 사용도 최소화하고 있다. 일반적으로는 돼지를 스톨에서 키우면 움직임을 최소화해 생산성을 높일 수 있다고 생각하지만 오히려 돼지가 원하는 대로 스스로 알아서 움직이게 하는 게 더 유리하다고 그는 주장한다. 특히 그가 개발한 임신돈사 급이장치(먹이 공급 장치)는 네덜란드 등 유럽 학자들이 와서 견학을 할 정도로 관

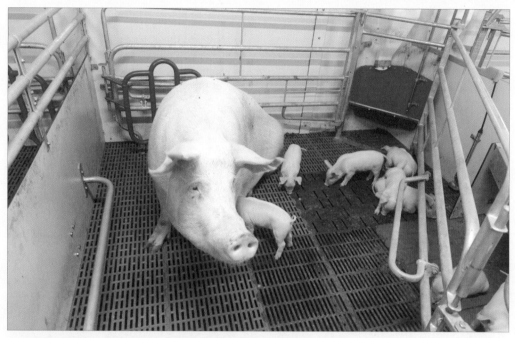
더불어행복한농장에서 어미 돼지가 위생적인 공간에서 새끼들과 함께 지내고 있다.

심을 끌었다. 돼지의 임신 초·중기에는 사료를 제한적으로 먹여야 하는데 과거에는 급이기 한 대로 20여 마리를 먹였다. 그러다 보니 임신돈들끼리 사료 먹기 경쟁이 벌어져 상당한 스트레스로 작용했다. 이에 김 대표는 5마리당 급이기 한 대를 설치해 임신돈 간 경쟁을 줄였다. 그는 "돼지들 간 먹이 경쟁이 줄면서 스트레스가 감소하다 보니 임신돈들의 출산이 훨씬 건강하게 이뤄진다"고 말했다.

어미와 새끼가 같이 지내는 돈사의 경우 배설물이 바닥으로 빠지도록 설계돼 있다. 이렇게 모아진 배설물은 미생물과 함께 분해된다. 천장은 바깥과 공기가 잘 통하는 재질로 만들어져 있다. 돼지들이 보다 깨끗한 공기와 청결한 공간에서 자랄 수 있도록 배려하는 것

이다. 그러다 보니 여기가 돈사인가 싶을 정도로 냄새도 거의 나지 않는다. 최종적으로 미생물 발효처리된 분뇨는 천연액체비료로 활용된다.

김 대표는 "이곳에서 나오는 액비를 인근 농가에 무료로 공급하고 있다"며 "순환농업이 적용되고 있는 것"이라고 설명했다. 김 대표는 이처럼 친환경적인 농장을 기반으로 치유농장을 만드는 꿈을 갖고 있다.

김 대표는 "핀란드 치유농장에서 발달장애인들이 누가 시키지 않았는데도 물도 주고 먹이도 주고 하면서 돼지와 교감하는 것을 봤다"며 "돼지는 모방학습을 할 정도로 영리하고 사람에게도 아주 친근하게 구는 동물 중 하나여서 치유농장으로서 효과가 좋을 것"이라고 기대했다.

양돈 마이스터 7인의 설레는 도전

"자본주의가 추구하는 것은 여왕이 더 많은 실크스타킹을 신도록 하는 게 아니다. 공장에서 일하는 가난한 소녀들도 그걸 신을 수 있도록 하는 것이다."

위와 같은 말로 자본주의를 설명한 경제학자 조지프 슘페터는 '혁신은 창조적 파괴'라는 명언을 남겼다. 1930년대 미국의 대공황을 목격하며 자본주의의 생존에 대해 고민하기 시작한 그는 자본주의의 발전과 경제공황 극복을 위해 창조적 파괴를 주창했다. 또한, 5가지 기업가 정신을 강조하며 기업가가 많은 위험과 불확실성을 무릅쓰고 창출해 낸 가치로 높은 생산성과 고객의 만족, 새로운 시장 개척을 이루어야 한다고 주장했다. 그가 말하는 '창조적 파괴'처럼, 혁신이란 편하고 안전한 꽃길을 걸어가는 것이 아니라 상식을 벗어나 기존의 틀과 관념을 부수는 과정이다. 따라서 수많은 위험을 감수하고 저항을 극복해야 한다.

세계적으로 4차 산업혁명 시대가 도래했고, 모든 산업에 변혁이 일어나고 있다. 지금이야말로 한국 농업에 '파란 정신'이 필요한 시점이라고 생각한다. 이 정신이 주장하는 바는 다음과 같다. 첫째, 젊은(靑) 생각을 통해 미래 농업을 봐야 한다. 둘째, 알을 깨는 것(破卵), 즉 기존의 틀에서 벗어나야 한다. 셋째, 블루오션(새로운 시장)을 찾아야 한다. 넷째, 이러한 가치를 통해 우리 농업에 파란(波瀾)을 일으켜야 한다.

한국의 양돈 산업에도 이러한 혁신을 일으키기 위해 양돈계의 어벤져스, '양돈 마이스터'들이 모였다. 이들은 농업마이스터대학을 졸업하고 각종 시험을 거쳐 심의위원회를 통과한 영농 경력 15년 이상의 사람들이다. 한국 5000여 양돈 농가 중 13명밖에 되지 않을 정도로 희소하다. 양돈에 관한 전문기술과 컨설팅 자격을 갖춘 이들이 한곳에 모인 이유는 무엇일까?

세계적인 수준의 농업대학인 네덜란드 바헤닝언대학의 로버트 호스테 연구원은 2019년 한국 양돈 산업에 대해 몇 가지 의견을 제시했다. 특히 한국 양돈 산업이 효율성을 더 높일 수 있음에도 불구하고 양돈 농가들이 경쟁·개선의 필요성을 느끼지 못함에 대해 안타까움을 표했다. 실제로 양돈 기술 면에서 우리나라는 유럽의 수준과 격차가 크다. 물론 기후와 환경의 차이로 인해 단순 비교는 어렵지만, 양돈 기술을 평가하는 대표적 잣대인 PSY(어미 돼지 한 마리가 1년에 낳는 새끼 돼지 마릿수)가 네덜란드는 30마리, 한국은 20마리 수준이다. 이러한 수준 차이를 최소한으로 줄이기 위해, 한국의 양돈 마이스터 7인이 바헤닝언대학과 협력하여 '바헤닝언 마스터 클래스'를 만들었다. 2020년 6월부터 1년간

바헤닝언 마스터 클래스에 참여한 양돈 마이스터들이 기념촬영을 하고 있다.

월 1회씩 네덜란드 최고의 양돈 전문가들에게 분야별 원격 컨설팅을 통해 네덜란드의 양돈 사양 기술, 동물복지, 질병 예방 및 친환경 축산 등의 핵심 노하우를 전수받는다.

또한, 마이스터들이 교육비를 스스로 부담함으로써 기존의 틀에서 벗어나 정부에 의존하지 않고 자체적으로 한계를 극복하는 계기를 마련했다. 그들은 "한국 양돈 산업이 그동안 더 발전하지 못한 이유 중 하나는, 정보 공유에 대한 폐쇄적인 문화 때문"이라며 이번 클래스에서 얻은 노하우를 일반 양돈 농가들과 공유하겠다는 다짐을 드러냈다.

한국 측 교장을 맡은 김창길 전 한국농촌경제연구원 원장(현 서울대 특임교수)은 "이번 클래스가 양돈 마이스터들의 부족한 부분을 채우고 한국 양돈의 역량과 지혜를 키우는 혁신의 장이 될 것으로 예상한다"며 자신감을 보였다.

'천재는 1%의 영감과 99%의 노력으로 이루어진다'는 에디슨의 말은 사실 영감의 중요성을 강조한 말이다.

그렇다. 지금 양돈 산업에 필요한 것은 기존의 프레임과 상식이 아닌, 1%의 새로운 영감이다. 이번 양돈 마이스터 7인의 설레는 도전이 양돈 산업을 한 단계 더 도약시키는 혁신의 첫걸음이 되기를 기대한다.

네덜란드엔 있고, 韓 양돈업엔 없는 4가지

우리나라 농업 생산액 중 축산이 차지하는 비중이 약 40%에 달한다. 그중에서도 가장 규모가 큰 것이 양돈이다. 단일 품목 생산액 면에서 돼지고기는 쌀과 1, 2등을 다툴 정도로 크다. 한국인들이 좋아하는 음식을 꼽을 때 상위권에 빠지지 않는 것이 바로 돼지고기 삼겹살이기도 하다.

그런데 이 같은 돼지 사랑에 비해 양돈업을 바라보는 사람들의 시선은 곱지만은 않다. 축사의 열악한 환경이나 냄새, 자주 되풀이되는 전염병, 남용되는 항생제, 선진국에 비해 떨어지는 생산성 등이 늘 문제로 제기된다.

이런 문제를 해결해 보겠다는 일념으로 '양돈 마이스터'들이 참여한 '바헤닝언 마스터 클래스'의 네덜란드 측 책임자가 로버트 호스테 박사였다면 한국 쪽 교장은 김창길 서울대 특임교수(전 한국농촌경제연구원장)였다.

그리고 동물용 백신전문기업 히프라(HIPRA) 한국사업부문장을 맡고 있는 서상원 수의사

김창길 서울대 특임교수(왼쪽)와 서상원 수의사가 한국 양돈업의 현황과 과제를 주제로 대화하고 있다.

가 수업 전 과정의 통역을 도맡았다. 김 교수와 서 수의사로부터 바헤닝언 마스터 클래스를 진행하면서 확인된 한국 양돈업의 문제와 과제에 대해 들어봤다.

Q 교육과정을 지켜보면서 확인한 네덜란드 양돈업의 생산성은 한국과 비교해 어느 정도인가.

A 어미돼지 한 마리가 1년간 낳고 출하하는 새끼돼지가 몇 마리인지를 나타내는 지표가 있다. MSY(모돈두당 연간 출하두수)라고 한다. 국내 전산기록 자료를 보면 우리나라 양돈농가의 평균 MSY는 18마리다. 어미돼지 한 마리가 연간 18마리 새끼돼지를 출하한다는 뜻이다. 반면 네덜란드 양돈농가 평균은 28.8마리다. 이걸 기준으로 하면 국내 양돈농가 생산성이 네덜란드 농가의 60% 정도 된다고 보면 된다. 이처럼 생산성이 낮은 이유 중 하나는 젖을 뗀 새끼돼지 폐사율이 18.2%로 네덜란드의 4.5%에 비해 4배 정도 높다는 점이다. 이는 다섯 마리 중 한 마리를 잃을 정도로 질병과 사양 관리가 현장에서 잘 이뤄지지 않고 있다는 뜻이다.

Q 그렇다면 양돈 현장에서 네덜란드와 차이가 나는 건 무엇 때문인가.

A 여러 가지가 있지만 크게 '4무(無)'로 정리할 수 있다고 본다. 첫째는 경영

마인드의 부재, 둘째는 데이터 관리의 부재, 셋째는 정보 공유의 부재, 넷째는 소비자와의 정보 교류 부재다.

Q 경영 마인드 부재는 무슨 뜻인가.

A 그동안 한국의 양돈산업은 양적으로 많이 성장했다. 양돈농가 가구당 사육 두수가 1800두를 넘어섰다. 그런데 농장 운영은 여전히 주먹구구식을 못 벗어나고 있다. 예컨대 농장에서 연간 얼마나 돈을 버느냐고 물으면 정확히 답변하지 못한다. 축사 투자비에 대한 감가상각의 개념도 모르고, 가족들이 함께 일할 경우 인건비로 계상하는 것도 생각지 못한다. 양돈을 하다 보면 사료와 돼지고기 가격의 변동성이 커 애를 많이 먹는다. 그럼에도 비용 관리 개념이 없다 보니까 손해를 보면서도 본인이 손해를 보고 있다는 사실을 인지하지 못하는 경우도 많다. 이런 상황에서는 생산성 관리를 잘하기 어렵다.

Q 그런 측면에서 네덜란드 농가는 어떻게 다른가.

A 네덜란드 농가들은 마치 기업과 마찬가지로 직원들에게 명확한 목표를 제시한다. 예를 들어 작년엔 MSY가 27마리였으니 올해는 30마리를 목표로 하자고 한다. 동시에 그런 목표를 달성하기 위해서는 단계별

로 어떤 것을 실천해야 할지를 제시한다. 그리고 연말에는 성과에 대해 평가하고 보상한다. 더불어 본인의 손익분기점을 정확히 파악하고 있고, 농장의 추가적인 투자도 경제성을 비교하여 실시하는 것을 확인할 수 있다.

Q 데이터 관리와 정보 공유가 안된다는 건 무엇인가.

A 우리 농가들이 과거에 비해서는 많이 개선됐지만 여전히 모돈에 대해서만 종이 현황판에 데이터를 기록할 뿐 새끼돼지가 태어나서부터 최종 출하될 때까지 전 과정을 전산으로 기록하는 농가는 많지 않다. 네덜란드에서는 전산 프로그램에 모든 돼지에 대한 현황을 기록하고, 어떤 의사결정을 할 때 데이터에 기반한다. 또한 네덜란드 양돈의 경쟁력 중 하나는 다양한 정보 공유 활동이다. 심지어는 자신의 농장에 질병이 발생한 경우에도 즉각 정보를 공유해 감염 확산을 막기 위해 협조한다. 이에 비해 우리 양돈업계의 농가 모임은 정보 공유가 아닌 친목 활동에 치우치고 있는 데다 자신만의 노하우를 가능하면 외부에 노출시키지 않으려고 한다. 작은 질병은 쉬쉬하는 문화도 바람직스럽지 못하다.

Q 데이터 관리를 하면 실제 어떤 장점이 있나.

A 예를 들어 네덜란드의 어떤 농장에서 갑자기 MSY가 나빠져 양돈 컨설팅 전문가를 불렀다고 치자. 그러면 컨설턴트는 해당 양돈 농가의 데이터와 전체 고객 농장 평균 데이터를 놓고 비교부터 한다. 해당 농장이 다른 농장에 비해 뒤떨어진 부분이 어디인지 곧바로 파악이 가능하다. 이후 매번 농장에서 리포트를 받으면서 다른 농장과 비교해 어느 정도 수준에 있는지, 어떤 부분에 문제가 있는지 경고도 하고 알람도 준다. 농장에 어떤 문제가 생겼을 때 바로 파악해 해결할 수 있도록 해주는 게 데이터 관리다. 그리고 데이터 관리가 돼야지만 질병 관리도 정확하게 할 수 있기 때문에 항생제 남용을 줄일 수 있고, 고급육 생산의 토대를 만들 수 있다.

Q 소비자와의 정보 교류 부재는 어떤 의미인가.

A 돼지고기의 최종 수요자는 소비자인데, 우리나라는 소비자의 목소리가 양돈에 전혀 반영되지 못하고 있다. 양돈의 사육 방식이나 분뇨 처리 문제 등에 대해 목소리를 내는 것은 환경 관련 시민단체들인데, 사실 이들은 돼지고기 소비자들을 대표하지는 않는다. 이에 비해 네덜란드에서는 소비자들의 목소리가 반영돼 동물복지, 무항생제 사육 등이 양돈에 반영된다. 양돈 농가들이 진짜 돼지고기 소비자들과 소통할 수 있는 창구가

마련될 필요가 있다. 결과적으로 네덜란드 양돈은 함께 성장하는 양돈인 반면 우리는 나 홀로 하는 양돈이다. 이번 교육과정을 지켜보면서 선진 양돈 국가가 되려면 함께 성장하는 길을 찾아야 한다고 느꼈다.

Q 양돈의 가장 큰 문제는 분뇨 처리인데, 네덜란드와 차이점은 무엇인가.

A 우리는 분뇨 처리를 개별 농가에 맡기는 시스템인 반면 네덜란드에서는 전체 분뇨를 국가 차원에서 관리한다. 양돈 농가가 많아 배출되는 분뇨가 많은 지역과 상대적으로 경작지가 더 많은 지역을 매칭해 분뇨의 퇴비 활용도를 높이는 것이다. 또한 분뇨를 퇴비화하려면 항생제 투입이 적어야 하는 만큼 분뇨 처리를 위해 항생제 사용도 관리한다. 이른바 경축순환농업을 전 국가적으로 지원하고 있는 셈이다.

최고의 삼겹살맛,
초음파로 찾았다

경기도 안성시 일죽면에 위치한 도드람양돈농협 안성도축장(도드람엘피씨공사). 전국 양돈 농가에서 트럭에 실려 올라온 돼지가 최첨단 시설에서 도축되고 있다. 하루 3000마리분 돼지고기가 생산되는 곳이다. 말이 도축장이지 안을 들여다보면 제조공장처럼 느껴진다.

여러 첨단 시설 중에서도 단연 눈에 띄는 게 하나 있다. '오토폼(AutoFom)'이라고 불리는 대형 초음파 기기다. 돼지가 부분육으로 절단되기 전에 이곳을 통과하면 초음파를 통해 전신의 근육과 지방을 정확하게 판별할 수 있다. 16개의 초음파 센서가 몸체를 5㎜ 간격으로 측정한다. 센서별로 수집 가능한 데이터는 200개. 돼지 1마리당 총 3200개 데이터를 측정하는 셈이다.

이 오토폼 기기를 이용하면 자르지 않고도 돼지고기 품질을 확인할 수 있다. 돼지 등급 판정에 가장 중요한 등 지방 두께는 물론 살코기와 지방의 비율, 삼겹살의 근간지방 비율, 상품화할 수 있는 주요 부위별 무게 등이 자동으로 측정된다.

도드람은 2013년에 이 기기를 들여왔지만 유럽에서 개발된 기기이다 보니 그대로 사용하는 데 애로가 많았다.

유럽은 돼지고기를 어깨(전지), 등심, 옆구리·배, 뒷다리 등 크게 4개 부위로 분할하지만 우리나라는 목심, 갈비, 앞다리, 등심, 안심, 삼겹살, 뒷다리 등 7개 부위로 나누기 때문이다. 발골과 정형 방법의 차이 때문에 내부 프로그램 산식은 우리 실정에 맞게 자체 개발이 필요했다.

도드람은 기기 도입 1년 뒤부터 오토폼 데이

도드람양돈농협 안성도축장에 설치된 오토폼(AutoFom) 핵심 설비 모습. 반원형의 장치에 16개의 초음파 센서가 달려 있다.
도드람양돈농협 제공

터를 한국형 돼지고기 부위에 맞추는 작업에 착수했다. 돼지 한 마리를 오토폼으로 측정한 뒤 대분할 부위별로 살코기와 지방을 일일이 칼로 발라내 무게를 재면서 오토폼 산식을 조정해가는 방식이었다. 돼지 한 마리를 이렇게 작업하는 데 하루가 넘게 걸릴 때도 있었다. 결국 돼지 162마리를 일일이 해체하고 분석한 뒤에야 한국형 산식이 개발됐다. 꼬박 2년이 걸렸다.

요즘은 오토폼 덕분에 과거에는 생각하지 못했던 일이 벌어지고 있다. 우선 한국인 '최애(最愛)' 부위인 삼겹살을 고객 맞춤형으로 상품화하는 게 가능해졌다. 대표적인 것이 대형 할인점으로 납품되는 '슬림 삼겹살'이다. 근간지방 비율이 낮은 삼겹살을 따로 판매하는 것이다. 근간지방은 살코기 사이사이에 끼여 있는 지방을 뜻한다. 이 비율이 10~11%로 낮은 저지방 삼겹살을 선호하는 여성 고객을 타깃으로 한 상품이다. 사실 저지방 삼겹살은 일반적으로 선호도가 떨어진다. 삼겹살 특유의 고소한 맛이 덜하기 때문이다. 그러나 '슬림'을 선호하는 고객층이 뚜렷하게 생겨나면서 오히려 요즘은 일반 삼겹살보다 비싸게 팔린다.

소비자들이 가장 좋아하는 13~15%의 근간지방 비율 삼겹살만 모아 판매하는 '으뜸 삼겹살'도 인기다. 예전에는 돼지고기를 샀다가 지방 비율이 너무 낮거나 높아 불만을 제기하는 고객들이 있었지만 이젠 정확한 근간지방 비율을 측정해 상품화하다 보니 고객 만족도가 높다. 농장주들도 과거에는 등 지방 두께와 육색으로 판정하는 등급(1+등급, 1등급, 2등급, 등외)에 따라서만 장려금을 받았는데 요즘은 고객 선호도가 높은 근간지방 비율의 삼겹살을 많이 출하할수록 더 많은 장려금을 받는다. 자연스레 양돈 농가에서도 선호도가 높은 돼지고기를 생산하기 위해 더 노력한다.

도드람은 여기에서 한발 더 나아가 지금까지 오토폼으로 축적해온 빅데이터에 인공지능(AI) 결합을 시도하고 있다. 소비자를 근간지방 비율 선호도별로 분류해 맞춤형 돼지고기 상품을 다양하게 공급하거나 시기별로 경락 단가를 예측하는 모델을 개발하고 있다. 연중 돼지고기에 대한 수요 변화나 특정한 사회 이슈가 발생했을 때 나타날 돼지고기 가격 변화도 예측 가능할 것으로 기대하고 있다.

종돈 통일하고 검증된 사료만 사용

웬만한 식품 대기업 못지않게 혁신을 이뤄가고 있는 도드람양돈농협은 대한민국을 대표하는 품목조합이다. 해외 농업 선진국에서 성공한 협동조합 중에는 품목조합이 많다. 미국 선키스트(오렌지), 뉴질랜드 제스프리(키위), 덴마크 대니시크라운(육류) 등이 품목조합의 대표적인 성공 모델이다. 이에 비해 우리나라는 전국 1100여 개 농업협동조합 중 93%가 지역조합이다. 더구나 조합 대부분이 농업 자체와 관련된 경제 사업에서는 적자를 면치 못하고 있다. 금융 사업을 통해 손실을 만회하는 게 일반적이다.

그러나 1990년 경기 이천 지역 양돈인 13명으로 시작해 국내 돼지고기 시장에서 6%를 점유하고 있는 도드람양돈농협은 다르다. 2021년 총사업 규모 3조4716억원 중 경제 사업이 1조8508억원, 금융 사업은 1조6208억원이었다. 경제 사업 비중이 더 클 뿐만 아니라 148억원의 경상이익 중 절반 가까이가 경제 사업에서 나왔다. 550여 조합원에게 돌아간 배당금만 127억원에 달했다.

도드람의 이런 경쟁력은 조합원들의 협력 플레이에서 나온다. 우선 통일된 종돈을 사용한다. 도드람조합 농장들은 다비육종에서 생산하는 LYD 3원 교잡종 종돈만을 사용한다. 랜드레이스(L)·요크셔(Y)·듀록(D) 품종의 교잡종만을 사용하다 보니 일관된 맛과 품질을 유지할 수 있다.

사료 역시 자체 연구소에서 검증된 것만 쓴다. 특히 출하 전 마지막 단계에서 투입하는 후기 사료는 돼지고기 품질을 결정하는 데 절대적이다. 도드람은 돼지가 110kg 정도에서 출하된다고 할 때 무게 85kg을 넘어서부터는 살코기와 지방 비율이 적절하게 유지될 수 있도록 저단백질 사료를 먹이고 있다. 최근에는 탄소 배출을 감안해 질소 함량을 낮게 유지하는 데도 신경을 쓰고 있다고 한다.

도축장과 가공공장, 유통 과정에서 온도를 최적으로 유지하는 기술력도 도드람의 경쟁력 중 하나다. 도축이 끝난 돼지는 영하 8~25도로 유지되는 급랭 터널에서 90분간 머물렀다가 영하 5도 예랭실에서 24시간 머문 뒤에 가공공장으로 이동한다. 가공공장 내부는 영상 15도에서 유지되고, 가공 후 포장된 부위별 고기는 영상 2~5도 냉장차를 이용해 유통업체로 이동한다. 소비자 손에 도달할 때까지 최적의 온도에서 콜드체인이 유지된다.

치유의 공간으로 진화한 농촌

농촌, 치유의 공간이 되다

2020년, 한국의 65세 이상 고령 인구수가 800만명을 돌파했다. 이러한 고령화 문제는 한국뿐 아니라 전 세계적으로 대두되고 있다. 치매 등 노인성 질환을 위한 다양한 복지서비스와 요양시설이 증가하고 있는 가운데, 일부 열악한 환경과 비인간적인 관리에 대한 우려의 목소리도 커지고 있다. 이러한 문제를 어떻게 해결할 수 있을까?

네덜란드 암스테르담에서 조금 떨어진 곳에는 '드 호허와이크' 요양원이 있다. 2009년에 설립된 이곳은 치매환자들을 위한 보호 거주지역으로, '치매마을'이라 불린다. 이 작은 마을에는 한 울타리 안에 여러 유형의 주택들과 광장, 카페, 식당, 미용실, 스포츠센터, 음악 감상실, 극장 등의 시설들이 마련되어 있다. 전문교육을 받은 직원들은 치매환자들이 건강하고 자립적인 삶을 이끌어갈 수 있도록 공감과 소통을 통해 최고의 서비스를 제공한다. 치매환자들이 원하는 것은 침상에 누워 여생을 보내는 것이 아니라, 평범한 삶을 사는 것이다. 따라서 이곳에서는 환자들이 마을을 자유롭게 돌아다니며 여유로운 일생을 보내도록 도와준다.

이처럼 고령화 문제에 대한 여러 가지 방안들이 모색되고 있는 가운데, 최근 농촌이 새롭게 주목받고 있다.

과거 농촌은 농산물을 생산하는 곳뿐만 아니라 몸과 마음이 아픈 자들이 방문하여 요양을

네덜란드에 있는 한 케어팜에서 치매환자를 비롯한 노인들이 즐거운 시간을 보내고 있다.

하거나 치료를 받던 곳이었다. 시간이 지나며 도시에 병원과 요양시설이 들어섬에 따라 건강 회복을 목적으로 농촌을 방문하는 사람들의 수는 점차 줄어들었다. 현대사회에서 농장의 치유 기능이 점차 사라져가는 듯했지만, 최근 현대인들이 다시 자연적 치유에 관심을 보이면서 돌봄과 농업의 만남인 '케어팜(Care Farm)'이 등장했다.

케어팜은 돌봄이 필요한 모든 사회적 약자들에게 농촌의 자연환경에서 정신적·육체적 치유와 재활서비스를 제공하는 농업이다. 이들은 개인의 건강 상태나 취향에 따라 다양한 신체운동, 동물 돌보기, 텃밭 가꾸기, 휴식 등의 일에 참여할 수 있다. 노르웨이, 이탈리아, 벨기에 등 대부분의 EU 국가에서는 이미 케어팜이 사회복지의 하나의 대안으로 자리 잡고 있다. 특히 케어팜을 처음 시도한 네덜란드는 1200개 이상의 케어팜과 연간 2만명의 이용자를 보유하고 있다. 네덜란드의 케어팜은 1980년대 중반, 간호계에 종사하던 농장주의 부인들이 농장에서 환자를 돌보며 시작되었으며 1990년대 이후 본격화되기 시작했다. 현재는 주로 소규모 가족농이 정부의 지원을 받아 노인성 질환, 지적장애, 자폐증, 사회 부적응 등을 앓고 있는 많은 소외계층을 상대로 케어팜을 운영하고 있다.

얼마 전 방문한 네덜란드 '린던호프오펀타윈' 케어팜은 약물 중독이나 정신적 문제로 어려움을 겪는 사람들에게 자연과 심리적 안정을 통한 치유를 제공하는 곳이다. 그중 15세에 미혼모가 되어 35년 동안 마약과 알코올에 중독되었던 사스키아라 씨를 만났다. 그녀는 11년간 케어팜에서의 꾸준한 치유를 통해 중독에서 벗어나, 이제는 환자가 아닌 농장의 봉사자로 활동 중이다. 이렇듯 케어팜은 치료뿐만 아니라, 사회로 다시 복귀할 수 있도록 도와주는 역할을 하고 있다.

美·感·快·靑(미·감·쾌·청), 아름다움과 감동, 쾌적함과 푸르름이 있는 우리 농촌이 치유의 공간으로 부상하고 있다. 최근 농협도 고령 농민을 치유할 수 있는 케어팜 등을 신설해 농민의 삶의 질 향상을 도모할 계획이라고 밝혔다. 국민 건강 증진을 위한 '치유농업 연구개발 및 육성에 관한 법률'도 만들어졌다. 케어팜의 체계적인 연구 및 지원을 할 수 있는 법적 토대가 만들어진 것이다. 이제는 '한국형 케어팜 모델'을 만들어, 우리의 아름다운 농촌이 모두에게 넉넉하고 따뜻한 공간이 되길 기대한다.

'아름다운 농촌'에 담긴 농업의 가치

몇 년 전 개봉한 시골에서의 일상을 다룬 영화 '리틀 포레스트'와 예능 프로그램 '삼시세끼' 등은 지금까지도 많은 이들의 힐링 콘텐츠로 손꼽히고 있다. 또한 일반인들의 시골살이 브이로그도 유튜브에서 큰 인기를 끌고 있으며, 도시에 살면서 자연과 시골 고유의 매력을 즐기는 '시골살이(러스틱라이프·Rustic+Life)'가 10가지 트렌드 중 하나로 뽑히기도 했다. 시골에서 밥을 지어 먹고 자는 특별한 것 없어 보이는 프로그램들이 왜 이토록 많은 이들의 사랑을 받을까?

사람들로 가득 찬 지하철, 숨 쉴 틈 없이 빠르게 돌아가는 일상에 지쳐 있는 도시민들에게 필요한 것은 어쩌면 느림과 쉼, 즉 자연 그 자체일 수 있다. 최근에는 코로나19 팬데믹으로 인해 안전과 건강, 자유 등의 키워드들이 떠오르며 농촌에 대한 관심이 더욱 높아지고 있다. 농촌을 찾는 사람들이 도시의 편리함보다 농촌의 불편함을 택하는 이유는 농촌만이 가지고 있는 아름다움과 여유가 있기 때문이다. 사람들의 이런 바람에 따라 최근 농촌의 기능도 단순히 농산물 생산의 역할을 뛰어넘어 다양한 사회·문화적 기능의 공간으로 변모하고 있다.

이런 변화를 선도하는 곳 중에 강원도 영월군에 있는 '내 마음의 외갓집'은 부부가 깊은 산속에 흙과 나무로 지어진 귀틀집을 짓고 자급자족하며 지내는 곳이다. 이곳의 모든 공간에는 부부의 손길이 닿아 있는데 농장의 전경이 아름답기로 유명하다.

강원도 영월군에 있는 '내 마음의 외갓집' 김영미(왼쪽), 임소현 부부.

농장주 '김영미' 씨는 다양한 채소를 재배하는 농부다. 가정의 '정(庭)'자가 정원을 뜻한다는 친정어머니의 말씀이 계기가 되어 7, 8년 전부터 텃밭과 농장의 경관을 정원처럼 아름답게 가꾸는 팜가드닝(Farm+Gardening)에 관심을 갖게 되었다고 한다. 농작물과 여러 식물을 함께 심고 가꾸면서 농장일이 더욱 즐거워져, 단조로운 농촌 일상에 큰 활력을 얻었다고 했다.

특히 그녀는 자연을 훼손하지 않기 위해 불편하고 번거로울 수 있는 순환농업을 실천하고 있다. 농약을 사용하지 않고 화학비료 대신 생태 화장실에서 나온 인분을 거름으로 활용하는 등 자연과 공존하며 살아가고 있다.

이런 가치 있는 노력과 더불어 농장주의 예술성과 심미성이 더해진 아름다운 경관 덕분에, 운영하는 농가 민박은 1년 내내 예약이 끊이지 않는 핫 플레이스로 자리 잡았다. 이곳은 단순히 숙박만 제공하는 것이 아니라 투숙객들과 소통하며 시골살이를 곁에서 보고 누릴 수 있게 함으로써 새로운 '리틀 포레스트'의 경험을 선사해 준다. 그녀는 이렇게 많은 사람이 찾아오는 장소가 된 것은 단연코 팜가드닝을 하며 농장을 가꿨기 때문이라고 말했다.

앞으로 농촌을 찾는 도시민은 더욱 많아질 것이다. 그들에게 '농촌다움'을 제공함은 물론 농촌에서 생활하는 농민들의 삶의 질을 높이기 위해서도 '아름다운 농촌 가꾸기'가 중요한 과제의 하나로 진행되어야 한다. 김영미 씨는 "바른 환경은 스스로 만들 수 있다. 자신에게 주어진 환경을 다시 한번 관심을 기울이고 살펴보면, 불리한 환경이란 없다는 것을 알 것이다. 지혜는 고민하는 사람에게 생기기 마련이다"라고 말했다.

농촌이 농민들의 공간을 뛰어넘어 모든 이들에게 여유와 휴식을 제공하며 농촌만이 가지고 있는 큰 가치를 세상과 함께 나누는 공간이 되길 바란다. 어쩌면 이것은 가격과 품질을 뛰어넘어 한국 농업의 제3의 경쟁력으로 발전할 수 있는 기회가 될 것이다.

지친 현대인의 '녹색처방전' 치유농업법

농업계에서 각별한 관심을 받는 법 하나가 2021년에 새롭게 시행됐다. 바로 치유농업법이다. 정확하게는 '치유농업 연구개발 및 육성에 관한 법률'이다. 이 법이 '각별한' 이유 중 하나는 소관 정부가 농촌진흥청이기 때문이다. 농업 관련 법은 농림축산식품부 소관인 것이 일반적이다. 이제껏 농진청 소관 법률은 3개뿐이었다. 그나마도 하나는 직제에 관한 법이고, 나머지는 4H 활동 지원법과 지역특화작목 육성법이다. 농진청은 농업 연구개발

과 기술 보급, 농촌 지도 등 업무를 맡은 정부 기관이다. 그런 농진청이 치유농업법 제정에 10년 가까이 공을 들였다. 도대체 치유농업이 뭐길래 농진청이 그렇게 많은 노력을 기울인 것일까.

치유농업은 농업 활동이나 농촌 자원을 통해 국민의 건강에 도움을 주면서 사회·경제적 부가가치를 창출하는 산업으로 정의된다. 쉽게 말해 농업·농촌을 수단으로 사람의 몸과 마음을 치유하는 산업을 말한다. 해외에서는 주로 '케어 파밍(Care Farming)' 혹은 '소셜 파밍(Social Farming)'이라는 말로 불린다. 유럽에서 가장 활발하다. 네덜란드와 프랑스에는 각각 1200개가 넘는 케어팜이 전국에 산재해 있다. 유럽 농부들은 이를 통해 사회에 기여하면서 부가적인 소득을 올린다. 농진청이 향후 '농촌 진흥'을 위한 수단으로 치유농업에 무게를 싣는 배경이다.

농진청이 치유농업을 연구하기 시작한 건 1990년대 초반으로 거슬러 올라간다. 당시에는 치유농업이라는 말이 없었고 원예치료라는 말이 사용됐다. 사람들이 식물을 기르면 심리적·정서적으로 안정 효과가 얼마나 있는지, 스트레스 완화 효과는 얼마나 되는지 등에 대한 분석이 시작이었다. 그러던 것이 2013년 유럽 선진국의 치유농업 사례와 효과에 대한 분석을 계기로 본격적인 연구가 시작됐다. 각 분야 전문가들과 협업 연구가 이뤄

전북 완주군에 있는 치유농장인 드림뜰 힐링팜에서 인근 지역에 거주하는 노인들이 치매 예방 원예치유활동에 참여하고 있다.
드림뜰 힐링팜 제공

지면서 국내에서도 치유농업이라는 용어가 조금씩 알려지기 시작했다. 2014~2016년엔 세계적인 농업대학인 네덜란드 바헤닝언대학과 국제협력 과제를 수행하며 치유농업 총서를 발간하는 성과도 냈다.

치유에 참여하자 스트레스 호르몬 급감

농진청은 동시에 치유농업이 실제로 얼마나 효과가 있는지 검증하는 데 많은 노력을 기울였다. 법 제정의 당위성을 확보하기 위한 과정이었다. 예를 들어 전북 순창의 한 농장에서는 만성 대사성 질환자들을 7주간 프로그램에 참여시켰다. 매주 한 차례 4시간씩 진행되는 과정이었다. 참여자들은 작물을 돌보고, 건강식도 직접 만들어 보고, 산책도 하는 등 가벼운 농장 활동을 이어갔다. 결과는 놀라울 정도였다. 참가자들의 평균 인슐린 분비가 47% 늘어났고, 스트레스 호르몬은 28% 감소했다. 허리 둘레가 평균 2㎝ 감소하는 등 비만 지표도 눈에 띄게 개선됐다.

서울시 산하 농업기술센터가 노인을 상대로 주말농장을 운영하며 측정한 결과 주 1회 2시간씩 27주간 이어진 텃밭 가꾸기와 공동체 밥상 차리기 등 활동 덕분에 노인들의 우울감이 60% 줄어들고, 총콜레스테롤이 5% 감소했다. 특정 집단을 대상으로 한 연구에서도 성과가 확인됐다. 강원도 홍천 열목어 마을에서 소방관을 대상으로 실시한 1박2일 치유체험에서도 자율신경 활성도와 심장 안정도가 높아지고, 스트레스 지수가 낮아진 것이 측정됐다.

농업·농촌의 기본적인 기능은 국민에게 먹거리를 공급하고, 자연환경을 보전하는 것이지만 앞으로 국민 치유 기능이 갈수록 커질 것이라는 전망이다. 치유를 필요로 하는 사람 숫자가 빠르게 늘고 있는 게 그 배경이다.

경쟁 속에서 하루하루를 살아가야 하는 학생이나 직장인의 스트레스가 날이 갈수록 높아지고 있는 게 현실이다. 건강보험심사평가원에 따르면 외상 후 스트레스 장애 환자가 2017년 8200명에서 2019년 1만500명으로 2년 새 28% 증가했다. 정신·행동장애 환자 수도 눈에 띄게 늘어나고 있다. 여기에 코로나19 이후 바깥 활동에 많은 제약이 따르면서 우울감을 호소하는 목소리가 커지고 있다. 우리나라 인구 10만명당 자살자 수가 26.9명으로 경제협력개발기구(OECD) 1위에 해당하는 것은 심각한 문제다. 다문화가정이나 탈북자 등 사회적 약자도 늘어나는 추세다.

우리나라의 경우는 고령화가 급진전하고 있는 것도 무시할 수 없다. 치매와 같은 노인성 질환이 빠르게 늘고 있기 때문이다. 치매 진료를 받은 환자 수가 2019년 기준 79만9000명에 달했다. 2040년에는 치매 환자 수가 200만명을 훌쩍 넘어설 전망이다. 그뿐만 아니라 치유농업은 농업·농촌의 훌륭한 추가 소득원이 될 수 있다.

농진청은 치유농업의 사회·경제적 가치를 3조7000억원(2017년 기준)으로 추산한 바 있다. 전문가들은 농업·농촌을 통해 심리적, 육체적 위안을 받는 것은 자연에서 태어난 인간의 귀소본능과도 같은 것이라고 해석한다. 치유농업이 우리 농촌의 최대 문제인 인구 감소와 도농 간 소득 격차 등 문제를 해결하면서 농업의 새로운 성장동력이 될 수 있다는 주장도 있다.

프로그램 진행할 치유농업사 국가자격증

국민 치유 수요는 선진국일수록 높다 보니 유럽에서는 어디를 가든 케어팜을 쉽게 찾을 수 있다. 다만 각 케어팜 운영 방식은 지원 기관 형태에 따라 조금씩 차이가 있다. 건강보험이나 요양보험 지원을 받는 곳이 있는가 하면 자선단체 지원을 받는 곳, 사회보장제도와 연계된 곳 등 다양하다. 예컨대 6ha 면적에서 부부가 운영하는 네덜란드의 드후페 농장은 보험과 연계해 발달장애아나 자폐아, 알코올 중독자, 치매 노인을 치유한다. 프로그램 참여자들은 텃밭도 가꾸고 동물도 돌보고 치즈도 만든다. 보험 덕분에 이용자들은 매우 저렴한 비용만 부담하면 된다. 영국의 시드넘 가든은 자선단체와 연계해 기부금으로 비용을 충당하는 곳이다. 이 농장에

네덜란드 '드에이오버스텝' 케어팜에서 이용객들이 작물을 돌보며 시간을 보내고 있다. 바헤닝언케어팜연구소 제공

서는 정신질환을 가진 노인이나 치매환자를 대상으로 원예치료와 미술치료 프로그램을 운영한다.

독일의 바트 뵈리스호펜이라는 치유농장은 사회보장제도와 연계돼 있다. 숲을 비롯한 자연환경 속에서 냉수욕을 통한 자연치료 요법을 활용하는데 하루 3000~4000명이 방문할 정도로 활발하게 이용되고 있다. 국내에서는 초기 단계인 만큼 주로 민간에서 자발적으로 운영하는 치유농장이 조금씩 생겨나고 있다. 우선 자연놀이학교라는 이름으로 치매안심센터나 아동복지센터 등과 연계해 원예활동 프로그램을 운영하는 곳이 있다. 일부 농장은 농진청의 시범 사업 지원을 받고 있다.

대표적으로 경기 남양주 안나농원이나 청주 더자람교육농장 등이 있다. 이들 농장에선 청소년과 성인, 노인을 대상으로 세대별 치유 프로그램을 운영하며 소득을 늘리고 있다.

치유농업사라는 국가자격증도 생겼다. 치유농업사는 치유농업 맞춤형 프로그램을 개발·실행하고 관련 서비스의 운영 관리 등을 담당하는 전문가를 말한다. 자격은 1급과 2급으로 나뉘는데, 2급을 통과한 뒤 5년간 치유농업 관련 업무에 종사하면 1급에 응시할 수 있다. 2급 기준으로 치유농업개론 등 8과목에 대해 142시간 수업을 들으면 응시 자격이 부여된다.

소방대원들은
왜 농장으로 갔을까

우리는 크고 작은 긴급한 상황에 119를 누른다. 전화기 너머의 소방관이 즉시 내가 있는 곳으로 달려와 나를 구해줄 것이라 믿기 때문이다. 그러나 우리를 지켜주는 소방관이 위험에 빠진다면 누가 그들에게 도움의 손을 내밀 것인가.

서울시 소방재난본부에 따르면 2021년 상반기 서울에서만 접수된 신고 건수가 1일 평균 5000건이 넘는 것으로 나타났다. 그러나 부족한 소방 인력 때문에 현재 소방관의 주당 평균 근무

'빨간 우체통' 치유농업 프로그램에 참여한 소방관들이 산나물을 캐고 있다.

시간은 50시간 이상으로, OECD 국가 중 최고 수준이다. 또한 최근 10년간 50명이 넘는 소방관이 순직했는데, 더 놀라운 것은 순직한 소방관보다 자살한 소방관의 수가 더 많다는 사실이다. 3명 중 1명이 외상 후 스트레스 장애(PTSD)를 앓고 있으며, 스트레스지수도 일반인보다 최소 5배 이상 높게 나타난다. 이는 경찰, 해경 등 다른 직군보다 심각한 수치다.

우리는 다른 생명을 살리기 위해 자신을 희생한 순직 소방관에게 '영웅'이라는 칭호를 붙이며 애도와 감사를 전하지만, 실제로 많은 소방관이 우리가 알지 못하는 고통을 받고 있다. 다른 이들을 위해 마주한 많은 현장에서 참혹한 일을 겪고, 불안과 트라우마에 시달리고 있는 그들에게 당장 필요한 것은 무엇보다 육체와 정신의 회복이다. 이에 대해 다양한 방법을 모색하던 국내의 여러 지역에서 직업적으로 스트레스가 크다고 알려진 소방관을 위한 '치유농업 프로그램'을 진행했다.

과학과 문명이 발전할수록 사람들은 '쉼'을 위해 자연을 찾는다. 이러한 인간의 심리를 이용한 치유농업을 국내에 활성화하고자 경기 안성시에 위치한 국립한경대학교는 소방관을 대상으로 '심심한(心審閑·마음 심, 살필 심, 한가할 한) 치유농업'을 개최했다. 참가자들은 이틀 동안 직접 농산물을 수확하며 자연과 함께하는 여유롭고 따뜻한 프로그램을 통해 일상에서 받은 정신적 스트레스를 줄일 수 있었다.

충남 금산군에서는 '빨간 우체통' 치유농업 프로그램이 진행되었다. 소방관들은 서대산 둘레길을 산책하며 자연을 감상하고, 금산 명물 인삼을 이용해 직접 음식을 해 먹기도 했다. 아로마 테라피와 도자기 체험, 약초 캐기 등을 통해 힐링의 시간도 가졌다. 그중 하이라이트는 '꽃 상자 만들기'였는데, 자신의 인생을 꽃 상자에 빗대어 진솔하게 이야기를 나누고, 지쳐 있던 마음을 함께 다독이고 위로하는 시간이었다. 한 대원은 자신의 아내에게 직접 만든 꽃 상자와 따뜻한 커피 한잔을 건네고 싶다며 고마운 마음을 표현하기도 했다.

실제로 농촌진흥청은 치유농업의 효과를 알아보기 위해 소방관을 대상으로 치유농업을 진행한 뒤 참여 소방관들의 뇌파를 분석했다. 그 결과, 심신 안정과 신체 이완 등 긍정적인 지표는 51% 상승하고, 긴장과 같은 부정적인 지표는 10% 감소했다. 또한, 스트레스 호르몬은 이전보다 23%나 줄어들었다.

한국의 농촌이 이제 먹거리 생산뿐만 아니라 힐링과 치유의 공간이라는 새로운 가치로 부상한 만큼, '한국형 치유농업 모델' 개발이 필요하다. 소방관뿐만 아니라 노약자와 장애인 등 몸과 마음이 지친 모든 이들에게 자연의 쉼을 전달하는 포근한 농촌을 그려보며, 더 많은 사람들이 농촌에서 위로받기를 기대한다.

500종 식물로 힐링을 주는 화순 치유농장

남도의 명산인 무등산 자락에 위치한 전남 화순군. 읍내에서 자동차로 15분 정도 달리자 야트막한 산에 둘러싸인 주도리 마을이 나온다. 좁은 길을 따라 올라가다 막다른 곳에 이르러 노란 수선화가 흐드러지게 피어 있는 농장이 한 곳 나온다. 허브뜨락 치유농장이다.

치유농업법 시행과 함께 좋은 치유농장을 소개해 달라고 하자 농촌진흥청이 추천한 곳들 중 한 곳이다. 이곳 허브뜨락은 대학에서 교육학 교수를 하던 김남순 씨와 초등학교 교사를 하던 양영자 씨 부부가 20여 년 전부터 가꿔온 곳이다. 아담한 산을 낀 4500평 땅에 부부가 사는 주택을 비롯해 실내외 교육장, 온실, 정자 등 시설이 들어서 있다.

무엇보다 이곳을 돋보이게 하는 건 꽃과 나무들이다. 이 농장엔 1년 내내 지지 않을 정도로 다양한 꽃이 있고, 없는 나무가 없을 정도로 다양한 수종이 있다. 겨울이라고 예외는 아니다. 납매 미선나무 등 한겨울 눈 속에서도 고운 색을 내는 식물도 적지 않다. 수선화 사이사이엔 작약도 있고 철쭉도 있다. 동백 산벚 라벤더 은목서 라일락 바이텍스 살구 자두 등 등 꽃을 피우는 작물과 나무 이름을 일일이 대기도 어렵다. 이곳에 심어져 있는 꽃과 나무들이 대략 500종이 넘는다고 한다. 어느 식물원에 간들 이보다 다양한 꽃이 있을까 싶을 정도다. 이 농장은 매년 변신에 변신을 거듭해왔다. 매년 조금씩 치장을 달리하다 보니 지금의 뜨락농장이 완성됐다.

이 농장에선 다양한 치유 활동이 이뤄지고 있다. 대표적인 것이 지적장애인들을 대상으로 운영하는 치유 프로그램이다. 김남순 대표는 "지적장애인 가족들이 가장 원하는 것은 자립할 수 있는 능력을 키워주는 것"이라며 "농장

전남 화순군에서 허브뜨락 치유농장을 운영하고 있는 김남순(오른쪽), 양영자 씨 부부가 노랗게 핀 수선화 앞에서 포즈를 취하고 있다.

에서 개별직업프로그램(IVP)을 적용해 각자의 관심과 소질을 찾아주는 일을 하고 있다"고 말했다. 김 대표는 대학에서 특수교육을 가르쳤다. 그러다 보니 자원봉사로 일을 돕는 제자들도 적지 않다. 뜨락농장은 또한 지적장애인과 초기 치매환자들의 공동 치유 프로그램도 시도하고 있다. 김 대표는 "화분 가꾸기에 소질이 있는 장애인과 비슷한 관심을 가진 치매 노인이 함께 원예활동을 하면서 서로의 치유에 도움을 주고받는다"고 말했다.

그가 치유농장에 관심을 갖게 된 건 평소 존경하는 철학자 에피쿠로스의 영향이 컸다. 쾌락주의를 창시한 에피쿠로스는 자연주의에 심취했고, 플라톤이 세운 교육기관인 아카데미아 바로 맞은편에 가든스쿨을 설립해 운영했다. 이 가든스쿨은 당시로는 파격적으로 신분과 성별, 인종 등에 관계없이 교육생을 받아들였다. 김 대표는 "인간이 가장 마음이 평정한 상태에서 느낄 수 있는 행복감을 에피쿠로스는 쾌락이라고 했다"며 "그가 추구한 가든

스쿨 같은 곳을 직접 만들어보고 싶어 이곳 주도리에 들어오게 됐다"고 말했다. 그는 "지적장애인이나 치매환자들, 암환자들은 물론 정신적 스트레스에 지친 현대인들이 이곳에서 치유활동에 참여함으로써 삶의 질이 높아지고 행복감을 느끼는 모습을 볼 때 나 스스로 가장 행복하더라"고 말했다.

이곳에서 이뤄지는 활동은 주로 텃밭과 화분 가꾸기, 허브상품 만들기, 산책 등이다. 허브오일이나 식초, 소금, 차 등을 만드는 게 특히 인기다. 양영자 대표는 교육 프로그램을 직접 운영하기 위해 아동요리사, 쌀요리전문가, 식품가공기능사, 발효관리사, 가양주제조사, 푸드코디네이터 등 다양한 자격증을 따기도 했다.

양 대표는 "화순군에 있는 장애인 기관이나 치매안심센터 등 기관의 요청 위주로 교육을 실시하고 있지만 개인적으로 요청하는 경우에도 맞춤형 교육 프로그램을 만들어 실시하고 있다"고 소개했다.

제3부

농업, 미래산업이 되다

디지털 강소농(强小農)

소농(小農)이 문제가 아니다

세계 농업은 4차 산업혁명의 기회를 농업 도약의 디딤돌로 활용하기 위해 치열하게 경쟁하고 있다. 농업의 새로운 비즈니스 모델이 지금까지 경험하지 못한 규모와 속도로 만들어지고 있기 때문이다. 또한, 생산에서 소비에 이르는 모든 과정이 그야말로 환골탈태(換骨奪胎)될 것으로 예상한다. 첨단 기술이 농업에 결합되며 생겨날 변화는 크게 다음과 같다. 첫째, 농기계와 장비 자동화의 가속이다. 둘째, 질병 발생에 대한 정확한 솔루션 제공이다. 셋째, 시장 변화 및 소비자의 성향 분석이다. 농업은 점점 스스로 생각하고 생산 가

능한 형태로 진화되고 있다. 해외 농업 강국들은 벌써 오래전부터 각종 첨단 기술을 농업에 본격적으로 도입해 왔다. 우리가 이러한 변화에 신속하게 대응하지 못해 세계 농업화에 뒤처진다면, 머지않아 다음과 같은 신문기사를 볼지도 모르겠다.

온실을 운영하는 A농가는 생산성 저하로 고민에 빠졌다. 그러던 중 2025년부터 유럽의 B社가 제공하는 맞춤형 재배 정보를 이용한 결과, 최적화된 온실 관리로 20%의 생산성을 높일 수 있었다. 햇빛, 온도, 질병 예방은 물론, 작업 환경의 안전성과 소비자의 계절별 성향까지 인공지능, 빅데이터에 의해 분석된 재배 정보를 이용한 결과이다. "B社에 평당 비용을 내지만, 덕분에 수익은 15% 늘었습니

다. 이제는 이거 없이는 농사 못 지을 것 같아요…." 다만 B社가 매년 데이터 이용료를 올리고 있어 이것이 새로운 부담이라고 한다.

이처럼, 농업에 첨단 기술이 빠르게 도입되는 모습은 전쟁 무기가 활에서 총으로 바뀌는 것과 같다. 이것이 우리에게는 위기이자 기회이다. 과거에는 좋은 영농 기술과 재배 장비, 보다 넓은 재배 면적을 가지고 있는 쪽이 농사에 절대적으로 유리했다. 하지만 앞으로는 그런 전통적인 기술과 장비보다 어떤 재배 데이터와 인공지능 시스템을 가지고 있는지가 농업 경쟁력의 관건이 될 것이다.

혹자는 소농(小農)의 높은 비중이 한국 농업의 문제점이라고 지적한다. 그러나 우리가 마주한 진짜 문제는 작은 규모가 아니라, 소농의 경쟁력 제고를 위한 솔루션을 제공하지 못한다는 것이 아닐까?

미국, 네덜란드 등 대규모 농가를 대상으로 하는 선진국의 '선택과 집중'형 모델을 한국에 적용하기에는 소규모 농가가 많은 한국 농업에 부작용이 일어날 수 있다. 따라서 우리 여건에 적합한 한국형 모델, 즉 작지만 강한 '디지털 강소농(强小農)' 모델을 개발하는 것이 우선되어야 한다.

한국 농업의 경쟁력을 위해서는 먼저 인공지능과 빅데이터에 중점을 둔 농업 분야의 연구개발이 이루어져야 한다. 또한 전후방 농업 관련 산업에 혁신적인 아이디어를 창출해 낼 수 있

는 민간 주체가 많이 뛰어들 수 있어야 한다.

소규모 농가의 디지털 경쟁력을 높이기 위한 별도의 대책도 마련해야 한다. 한국 농가 전체에 인공지능과 빅데이터로 무장한 농업을 강요할 수는 없지만, 급변하는 세계 농업의 추세를 결코 외면해선 안 된다. 디지털 농업을 희망하는 농가를 중심으로, 관련 기술과 교육 등의 지원이 뒷받침되어야 할 것이다.

한국 농업, 미래의 눈으로 새로운 가능성을 찾아야 할 때이다. 지금 우리에게 필요한 것은 변화와 혁신, 그리고 대담한 상상이다. 모든 위대한 일들은 새로운 상상과 혁신으로부터 시작된다.

디지털 강소농의 핵심은 창의력

한국 농업은 농업 소득의 정체와 고령화 등으로 어려움에 직면해 왔는데, 최근 들어서는 코로나19로 인해 일손까지 부족해졌다. 이러

한 농촌의 문제를 해결하기 위해 농작물의 생산성을 높이고, 품질도 향상시킬 수 있는 스마트팜 영농이 주목을 받고 있다.

스마트폰만 있으면 멀리서도 농장 관리가 가능한 첨단 유리온실, 외부와 차단되어 병충해가 없고 사계절 내내 파종과 수확이 자동화로 이루어지는 컨테이너형 식물공장, 물고기 양식(Aquaculture)과 수경 재배(Hydroponics)를 결합한 아쿠아포닉스(Aquaponics) 농법 등 다양한 형태의 스마트팜이 출현하고 있다. 하지만 스마트팜이 가진 많은 장점에도 불구하고 대다수의 소규모 농가들이 쉽게 도입하지 못하는 이유는, 과다한 초기 투자비용 때문이다.

스마트팜 기술은 분명히 고령화 · 인력난으로 어려움을 겪는 농촌에 새로운 전환점이 될 것이다.

그러나 기존의 기술은 대규모 농업법인이나 기업형 농가에 초점이 맞추어져 있다. 영세 · 소규모 농가들도 첨단 기술의 수혜자가 되기 위해서는 무엇이 필요할까?

충남 보령에 있는 코리아팜 최훈 회장이 트롤리 컨베이어를 활용해 자체 개발한 순환식 스마트팜 앞에서 포즈를 취하고 있다.

소위 아는 것을 '지식', 모르는 것을 '무식'이라고 한다. '아는 것'이 많으면 '모르는 것'이 없다고 생각하기 쉽지만, 사실은 그렇지 않다. 지식과 무식은 서로 묘한 관계가 있다. 만약 먹는 쌀에 대해서 아무런 지식이 없다면, 그 사람은 쌀에 대해서 모르는 것도 없다. 별생각 없이 밥만 맛있게 먹으면 그만이다. 그런데 벼에서 발생하는 병충해에 대해 새로운 지식을 얻게 되는 순간, 그때부터 그 사람에게는 모르는 것이 생긴다. 왜 저런 병충해가 생기는 것일까? 병충해를 막으려면 어떻게 해야 할까?

이처럼 지식이 늘어나면, 모르는 것도 함께 많아지게 된다. 즉 지식은 계속해서 고민과 질문을 낳는다. 여기서 중요한 것은, 지식이 늘어날 때 함께 생기는 무식이 '호기심', 즉 왜(?)라는 질문으로 탈바꿈된다. 그리고 이 질문에 대한 답을 찾아가는 과정에서 한 단계 올라가게 되면, 바로 '창의력'이 된다.

스마트팜 기술이 소규모 농가에까지 확산될 수 있는 방법에 대한 고민과 질문을 통해 창의적인 솔루션을 찾아야 한다. 이때, 농업 외부의 아이디어를 도입하는 것도 좋은 방법이다. 최근 전통 제조업체의 축적된 노하우에 새로운 기술과 아이디어를 접목하여 중소농에 초점을 맞춘 농업 시스템이 주목받고 있는 게 대표적이다.

충남 보령에는 농부는 가만있고 작물이 움직이는 농장이 있다. 자동차 부품업체 회사 오너가 자동차 공장의 컨베이어 시스템을 보고 "이거다!" 하고 아이디어를 얻었다고 한다. 그곳은 자동으로 돌아가는 트롤리에 매달린 화분에서 엽채류와 과채류 등 다양한 작물이 물과 비료를 공급받아 재배되고 있다. 햇빛을 골고루 받아서 생산성이 높을 뿐만 아니라, 재배 공간과 수확 장소를 분리하여 더욱 쾌적한 환경에서 작업이 가능하다. 또한, 이동하지 않아도 된다는 장점 덕분에 한 사람이 많은 작업을 할 수 있어 고령 농민에게도 적합하다. 이 시스템이 소농에 얼마나 효율적이고 효과적인지를 검증하는 연구는 지금도 계속되고 있다.

소규모 농가의 디지털 경쟁력을 높일 수 있는 작지만 강한 '디지털 강소농(强小農)' 모델을 개발하는 것, 이것이 지금 바로 우리 농업에 주어진 과제이다.

농업 AI 전문가를 양성하라

20세기 가장 훌륭한 외교관으로 불리며 노벨 평화상을 수상한 헨리 키신저 전 미국 국무장관은 최근 영국 파이낸셜타임스와의 인터뷰에서 "미·중 패권전쟁의 승패를 좌우할 열쇠는 핵무기가 아닌 인공지능(AI)"이라고 말하

매일경제와 멀티캠퍼스, 맘테크가 공동 운영하는 '농식품 인공지능 아카데미' 1기 과정에서 농촌진흥청팀이 '머신러닝 기술을 이용한 사과 개화기 예측모델'로 최우수상을 받았다.

며 중국이 AI 분야에서 미국을 앞서고 있다고 밝혔다.

네덜란드에서 개최되는 '세계농업인공지능대회'에서 한국 팀은 2회와 3회 대회 연속으로 글로벌 3위를 차지하는 우수한 성적을 거두었다. 이런 결과만 놓고 보면 한국 농업의 AI 실력이 매우 뛰어나다고 생각할 수 있지만, 사실 농업계 실력으로 보기는 어렵다. 대회의 모든 부분을 원격으로만 컨트롤했기 때문에 다른 요소들보다 알고리즘이 가장 중요한 역할을 했고, 알고리즘을 만드는 핵심적인 역할은 주로 AI 분야의 대학 교수와 로봇회사 엔지니어가 담당했기 때문이다.

현재 전 세계적으로 농업에 각종 정보통신기술(ICT)이 접목되면서 혁신적인 농업 비즈니스 모델의 탄생과 새로운 농업혁명이 이루어지고 있다. 이는 단순히 생산량의 증대만이 아니라 농업 전후방 산업 전체, 즉 종자 개발부터 재배, 가공, 유통, 소비로 이어지는 전 과정에서의 변혁을 의미한다.

그러나 한국의 농업 기술은 아직도 선진국 수준 대비 75% 정도에 불과하다. AI 수준도 미국의 80% 정도에 그친다는 연구도 있다. 한국이 세계적인 신농업 혁명의 흐름에 올라타기 위해서는 무엇보다 농업에 ICT를 접목할 수 있는 융복합 인재 육성이 필요하다. 아날로그 시대를 풍미했던 일본 소니가 디지털 시대로의 전환에 적응하지 못하면서 어려움을 겪었듯이 이제 AI에 적응하지 못하는 농업은 설 자리를 잃을 것이다.

유럽에서는 이미 농업과 ICT를 융합할 수 있는 교육기관을 만들어 인재들을 양성하고 있다. 네덜란드는 농업대학이 가지는 한계를 극복하기 위해 유럽의 MIT라 불리는 델프트공대에 애그테크 인스티튜트(Agtech Institute)라는 기관을 설립했다.

이곳은 농업과 첨단 기술의 접목을 담당하는데, 세계 최고의 농업대학인 네덜란드 바헤닝언대학 출신들도 AI 기술을 추가로 배우기 위해 이곳을 찾을 정도로 높은 수준에 있다.

지금까지의 농업 경쟁력이 시설과 장비, 기술에 달려 있었다면, 앞으로는 AI를 어떻게 활용하느냐에 따라 다른 결과를 가져올 것이다. 하지만 안타깝게도 우리 농업계에서는 AI 전문가를 찾기가 어렵다. 그러다 보니 농산물 생산과 가공에 AI를 활발하게 적용하는 선진국들과는 달리, 한국 농업 현장에는 AI가 활발히 적용되지 못하고 있다. 물론 일부에서 다양한 시도를 하고 있지만 전문 인력 부재로 어려움을 겪고 있다.

2000년대 초부터 의료 분야에 CT, MRI 등 첨단 기술이 접목되면서 의사의 진단 정확성과 치료 효과 등이 향상된 사례가 있다. 이처럼 농업에도 ICT가 접목되어 농업의 디지털화가 이루어지기 위해서는 농업도 알고 AI에도 능한 '농업 AI 전문가' 육성이 필요하다. 특히 고연령층 중심의 소농이 대부분인 한국 농업에 디지털 혜택이 제공되어 혁신적인 변화가 일어난다면, 앞으로 우리의 경쟁력은 작지만 강한 '디지털 강소농(强小農)' 모델이 될 수 있을 것이다.

양상추 파동에서 배우자

2021년 맥도날드 햄버거에서 양상추가 사라져 화제가 된 적이 있다. 작황 부진으로 양상추 가격이 천정부지로 오른 데다 공급 물량 자체가 줄어든 여파였다. 맥도날드보다 상황은 나았을지 모르지만 롯데리아나 써브웨이 등 다른 프랜차이즈 업체들도 양상추를 확보하기 위해 거의 전쟁을 치르다시피 했다.

직전 해에도 비슷한 일이 있었다. 그때는 토마토가 문제였다. 한때 토마토가 빠진 햄버거가 판매된 적이 있다. 양상추가 그랬던 것처

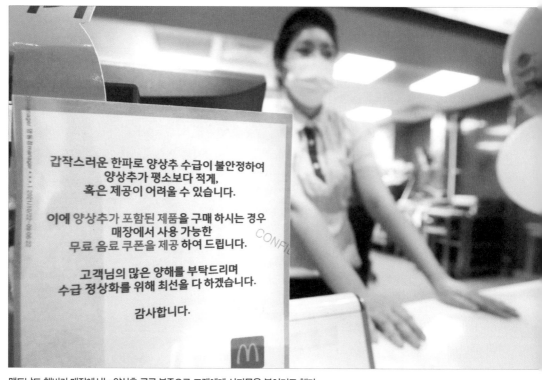

맥도날드 햄버거 매장에서는 양상추 공급 부족으로 고객에게 사과문을 붙이기도 했다.

럼 토마토 작황 부진이 원인이었다. 양상추와 토마토 파동에는 공통점이 있다. 두 작물 모두 작황 부진이 원인이고, 작황 부진의 원인은 기상이변이며, 기상이변의 원인은 지구온난화라는 것이다.

토마토는 2020년 여름에 47일간 이어진 사상 최장의 장마가, 양상추는 2021년 8월 말 시작된 때아닌 가을장마가 문제였다. 양상추는 호한성(好寒性) 작물이다 보니 10월 강원도를 시작으로 출하되기 시작해 출하 지역이 점차

남하한다. 그런데 양상추가 영그는 9월에 예년과 달리 비가 많이 오면서 일조량이 부족해지자 무름병이나 녹병 같은 병해가 창궐한 것이다.

그러면 7월부터 9월까지 더운 여름에는 양상추가 어떻게 공급될까. 국내 재배가 너무 어렵다 보니 수입으로 해결한다.

국내 양상추 유통업체들은 여름마다 반복되는 수급난을 덜기 위해 중국에서 대체 생산지를 찾아냈다.

강원도와 위도가 비슷하면서 고랭지 재배가 가능한 허베이성 북부 지방이 바로 그곳이다. 우리가 한여름에도 양상추가 듬뿍 들어간 햄버거와 샌드위치를 먹을 수 있었던 것은 7~9월 석 달간 중국이 양상추를 공급해주기 때문이다.

이어서 10월부터는 강원도에서 생산된 양상추를 공급받아야 하는데, 양상추 농사를 망치면서 사달이 나게 된 것이었다. 그러면 10월에도 중국에서 수입하면 되지 않느냐고 할지 모른다. 그러나 양상추 공급은 장기 계약재배 형태로 이뤄지기 때문에 대량의 양상추를 갑자기 조달하는 것은 불가능에 가깝다.

다행히 11월로 넘어가면서 충청 이남에서 수확하는 양상추 물량이 나와 문제는 어느 정도 해결됐다. 그러면 언제 그랬냐는 듯 햄버거엔 다시 양상추가 들어가고, 우리 기억 속에서 양상추 파동은 금세 사라지게 된다.

그런데 이게 끝일까. 그렇지 않다. 이제는 기상이변이 일상화되고 있기 때문이다.

불과 몇 달 전에는 대파 파동이 나면서 집에서 파를 길러 먹는 '파테크'까지 유행하지 않았나. 다음에는 또 어떤 작물이 기상이변의 피해자가 될 것인지 누구도 예측할 수 없는 상황이다. 예측이 안 된다는 것만큼 불안한 것은 없을 것이다.

얼마 전에 만난 백전노장의 농사 전문가는 땅이 꺼질 듯이 한숨을 내쉬었다. "채소는 곡물이나 과일에 비해 날씨에 무척 민감한 작물이다. 기온이나 일조량에 작은 변화만 생겨도 재배가 안 된다. 그런데 기후변화가 채소 농사를 갈수록 어렵게 만들고 있다. 앞으로 5년, 10년 뒤를 상상해보면 끔찍하다. 한국인에게 없어서는 안 될 식재료인 채소를 안정적으로 조달할 수 없는 시대에 대한 대비가 필요하다"는 게 그의 주장이었다.

그렇다고 채소 공급을 중국에 기댈 수는 없는 노릇이다. 요소수 사태에서 보듯 중국에 의존하는 공급망은 언제라도 붕괴될 수 있기 때문이다.

날씨에 관계없이 채소를 재배할 수 있는 수직 농장 같은 스마트 농업에 우리가 더 관심을 가져야 하는 이유가 바로 이것이다.

한국의 小農과
푸드테크

몇 해 전 꽤 많은 돈을 들여 식물공장(Vertical Farm)을 지은 중소기업이 있다. 그런데 이 농장에서 상추 같은 엽채류를 길러서는 도저히 수지타산을 맞추기 어려웠다. 어떤 작물을 재배하면 좋을지를 찾는 게 너무 어려웠다. 고민을 거듭하던 회사는 원예 분야의 저명한 교수님을 찾아가 도움을 요청했다.

"교수님, 우리 식물공장에서 어떤 작물을 재

매일경제 애그테크혁신센터와 매일경제TV가 2022년 6월 개최한 '아그리젠토 코리아 2.0 – 푸드테크 혁명' 포럼에서 정혁훈 기자가 발표하고 있다.

배하면 돈이 되겠습니까?" 교수님의 답변은 이랬다. "이 양반아, 그걸 알면 내가 직접 농사를 짓지 여기서 이러고 있겠나?" 우문현답이다. 이 짧은 대화에서 알 수 있는 건 농업에서 가장 중요한 건 어떤 작물을 재배해야 할지를 결정하는 일이라는 사실이다.

그러면 적절한 작물을 결정하려면 어떡해야 할까. 시장에서 어떤 작물이 잘 팔릴지를 알아야 한다. 그러자면 소비자들이 어떤 작물을

원하는지, 또 식품회사에서는 어떤 작물을 원료로 사용하고 싶어 하는지를 알아야 한다. 한마디로 시장을 알아야 한다는 것이다. 판로를 생각하지 않은 채 무턱대고 작물을 재배하면 팔리지 않아 골칫덩이가 되기 쉽다.

농산물 가격이 매년 급등락을 반복하는 이유 중 하나는 시장 수요를 감안하지 않고 작물을 결정하기 때문이다. 많은 농민들이 올해 가격이 좋으면 그걸 내년에 심는다. 그러면 공급

과잉으로 가격이 폭락하게 된다. 다음해에는 그 작물의 파종을 줄인다. 그러면 거꾸로 공급이 줄어 가격이 폭등한다. 그때라도 돈을 벌면 좋으련만 가격 폭등의 혜택은 산지 농민들이 아니라 중간 유통상들이 대부분 가져가는 경우가 많다. 죽어라 농사를 지어도 남는 게 없다는 얘기가 나오는 배경이다.

기업도 시장과 판로를 알기 어려워 식물공장부터 지어놓고 보는 상황이니 농민들에게 수요를 감안해 작물을 선택하라고 요구하는 건 무리일 수도 있다. 그래서 정부와 농협의 역할이 중요하다. 지금까지는 개별 소농이 생산을 잘 하도록 하는 데 지원의 초점이 맞춰졌다. 종자와 비료, 농약, 농기계, 설비 등 생산 분야에만 보조금 지원을 집중했다. 농가마다 녹슨 트랙터가 즐비한 건 고쳐 쓰느니 지원금을 받아 새로 사는 게 싸기 때문이다.

이제 지원의 방향을 바꿀 때가 됐다. 농업을 더 이상 생산의 관점에서만 바라봐서는 안 된다. 농산물을 생산한 이후 가공과 유통, 물류, 외식 등 이른바 씨앗부터 식탁까지 이어지는 모든 단계가 사실은 큰 틀에서 농업이다. 요즘은 이러한 농식품 밸류체인 전체를 푸드테크산업으로 정의하기도 한다. 밸류체인 단계마다 첨단 기술이 중요한 역할을 하기 때문이다.

이 밸류체인의 맨 끝단부터 시장의 수요를 파악하는 것이 농업의 시작이 돼야 한다. 소비자와 외식업체가 원하는 농산물, 유통과 물류에 최적화된 농산물, 가공하기 좋은 농산물이 무엇인지를 먼저 파악하고, 그에 맞추려면 어떤 농산물을 재배하면 좋을지 판단할 수 있도록 지원하는 거다. 정부와 농협의 역할이 그런 쪽으로 모아져야 한다.

더구나 푸드테크 산업의 미래는 바로 개인 맞춤형 식품에 있다. 여기에 최적화된 농산물 생산에는 스마트팜과 데이터로 무장한 '디지털 강소농(强小農)'이 더 잘 대응할 수 있다. 푸드테크에서 소농의 미래를 찾을 수 있다.

'차별화'의 힘이
한국 농업의 경쟁력이다!

한 개그 프로에서 '1등만 기억하는 더러운 세상'이라는 유행어가 있었다. 1등을 최고의 가치와 기준으로 삼는 우리 사회는 그들에게만 주어지는 명예와 경쟁력을 가지기 위해 치열하게 살아간다. 예전에 사과 농가들을 대상으로 한 컨설팅에서 어느 강사분이 "가장 품질이 좋고, 가격도 저렴한 사과를 만들어야 1등이 된다. 이것만이 우리가 살길이다"라고 말했다. 그때 나는 속으로 '말로는 쉽지, 그게 가능한 일인가?'라고 생각했다. '경쟁력'의 의미에 대해 재고해 볼 필요가 있다. 학교 다닐 때를 떠올려 보자. 전교 1등 하기가 얼마나 어려운가? 물론 전교 1등의 경쟁력은 많은 사람이 인정해준다. 그러나 등수가 경쟁력의 전부는 아니다. 남들과는 다른 무엇이 있어야 한다. 즉 나만이 가진 장점 한 가지로 '차별화'하는 것도 경쟁력이다.

과거에는 소비자의 수요가 '10인(人) 1색(色)'으로 획일화돼 규모가 큰 경영체가 더 경쟁력이 있었다. 그러나 점점 소비 트렌드가 '10인 10색'으로 바뀌더니 이제는 '1인 10색'의 시대이다. 소비자의 기호와 취향이 다양해져 규모가 작아도 발 빠르게 대응할 수 있다면 충분히 경쟁력을 가질 수 있다.

한 온라인 쇼핑몰에서는 9개 품종의 서로 다른 사과를 하나의 선물세트로 구성한 제품을 선보이기도 했다.

최근 비대면 소비가 확산되고 1인 가구가 증가하면서 모든 것을 집 안에서 해결하고자 하는 '홈족'이 등장했다. 이른바 홈코노미 시장이 활성화되고 있는 것이다. 또한 커피 한 잔을 집 앞으로 배달해주거나 음식물 쓰레기를 대신 버려주는 심부름 서비스도 새로운 트렌드로 떠올랐다. 이처럼 시시각각 변화하는 소비자들 니즈에 따라 많은 기업이 차별화된 다양한 제품과 서비스로 대결하고 있다.

농산물 유통도 예외는 아니다. 과거 신선한 농산물을 구매하기 위해서는 눈으로 직접 봐야 한다는 인식이 강했다. 그러나 점점 온라인 거래에 대한 신뢰도가 높아지면서 '온라인 농산물 거래 시장'이 등장했다. 이뿐만 아니라 소비자와의 소통을 위한 'SNS 마케팅'이라는 새로운 차원의 거래 방식도 활성화되고 있다. 최근 많은 지자체에서도 농민들을 대상으로 다양한 SNS 마케팅 교육이 실시되고 있다. 그 결과 색깔 있는 상품 개발과 자신만의 독특한 스토리, 회원들 간의 협업을 통한 시너지 효과로 추가적인 부가가치를 창출하는 농민들이 늘어나고 있다.

아주 단순한 말 같지만, '차별화'라는 키워드는 한국 농업에서도 중요한 개념이 되었다. 이제 어떻게 작은 아이디어를 부각시켜 소비자의 이목을 집중시킬 것인가에 대한 전략이 수반되어야 한다. 백범 김구 선생은 "나는 우리나라가 가장 부강한 나라가 되기를 원하는 것이 아니다. 가장 아름다운 나라가 되기를 원한다. 오직 한없이 가지고 싶은 것은 높은 문화의 힘이다"라고 말했다. 이 말은 지금 우리에게도 그대로 적용될 수 있다. 한국 농업이 세계에서 가장 강한 농업이 되기는 어렵지만, 가장 안전하고 신뢰할 수 있는 먹거리를 생산하는 것은 가능하다. 이미 곳곳에서 그 씨앗이 뿌리를 내리고 있다. 월드 베스트보다 '차별화'의 힘이 한국 농업의 경쟁력이다.

한국에서는 유기농이
어려운 이유

충북 충주에 위치한 장안농장. 쌈 채소를 주로 공급하는 이 농장은 한국 유기농의 대표 브랜드였다. 2009년 처음으로 매출 100억원을 돌파한 이후 2018년까지 100억원대 매출을 유지했다. 소농(小農) 위주인 한국 농업계에서 일반 관행농업이 아닌 유기농업으로 농부가 매출 100억원대를 기록한 건 전무후무한 기록이다. 2010년 매일경제가 '첨단농업 부국의 길'을 주제로 개최한 국민보고대회 '아그리젠토 코리아'에도 장안농장이 등장했다. 한국 농업에도 성공의 싹이 트고 있다는 근거로 햇사례 복숭아와 함께 장안농장이 제시됐다.

이 농장을 운영하는 류근모 회장은 장안농장 성공을 발판으로 농민으로는 드물게 금탑산업훈장을 받았다. 한국 농업계 노벨상으로 불리는 '대산농촌문화상'(상금 5000만원)도 일찌감치 받았다. 류 회장은 그야말로 스타 농부이자 혁신가로 통한다.

그런데 장안농장은 2020년 3월 갑자기 파산 선고를 받았다. 100명까지 늘었던 직원들은 뿔뿔이 흩어졌고, 농장 랜드마크인 첨단 물류센터는 가동을 멈췄다.

국내에서는 보기 드문 생태순환농법으로 유기농 중심지를 건설하려던 류 회장의 꿈도 꺾였다. 동시에 한국 유기농 산업에도 경고등이 켜졌다. 앞으로 한국에선 더 이상 장안농장과 같은 곳이 나타나기는 어렵다는 절망감이 농업계에 퍼졌다.

한국은 경제협력개발기구(OECD) 국가들 중 단위면적당 농약 투입량이 압도적 1위다. 프랑스의 4배가 넘는다. 그럼에도 한국 유기농 시장은 시들하다. 소비자들은 분명 농약 친 농산물을 싫어한다고 하는데 애써 유기농산물을 찾지는 않는다. 장안농장이 파산으로 이르는 길을 추적하다 보면 그 이유가 보인다.

류 회장은 사업 파산 이후에도 그곳에 남아 쌈 채소 재배와 유기농 식당 운영은 그대로 하고 있다. 농장으로 들어서자 제일 먼저 맞이한 건 닭이었다. 마침 닭들의 식사 시간. 류 회장이 박수를 치면서 "애들아 이리 와라" 하고 소리치자 닭들이 저 멀리 사육장에서 달려나온다. 류 회장은 농장에 딸린 '열명의 농부'라는 채식 뷔페 식당에서 나온 쌈 채소 잔반과 유기농 콩비지를 농장 한쪽에 흩뿌렸다. 닭들의 자유로운 오찬은 한참 동안이나 느긋하게 이어졌다. 닭 팔자가 상팔자였다.

닭장 옆 외양간에선 소 대여섯 마리가 '음매'

류근모 장안농장 회장이 아들 류병찬 씨와 함께 유기농으로 재배하는 채소를 돌보고 있다.

울고 있다. 류 회장 발자국 소리에 눈치를 챈 듯 왕방울만 한 눈이 애처롭게 밖을 쳐다본다. 쌀겨를 뿌려주자 황소와 얼룩소가 서로 경쟁하듯 먹어치운다. 닭장과 외양간 바닥엔 참나무로 만든 목재 조각(우드칩)이 깔려 있다. 가축들에겐 뽀송뽀송한 카펫 같은 역할을 한다.

닭과 소가 바닥에 분변을 싸면 우드칩과 섞인다. 일정 시간마다 이 우드칩을 밖으로 꺼내 쌀겨, 깻묵 등과 섞어 메주를 띄우듯이 퇴비를 만든다. 발효 과정이다. 대략 6개월 정도 걸린다. 이 퇴비가 장안농장의 핵심 경쟁력이다. 채소를 심기 전에 밭에 퇴비를 뿌려 지력을 높이는 것이다. 그래야 채소가 병충해에 강해진다. 농약을 안 쓰고도 채소를 기를 수 있는 힘의 원천이다. 류 회장은 "퇴비를 만드느라 직접 소와 닭을 키우다 보니 농한기인 겨울에도 단 하루도 쉬지 못하지만 생태순환농법을 실천하려면 어쩔 수 없다"고 말했다.

조선 철종 때 8대조 할아버지의 '과채재배법'대로 농사

생태순환농법은 유기농으로 재배한 채소를 유기농 가축에게 먹이고, 이 가축 배설물로 유기농 퇴비를 만들고, 이를 다시 유기농 채소 생산에 투입하는 방식이다. 유기농에서도 최고 경지로 통한다. 그러나 농부의 몸이 너무 고달프다. 비용도 훨씬 많이 든다. 그럼에도 그가 생태순환농법을 목숨처럼 소중히 여기는 이유는 조상 대대로 일군 농사법이기 때문이다.

장안농장에 있는 국내 유일한 채소박물관에는 고문서가 하나 비치돼 있다. 조선 철종 때인 1851년 3월에 발간된 '과채재배법'이라는 책자다. 류 회장의 8대조 할아버지(류재근)가 직접 저술한 책으로 과일과 채소에 대한 유기농 재배법을 소개하고 있다. 류 회장이 9대째, 그의 아들 류병찬 씨(33)가 10대째 과채재배법을 실천하고 있는 것이다.

장안농장의 성공이 이 과채재배법 때문만은 아니다. 농산물은 품질이 아무리 좋아도 판로가 없으면 금세 쓰레기가 된다. 그의 성공은 농부가 생산만 해선 최고가 될 수 없다는 그의 철학이 바탕이 됐다.

그는 가공과 판매도 농부 몫이라고 생각했다. 하루 수백 ㎞를 운전하는 것도 마다하지 않고 거래처를 개척했다.

처음에는 쌈 채소 식당을, 그다음에는 대형 할인점을 뚫었다. 아이디어도 비상했다. 온라인 쇼핑 개념이 등장하기도 전인 1998년 상추를 우체국 소포로 보냈다. 주변에서 누가 상추를 소포로 사겠느냐며 뜯어말렸지만 그는 소비의 큰 흐름을 읽는 눈이 있었다. 학창 시절부터 책을 1만권 이상 읽은 것이 가장 큰

자산이었다.

류 회장이 성장에 날개를 단 것은 2001년 대형 할인점과 직거래를 시작한 것이 결정적이었다. 공급 물량이 늘어나자 물류센터를 짓고 협업농가를 규합해 규모를 키웠다. 협업농가들엔 생태순환농법을 전수했다. ISO 9001 인증도 받았다. 모든 것이 국내 최초였다. 이런 성과들이 모여 2009년 매출 100억원을 돌파했고, 이후 10년간 장안농장은 농업계 성공 신화였다.

장안농장에 어두운 그림자가 드리우기 시작한 건 2015년 무렵이었다. 당시 돌풍을 일으키던 한 온라인 쇼핑업체에서 투자를 받아 물류센터 규모를 키우고 설비를 교체한 게 화근이었다.

해당 업체는 약속된 물량을 가져가지 않다가 결국 계약 자체를 해지하고 말았다. 수도권에서 거리가 멀다는 게 이유였다. 그래도 당장 농장이 어려워질 정도는 아니었다. 문제는 그 다음이었다. 인건비가 생각 이상으로 급증하기 시작한 것이다. 협업농가에 줄 납품대금과 할인점 판매 가격은 그대로인데 매장 판매사원과 농장 직원 등 인건비가 빠르게 오르다 보니 수지를 맞추기 점점 어려워졌다.

류 회장은 "처음 대형 할인점에 판매사원을 내보냈을 때에 비해 급여가 2배 이상 올랐는데 유기농 채소 판매가격은 10~20% 정도밖에 안 오르다 보니 너무 힘이 들었다"고 말했

다. 가뜩이나 유기농은 일반 관행농에 비해 생산비가 최소 50% 이상 더 들어가기 때문에 농장으로서는 이중고에 시달리는 꼴이다.

때마침 유기농에 대한 소비자들 인식까지 나빠졌다. 유기농에서 농약이 검출돼 소비자들을 실망시킨 몇 차례 사건이 있었다. 대표적인 것이 살충제 계란 파동이었다. 일반 계란에서 농약이 검출된 데 이어 유기농 산란계 농장에서도 DDT라는 살충제가 검출되자 소비자들이 유기농을 삐딱한 시선으로 바라보기 시작했다.

소비자들의 유기농에 대한 불신은 장안농장 판매에도 영향이 있었다. 비용 부담이 급증하는데 판매까지 악화되자 경영 수지는 나빠질 수밖에 없었다. 그러다가 농장이 부도를 냈다는 잘못된 소문까지 돌면서 은행의 부채 상환 요구가 일시에 몰렸다.

장안농장을 믿고 따랐던 협업농가들도 납품 중단을 선언하기 시작했다. 피해가 확산되는 걸 막기 위한 방법은 파산선고뿐이었다. 장안농장 성공 신화는 23년 만에 그렇게 막을 내렸다.

물류센터 확장이 실패로 돌아간 건 장안농장만의 문제일 수 있지만 나머지 요인들은 국내 유기농 농가에 공통적으로 해당되는 문제다. 그중에서도 유기농에 대한 소비자들 인식이 좋지 않은 건 참으로 역설적이다.

먹거리 안전에 관심이 많은 한국 소비자들이

왜 유기농에는 그다지 호의적이지 못한 것일까. 전문가들은 우리나라 유기농 인증 제도가 소비자 불신을 부추기는 최대 원인이라고 지목한다.

선진국보다 엄격한 제도가 한국 유기농 발목

유기농 인증 방법으로 '과정주의'를 선택하고 있는 유럽과 미국 등 선진국과 달리 우리나라는 '결과주의'를 택하고 있다.

우리나라는 유기농 인증 여부를 판단할 때 생산물에 대한 잔류 농약 검사 결과를 기준으로 한다. 농약이 단 0.001%만 검출돼도 유기농 인증에서 탈락한다.

20년간 유기농을 했던 농장이라도 단 한 번 잔류 농약 검사에서 농약 성분이 검출되면 바로 퇴출이다. 이와 달리 유럽과 미국은 잔류 농약이 검출돼도 기준치 이하면 사실상 무시한다.

오히려 잔류 농약이 검출된 원인을 찾아 해결할 수 있도록 기회를 부여한다. 얼핏 보면 우리나라 방식이 더 철저하기 때문에 좋은 것 같지만 치명적인 단점이 있다. 잔류 농약이 검출된 유기농 농장 대부분은 몰래 농약을 뿌

제주에 있는 유기농 차밭 전경.

린 게 아니라 인근 농장에서 농약이 비산돼 날아오거나 아니면 원래부터 그 토양에 농약 성분이 남아 있던 곳이라는 점이다. 수년 혹은 수십 년간 유기농을 일군 노력이 한순간에 억울하게 물거품이 되는 일이 생길 수 있다. 이 때문에 경제성을 따지는 합리적 농가에서는 리스크를 떠안으면서까지 굳이 유기농을 선택할 이유가 없는 것이다.

친환경 농업을 연구하는 이시도르지속가능연구소의 유병덕 소장은 "대개 유기농 농장에서 비산농약이 검출된다 해도 그 농도는 일반 관행농에 비하면 극히 미미하다"며 "그런 유기농산물이라고 하더라도 일반 농산물에 비해서는 건강에 훨씬 유리함에도 불구하고 소비자들이 유기농을 멀리하게 되는 아이러니가 발생한다"고 꼬집었다. 유 소장은 "선진국들이 농약 검출 농도라는 결과보다 유기농법으로 농사를 지었다는 과정을 중시하는 것은 바로 소비자 편익을 우선시하기 때문"이라고 덧붙였다.

우리나라가 검출된 농약 농도에만 관심을 두는 것은 사실 소비자 편익보다는 행정 편의주의적인 발상이라는 것이다.

다행히도 정부는 2020년 8월 친환경농업법 개정 발효를 통해 친환경 농업의 정의를 생산·결과 중심의 안전한 농산물 개념에서 실천·과정 중심의 건강한 생태계 유지로 수정했다.

따라서 농산물품질관리원이 담당하는 친환경 인증 제도 역시 소비자 편익을 중시하는 쪽으로 합리적인 개선이 이뤄져야 한다는 지적이 나오고 있다.

이해극 한국유기농업협회장은 "우리나라는 여름엔 고온다습, 겨울엔 저온건조 등 날씨 탓에 병해충이 많은 최악의 조건에서 농사를 지어야 하는 숙명을 안고 있다"며 "그런 어려움 속에서도 농약과 화학비료 없이 유기농업을 하는 농민들은 국민 건강을 지키고 생태계를 보존하는 애국자로 평가받아야 마땅하다"고 말했다.

식량안보와 종자독립

식량안보,
한국은 안전한가

러시아와 우크라이나 간 전쟁 이후 세계 곡물 가격 지수가 사상 최고치를 기록하면서 식량 문제가 세계적인 화두로 떠올랐다. 우크라이나는 국토의 70%가 농경지로 사용될 만큼 농작물을 많이 생산하고 수출하는 국가 중 하나다. 우크라이나 전쟁은 세계적으로 곡물 생산 및 공급체계에 큰 영향을 끼쳤고, 우크라이나와 러시아를 비롯한 세계 각국의 곡물 수출금지 및 제한조치 시행으로 곡물 가격 상승세에 기름을 부었다. 우리나라처럼 식량의 해외 의존도가 높은 국가들이 식량 수급에 큰 어려움을 겪을 수 있는 위험에 처하게 된 것이다.

식량위기는 역사적으로 세계적인 재난 및 재해로 인해 식량 가격의 급등으로 초래됐다. 세계식량정상회의(World Food Summit)는 식량위기를 '필요로 하는 안전하고 영양 있는 식량 공급이 부족하거나 총량적으로는 충분하더라도 접근이 곤란한 상황'이라고 정의했다. 하지만 같은 식량위기를 바라보는 시선은 두 가지로 나뉜다. 인구 성장과 소득 증가, 기후변화 등의 여러 요인으로 인해 식량 부족이 예상되며 가격 폭등으로 식량위기가 도래할 것이라는 '비관론'과, 식량위기는 일시적인 현상일 뿐 농업 투자와 신품종 및 신기술의 접목을 통하여 식량위기 극복이 가능하다는 '낙관론'이다. 두 시선은 공급과 수요, 분배 등의 요인에서 각자 다른 견해를 펼치지만, 어느 때보다 식량안보가 중요해진 지금은 이 상황을 낙관적으로 바라보기보다는 모두가 당장 발생한 위기에 철저히 대응하는 협동의 자세가 필요하다.

과거에는 식량 문제를 다수확 품종의 개발 및 보급, 즉 '녹색혁명'을 통해 해결했다. 하지만, 지금은 화학비료와 농약, 사막화 등으로 오염된 환경적인 요소들이 식량 생산 및 공급에 큰 영향을 미치고 있어 변화된 환경에서 새로운 품종의 개발이 가능한지도 확실하지 않다.

그동안 우리나라도 식량위기에 대한 대책으로 국내 생산 확대와 비축제도 운영, 해외농업 개발 등을 시행해오긴 했지만, 기대만큼 성과를 거두지 못했다. 농림축산식품부에 따르면 2021년 우리나라의 식량 자급률은 45.8%, 곡물 자급률은 20.2%까지 하락했으며, 국가별 식량안보 수준을 비교 및 평가하는 세계식량안보지수(Global Food Security Index · GFSI)도 32위로 떨어져 경제협력개발기구(OECD) 국가 중 최하위권을 기록했다.

우리가 반복되는 식량위기를 극복하기 위해서는 이미 수립 및 시행되고 있는 대책의 검토와 운영 및 부족한 내용의 수정과 보완 작업이 필요하다. 특히 세계적 식량위기로 충분한 식량자원 확보가 어려울 때를 대비한 국가 차원의 '시나리오 플래닝(Scenario Planning)'이 절실하다. 식량안보에 빨간불이 켜진 지금이야말로 우리가 처해 있는 식량 문제를 바르게 인식하고 앞으로의 식량안보 정책에 대한 방향을 바르게 설정할 때이다.

곡물 자급률 20% 한국의 선택은

사료용을 포함한 곡물 자급률 20.2%(2021년 기준). 대한민국 식량안보 상황을 가장 단적으로 나타내는 숫자다. 소비되는 곡물의 80%를 해외에 의존해야 한다는 뜻이다.

우리나라가 곡물을 주로 들여오는 나라는 미국과 호주, 아르헨티나, 브라질, 우크라이나 등이다. 만약 이런 나라들에서 갑자기 곡물 수출을 금지한다면 어떻게 될까. 우리나라의 식량 공급 체계가 상당한 혼란에 빠질 가능성이 높다. 쌀은 자급률이 92.8%에 달하는 만큼 밥은 어떻게든 먹을 수 있겠지만 육류와 가공식품은 수급에 엄청난 문제가 생길 것이다. 소와 돼지, 닭을 기르는 데 필요한 사료는 원재료 대부분이 외국산 곡물이고, 우리나라 식품업계가 사용하는 원료 곡물 역시 80%가 수입산이기 때문이다.

우리나라의 곡물 자급률이 낮아진 건 사실 고도성장과 관련이 깊다. 곡물 자급률은 1970년만 해도 80.5%에 달했다. 이후 1980년대와 1990년대 고도성장기를 거치며 30년 만인

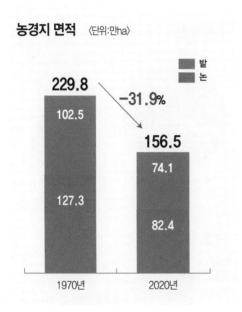

농경지 면적 〈단위:만ha〉

밭
논

229.8
102.5

−31.9%

156.5
74.1

127.3

82.4

1970년   2020년

2000년에 29.7%까지 급전직하했다. 50%포인트 추락이다. 이어 최근까지 20년간 완만하게 더 떨어졌다.

곡물 자급률이 하락한 50년간 어떤 일이 있었던 것일까. 가장 큰 변화는 경제 성장의 대가로 농지 면적이 대폭 감소했다는 점이다. 우리나라 농지 면적은 1970년 229만8000ha에서 2020년 156만5000ha로 31.9% 줄었다. 전체 농지의 대략 3분의 1이 공장과 아파트, 상가로 전환된 것이다. 곡물 생산량은 710만t에서 429만t으로 39.5% 줄었다. 농지가 줄어 생산이 줄어드니 자급률은 떨어질 수밖에 없다.

더 극적인 변화는 육류 소비의 증가다. 1인당 연간 육류 소비량이 1970년 5.2kg에서 2020년 52.5kg으로 10배 늘었다. 그런데 육류(소고기와 돼지고기, 닭고기) 1kg을 생산하기 위해서는 평균적으로 7kg의 곡물이 필요하다. 우리가 육류를 더 먹는 동안 육류보다 7배(중량 기준)나 많은 곡물을 수입할 수밖에 없었던 것이다.

경제 성장의 혜택을 누리고, 고기를 양껏 먹으면서 곡물 자급률이 왜 이렇게나 낮은 거냐고 비판하면 사실 정부 당국자들로서는 좀 억울할 수 있는 셈이다.

그렇다고 낮은 곡물 자급률을 그대로 둘 수는 없는 노릇이다. 자급률을 높이는 방법은 기본적으로 두 가지. 농지 면적을 확대해서 국내 곡물 생산량을 늘리거나 해외에서의 곡물 수입을 줄이는 것이다. 그런데 안타깝게도 농지 면적은 지금도 계속 줄고 있다. 더 줄지만 않아도 다행이다. 1인당 육류 소비량도 여전히 증가 추세다. 곡물 수입량도 매년 더 늘어날 수밖에 없는 구조다.

정부는 현재 밀과 콩의 생산을 늘려 곡물 자급률을 높이는 전략을 펴고 있다. 정부 목표가 잘 수행되면 밀 자급률은 2020년 0.8%에서 2027년 7.9%로, 콩 자급률은 30.4%에서 40.0%로 높아진다. 이를 통해서 높일 수 있는 곡물 자급률은 2.0%포인트 정도가 될 것으로 추정된다. 최상의 시나리오로 밀과 콩 재배를 늘려도 곡물 자급률은 20%에서 고작 22%로 높아진다.

그래서 전문가들은 경지 이용률을 높일 것을 제안한다. 일모작을 하던 경지에 이모작을 도입하는 식이다. 우리보다 낮았던 곡물 자급률을 지금은 더 높이 끌어올린 일본(2019년 기준 28.0%)이 선택한 방법 중 하나가 바로 경지 이용률 확대였다. 다만 줄어드는 농경지에서 이용률을 높이는 것도 분명히 한계가 있다. 곡물 자급률 제고 정책의 한계인 셈이다. 식량안보를 강화할 수 있는 새롭고 창의적인 방법이 필요한 상황이다.

싱가포르 사례가 작은 힌트가 될 수 있다. 식량의 90% 이상을 해외에 의존하는 싱가포르가 식량안보지수(GFSI)는 세계 수위권을 차지하고 있는 배경을 이해할 필요가 있다. 식량안보지수는 3개 지표로 평가한다. 식량에 대한 경제적인 접근성(Affordability)과 충분한 공급 능력(Availability), 그리고 품질과 안정성(Quality and Safety)이다. 자급률이 낮더라도 외부에서 식량을 조달하는 데 있어서 그 통로가 매우 안정적이고 경제적이면서 품질이 좋으면 식량안보지수를 높일 수 있다는 뜻이다. 우리나라도 자급률에 얽매이기보다 싱가포르처럼 식량안보지수를 높일 방안을 찾는 게 더 현실적이다. 그 방법 중 하나는 바로 해외 농지 개발과 글로벌 곡물 공급망에 적극 참여하는 것이다. 해외농업개발협회에 따르면 국내 206개 기업이 32개국에 나가서 해외 농업을 펼치고 있다. 우리 기업이 러시아 연해주를

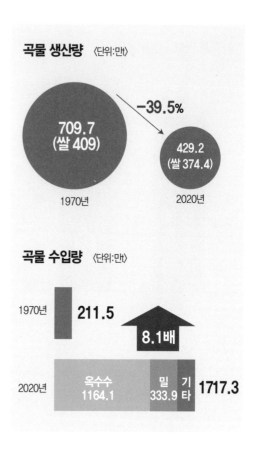

곡물 생산량 〈단위:만〉

709.7
(쌀 409)
1970년

−39.5%

429.2
(쌀 374.4)
2020년

곡물 수입량 〈단위:만〉

1970년 211.5

8.1배

2020년 옥수수 1164.1 밀 333.9 기타 1717.3

비롯한 해외에서 생산한 작물(오일팜 제외)은 2021년에 8만2752t에 달했다. 이 중 29%에 달하는 2만3975t을 국내로 들여왔다. 옥수수(1만1000t)와 콩(8100t)이 대부분을 차지한다. 해외 진출 건수에 비해 미미한 수준이다. 이를 획기적으로 늘릴 수 있는 정책적 대안이 필요하다.

그런데 해외 농지 개발보다 더 효과적인 방안이 있다. 바로 해외 현지에서 곡물 터미널을

인수하는 것이다. 포스코인터내셔널은 우크라이나 곡물 터미널 지분 75%를 인수했고, 하림(팬오션)은 미국 워싱턴주 롱뷰항에 있는 곡물 터미널에 2대 주주(36.0%)로 참여했다. 두 회사가 2021년에 취급한 곡물의 양은 115만t인데, 이 중 절반이 넘는 61만t을 국내로 들여왔다. 곡물의 국내 반입이라는 측면에서 보면 해외 농지 개발에 비해 훨씬 효율적인 셈이다.

곡물 메이저 터미널을 새만금에 유치

우리 기업들이 해외 공급망에 적극 참여할 수 있도록 곡물 터미널 인수를 지원하는 정책적 묘수가 절실한 배경이다. 직접적인 지원이 어렵더라도 장기 저리 대출이나 세제 혜택 등 간접적인 지원은 충분히 가능하다. 또한 국제 곡물 파동 등 유사시에 가격적인 손해를 감수하고 국내로 들여올 경우에는 손실을 보전해주는 제도적 장치도 필요하다는 지적이다.

물론 곡물 터미널을 보유하고 있어도 해당 국가에서 수출제한 조치를 취하면 국내로 반입하기 어려운 만큼 터미널 인수 대상 국가를 다변화하는 노력도 동반돼야 한다.

글로벌 곡물 공급망에 참여하기 위한 방편 중 하나로 새만금을 활용하는 방법도 있다. 새만금에는 5만t급 선박 9척이 동시에 접안할 수 있는 대규모 항만이 건설되고 있다. 최고 수심도 30~40m에 달하는 천혜의 항구다. 이 항만에는 250만평 규모 배후 용지도 함께 조성되고 있다. 2025년이면 2선석 규모의 1단계 공사가 완료되면서 35만평 규모 배후 용지가 들어서게 된다. 이 공간에 곡물가공 유통단지를 만들자는 아이디어가 일각에서 제기되고 있다.

이른바 '식량 콤비나트'라는 이름의 곡물가공 유통기지를 건설해 밀과 옥수수, 콩 등 곡물을 해외에서 들여와 가공한 뒤 국내에서 소비하거나 제3국으로 재수출하자는 주장이다. 그렇게 설치된 시설은 유사시 그 자체가 비축기지 역할을 하기 때문에 식량안보에 큰 도움이 될 수 있다.

여기서 한발 더 나아가 글로벌 공급망을 좌지우지하고 있는 곡물 메이저들의 터미널을 새만금에 유치하자는 아이디어도 제시되고 있다. 글로벌 곡물 시장은 이른바 'ABCD'라고 하는 ADM, 번지, 카길, 드레퓌스 4개사가 전체의 75%를 장악하고 있다.

곡물 메이저들은 타깃 시장 중 하나로 중국을 보고 있다. 중국의 1인당 육류 소비가 빠르게 늘어나고 있어 사료용 곡물에 대한 수요가 장기적으로 급증할 가능성이 높기 때문이다. 따라서 중국과 가깝고, 대형 선박이 접안할 수 있는 새만금에 곡물 터미널을 설치할 수 있도록 한다면 메이저들이 충분히 관심을 가질 수 있을 것이라는 예상이다. 새만금에 메이저들의 대형 터미널이 있으면 식량 대란 등 위기 때 우리나라 식량안보의 파수꾼 역할을 할 수 있다.

식량안보의 실탄, 종자

매운 요리에 빠질 수 없는 청양고추는 1983년 한국의 한 종묘회사가 개발한 품종이다. 하지만 지금 우리나라에서 청양고추 종자를 심기 위해서는 독일 종묘회사에 로열티를 지불해야만 한다. 그 이유는 1998년 IMF 사태로 인해 한국 종묘회사들이 외국기업의 손에 넘어갔기 때문이다. 안타깝게도 당시 국내 5대 종묘사 중 4곳이 다국적 기업에 인수·합병(M&A)되었다.

'농부는 아무리 배가 고파도 다음 해 뿌릴 종자는 남겨둔다'라는 말이 있다. 그만큼 종자는 농업의 근본이고 농부에게는 생명처럼 귀하다는 뜻이다. 하지만 세계 종자 시장은 점점 독과점 체제로 형성되고 있다. 연간 규모가 60조원에 달하는 세계 종자 시장은 미국·중국·프랑스·브라질·캐나다·인도 등 6개국이 세계 종자 시장의 80% 가까이 차지하며 시장을 주도하고 있다.

우리나라는 쌀, 보리 등 주요 곡물 종자를 제외한 대부분 종자를 해외에 의존한다. 우리

농촌진흥청 종자은행에는 다양한 종자들이 보관돼 있다.

가 매일 먹는 농산물을 '국내산'으로 구매했더라도, 그 종자의 대부분은 '외국산'이다. 고구마는 80~90%가 일본 품종이다. 귤 97.5%, 포도 95.9%, 배 85.8%, 사과 79.8%, 양파 70.9% 등 국내 주요 과채류 12개 품종의 외국산 품종 점유율은 무려 72.5%이다. 또한, 네덜란드에서 수입하는 파프리카 종자 한 봉지(7g)의 가격은 60만~80만원 수준으로 같은 무게의 금보다 비싸다. 농산물 대부분의 종자가 외국산이라니, 오죽했으면 '대한독립은 했지만 종자독립은 못 했다'

라는 말이 나올까?

2010년부터 10년간 우리나라가 해외에 지급한 농작물 종자 로열티는 1358억원에 달하지만, 국산 종자가 해외에서 벌어들이는 로열티는 26억원에 불과하다. 그렇다면 많은 비용을 내고 매번 종자를 사는 이유는 무엇일까? 종자회사에서 파는 종자는 우수한 부모 종자를 교배해 발육이 좋고 환경 적응력이 뛰어난, 우수한 F1 종자들이다. 하지만 이 종자들을 다시 심어서 나는 2대 잡종 F2는 열성형질이 나타나 수확량이 떨어지기 때문에 해마다 새로운 F1 종자를 사서 쓸 수밖에 없는 상황이다.

식량주권의 중요성을 인식하여 정부도 종자산업의 글로벌 경쟁력 강화를 위해 2012년부터 10년간 골든시드프로젝트(Golden Seed Project · GSP)를 진행했다. 일부 성과도 나타나고 있는데, 유럽에서 샐러드용 채소로 주목받고 있는 '빨간 배추'와 수박과 비슷한 정도의 단맛을 내는 미니 파프리카 '라온', 700g 내외의 1인용 소형 양배추 등이 있다. 이렇듯 일부 채소는 품종을 개발해 국내 종자 산업의 기초를 다지고 수출길까지 열었지만, 투자 대비 실적을 보면 갈 길은 여전히 멀다는 평가이다.

종자연구 권위자인 임용표 충남대 명예교수는 "종자는 농업의 반도체와 같은 역할을 하며 농업 발전의 원동력으로 한 나라의 기반을 구축하는 데 없어서는 안 될 필수 불가결의 수단"이라고 말한다. 또한, 다양한 바이오 기술과 디지털 역량을 결합하는 이른바 '디지털 육종' 기술을 통해 종자산업을 첨단산업으로 전환하는 것도 필요하다고 강조한다.

종자산업은 농업의 핵심 요소이자 미래 신성장동력으로 한국 농업의 새로운 기회가 될 수 있다. 식량안보를 지키기 위한 실탄인 종자를 보존하고 개발하는 일은 국가의 경쟁력을 높이고 인류의 미래를 위해서도 꼭 필요한 일이다.

다시 싹트는 K-종자산업

대전광역시 유성구에 위치한 충남대 대덕캠퍼스의 농업생명과학대학 한편에 7만6000㎡ (약 2만3000평) 규모 농장이 위치하고 있다. 논도 있고 밭도 있고 비닐하우스도 여러 동 있다. 비닐하우스에 들어서자 한겨울이었지만 노란색 꽃이 만발해 있다. 마치 유채꽃처럼 보이지만 알고 보니 배추꽃과 양배추꽃이었다. 일부 꽃은 흰색 종이로 감싸져 있다. 책에서만 봤던 식물 육종의 현장이다.

배추와 양배추, 무처럼 꽃잎 4개가 십자 모양으로 피는 십자화과 식물은 꽃 안에 암술과 수술이 함께 있어서 자가 수분을 통해 열매가 맺

배추를 수확하지 않고 그대로 놔두면 꽃대가 올라오면서 사진처럼 노랗게 꽃이 핀다.

힌다. A배추와 B배추를 교배해 C배추를 만들어내는 걸 바로 육종이라고 한다. 이런 육종을 하려면 A의 꽃에 있는 수술 꽃가루를 B의 꽃에 있는 암술에 묻히면 된다. 물론 B의 꽃에 있는 수술은 제거해야 한다. 또한 다른 꽃가루가 날아와 섞이지 않도록 교배한 꽃에 종이를 씌워 둔다.

이렇게 해놓은 뒤 일정 시간이 지나면 꽃이 지

면서 씨주머니가 열린다. 이 주머니 안에 들어 있는 것이 바로 종자다. 이런 과정을 수없이 반복해가며 새로운 종자를 만들고, 새로 만든 종자의 성질을 끊임없이 분석하고 연구해 가장 좋은 종자를 만들어내는 과정이 바로 종자회사나 종자 연구자들이 하는 일이다.

이날 배추와 양배추꽃을 직접 보고서야 우장춘 박사의 논문이 나온 배경을 이해하게 됐다. 지금도 여전히 우 박사를 씨 없는 수박을 처음 개발한 육종학자로 아는 사람이 적지 않다. 그러나 이는 잘못 알려진 것이다. 우 박사는 육종의 중요성을 일반인에게 알기 쉽게 이해시키기 위해 씨 없는 수박을 이용한 것일 뿐, 씨 없는 수박의 개발자는 일본인이었다. 1990년대 들어 관련된 교과서 내용도 수정됐다고 한다.

우 박사를 세계적인 육종학자 반열에 올려놓은 것은 '종의 합성'에 관한 그의 도쿄대 박사학위 논문이었다. 종의 합성은 유채꽃의 기원이 배추와 양배추라는 이종 식물 간 교배에 기반하고 있다는 사실을 세계 최초로 증명한 논문이다. 배추와 양배추꽃을 보기 전에는 이 말을 선뜻 이해하기 어려웠지만 실제로 두 꽃이 유채꽃과 아주 비슷하다는 사실을 알고 나니 우 박사의 연구 배경이 이해됐다. 특히 종의 합성 이론은 당시 다윈의 '종의 기원'이나 멘델의 유전법칙을 보완하는 이론으로 세계 학계에 엄청난 영향을 끼쳤다.

다윈의 진화론에 반기 든 우장춘 이론

1800년대 말부터 세계를 휩쓴 제국주의는 그 이론적 근거를 다윈의 약육강식과 적자생존에 두고 있었다. 그런데 배추와 양배추가 자연 교잡을 통해 유채라는 새로운 식물이 됐다는 사실을 우 박사가 과학적으로 입증했다는 것은 자연 세계가 약육강식이나 적자생존만이 아니라 상생과 공생도 가능하다는 사실을 입증한 것으로 해석됐다. 한마디로 제국주의가 만연하던 시대에 과학적인 방법으로 제국주의의 오류를 입증했다는 역사적 의미가 있는 셈이다.

세계적인 학자였던 그가 한국으로 건너온 것은 1950년이었다. 이후 1959년까지 10년간 우 박사가 한국에서 농업과학연구소를 운영하며 이룬 업적은 짧은 글로 설명하기 어려울 정도다. 사실 일제강점기 때만 해도 김치를 일본 배추로 만들었다. 그런데 일본이 패망하자 종자 공백이 생겼다. 토종 배추는 품질이 나빠 김치를 담그면 금세 물러져 맛이 떨어졌다. 우 박사는 귀국하자마자 배추와 무 종자 개발에 매달렸다. 그 덕분에 우리가 지금껏 맛있는 김치와 깍두기를 먹고 있는 것이다.

특히 우 박사가 국내에서 길러낸 제자들이 학계로 진출하고 종자업계로 가면서 국내 종자산업이 발전하는 토대가 됐다. 흥농종묘, 중앙종묘, 서울종묘, 청원종묘 같은 국내 대표 종자회사들이 탄생할 수 있었던 데는 우 박사 공이 크다.

우 박사 시절과 비교하면 지금의 종자산업은 차원이 다르다. 종자에 첨단 바이오 기술이 접목되면서 부가가치가 더욱 커지고 있다. 무게당 가격이 금보다 비싼 종자가 수두룩할 정도다. 세계 종자 시장이 글로벌 자본의 각축장이 되고 있는 배경이다. 불과 몇 년 전까지만 해도 세계 종자 시장을 호령하던 기업은 미국의 몬산토, 듀폰과 네덜란드 신젠타 등이었다. 그러나 최근 몇 년 사이 수십조 원대 거대 인수·합병(M&A)이 연이어 진행되면서 지금은 미국, 독일, 중국 자본으로 재편됐다.

미국 다우케미컬과 듀폰이 합병을 발표하며 다우듀폰을 설립한 게 2015년이다. 2017년에는 중국의 켐차이나가 신젠타를 인수했고 2018년에는 독일 바이엘의 몬산토 인수가 마무리됐다. 다우듀폰은 다시 2019년 농업 부문만 떼어내 코르테바를 설립했다.

한국은 종자 유전자원 보유 세계 5위

글로벌 자본의 각축 속에 우리나라 종자회사들은 일찌감치 그들의 먹잇감이 됐다. 국내 업체들이 1997년 외환위기로 일시적 자금난에 빠진 틈을 그들은 놓치지 않았다. 우 박사 덕분에 기틀을 닦을 수 있었던 국내 4대 종자

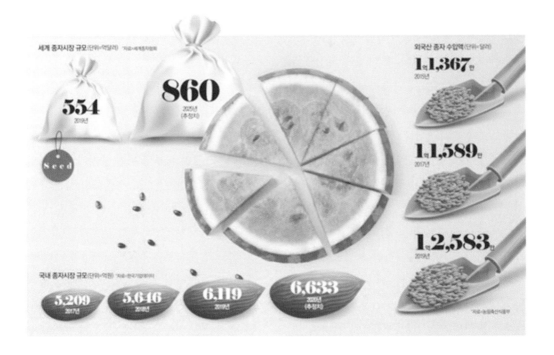

세계 종자시장 규모(단위:억달러) *자료=세계종자협회

554
2019년

860
2025년
(추정치)

Seed

국내 종자시장 규모(단위:억원) *자료=한국기업평가

5,209
2017년

5,646
2018년

6,119
2019년

6,633
2020년
(추정치)

외국산 종자 수입액(단위:달러)

1억1,367만
2019년

1억1,589만
2017년

1억2,583만
2019년

*자료=농림축산식품부

회사가 모두 해외로 팔려 나갔다. 흥농종묘와 중앙종묘는 바이엘(몬산토)로, 서울종묘는 켐차이나(신젠타)로, 청원종묘는 일본 사카다로 넘어갔다.

글로벌 종자회사들이 국내 종자회사를 노린 건 이유가 있었다. 해외에 매각되기 전 국내 종자회사들은 그야말로 알짜였다. 자체적으로 좋은 종자를 많이 개발해 보유하고 있었기 때문이다. 당시 종자회사 직원 급여가 삼성전자보다 훨씬 많을 정도였다.

국내 종자회사들이 성장할 수 있었던 배경에는 우 박사 역할 이외에도 근본적인 이유가 있었다. 우리나라가 종자 개발의 기본이 되는

유전자원을 많이 보유하고 있다는 점이다. 유전자원이 많다는 것은 그만큼 좋은 종자를 개발할 여력이 크다는 것을 뜻한다. 농촌진흥청에 따르면 우리나라가 현재 보유하고 있는 종자 유전자원은 26만4000점으로 미국(59만6000점), 인도(44만4000점), 중국(44만1000점), 러시아(31만1000점)에 이어 세계 5위에 해당한다.

국내 4대 종자회사가 해외에 팔려 나간 이후 종자산업은 어려운 시기를 지내왔다. 주요 농산물 종자를 수입하거나 막대한 사용료를 내야 했기 때문이다. 청양고추 값에는 독일 바이엘에 내는 사용료가 포함돼 있다. 파프

각양각색의 종자들.

리카 종자는 대부분 네덜란드산이고 고구마와 양파 종자도 일본 비중이 70~80%다. 과일 쪽은 더 심각해 사과와 배 종자 자급률이 20% 선에 그친다. 귤은 종자 자급률이 3%에도 미치지 못한다. 우리나라의 종자 수입액과 사용료 지급액을 합치면 연간 1500억원을 훌쩍 넘어선다.

외환위기에서 살아남은 종자회사도 주인이 바뀌는 고충을 겪었다. 현재 국내 1위인 농우바이오마저 2014년 농협에 경영권을 넘겼다. 고(故) 고희선 회장 유족들이 거액의 상속세 부담에 회사를 포기한 것이다. 그러나 농협으로 넘어간 농우바이오는 오히려 과거의 경쟁력을 잃어가고 있다는 평가가 많다. 흥농종묘와 중앙종묘 사업 일부를 인수하기도 한 2위 동부팜한농은 2016년 LG화학에 인수돼 팜한농이 됐다. 두 회사 모두 더 큰 조직으로 들어갔으나 아직까지 이렇다 할 성과를 보여주지 못하고 있다. 팜한농 역시 전체 매출에서 종자가 차지하는 비중이 19%로 작물보호제(50%)와 비료(31%)에 비해 낮다 보니 사업 우선순위에서 밀린다는 평가다.

나머지 종자회사 상황은 더 열악하다. 우리나라에 공식적으로 등록된 종자회사가 무려 2000개를 넘는다. 소규모 종자회사가 난립하고 있다는 뜻이다. 매출액이 100억원을 넘는 종자회사는 아시아종묘, 코레곤, 피피에스, 한미종묘 등 손가락에 꼽을 정도다. 이 밖에 수십억 원대 종묘회사 십수 개를 제외하고는 개인사업자 형태로 운영되고 있다.

유전자 가위 기술로 기능성 품종 개발

국내 종자업계가 인고의 세월을 보내고 있지만 최근 들어 골든시드프로젝트(GSP)와 같은 정부 지원과 종자업계 노력에 힘입어 일부 성과도 나타나고 있다. 기능성 작물 종자 개발이 그것이다.

가장 대표적인 작물로 배추가 꼽힌다. 천연색소 안토시아닌을 함유한 '빨간배추'가 한 사례다. 이 배추는 염증 반응 감소와 동맥경화 억제 효과가 입증돼 수출이 늘고 있다. 일반 배추에는 거의 없는 베타카로틴 성분을 포함한 배추도 나왔다. 베타카로틴은 항산화 작용과 면역기능 향상 효과가 있다. 최근에는 베타카로틴 성분을 100배 이상 높인 하이베타 배추도 개발됐다. 항산화 물질인 라이코펜이 토마토보다 10배 더 많다는 황금배추도 시판되고 있다.

시력 유지 성분인 지아잔틴을 6배 정도 높인 미니 파프리카와 항암물질인 설포라판 성분이 포함된 브로콜리도 있다. 이뇨 효과와 함께 위와 장에 좋은 성분이 있는 오이도 나온다. 혈당 강하 성분이 함유된 고추도 있고, 항암물질인 글루코시놀레이트를 함유한 양배추도 개발됐다.

연구기관 역시 활발하게 움직인다. 농촌진흥청과 한국과학기술연구원(KIST)은 피부 주름과 지방간, 아토피 피부염 개선 등에 효능이 있는 기능성 콩 품종을 최근 개발했다. 전남 농업기술원은 숙면 유도와 진정 성분이 함유된 상추 품종을 개발해 농가에 보급하기 시작했다.

최첨단 바이오 기술인 유전자 가위와 유전자 편집 기술도 종자 개발에 적용되기 시작했다. 세계적인 유전자 가위 업체 툴젠은 항산화·항노화 성분인 올레산이 기존 콩에 비해 2배 이상 함유된 유전자 가위 콩 종자에 대해 미국 농무부(USDA)에서 유전자변형식품(GMO)이 아니라는 결정을 받았다. GMO 규제에 관계없이 수출할 수 있는 길이 열린 것이다. 유전자 가위는 GMO처럼 다른 유전자를 삽입하는 게 아니라 작물이 본래 지닌 염기서열 일부를 바꿔 변이를 일으키는 방식이다. 유전자 가위·편집을 활용하면 신품종 개발에 평균 13년이 걸리는 GMO에 비해 시간과 비용을 크게 절약할 수 있다는 것이 최대 장점이다.

앞으로는 개인 맞춤형 종자 개발에 초점을 둬야 한다고 전문가들은 강조한다. 농식품 패러다임이 '생산성 향상→품질 지향→안전성 제고→기능성 개발→맞춤형 추구'로 진화하고 있기 때문이다. 이처럼 맞춤형 농업으로 전환

우장춘 박사가 생전에 온실 안에서 연구에 몰두하고 있는 모습.

하는 것은 의료 분야 발전과 궤를 같이한다. 먼저 의학계에서는 개인의 병력과 유전정보, 체질을 확인한다. 그러면 개인이 어떤 질병에 걸릴 확률이 높은지 미리 알 수 있고 질병을 예방하기 위해서는 어떤 영양소를 먹어야 하는지 파악할 수 있다. 농업계에서는 그런 영양소를 갖춘 작물의 종자를 개발해 대응하는 방식이다. 육종기술 발전으로 과거보다 빠르게 특정 영양소를 함유한 품종을 개발할 수 있기 때문에 앞으로 개인 맞춤형 품종이 종자 시장을 이끌게 될 것이라고 전문가들은 말한다. 특히 재배 환경을 완벽하게 통제할 수 있는 식물공장의 발전으로 유효 성분이 규격화된 농산물을 생산하기가 수월해진 것도 중요한 요인이 되고 있다.

우장춘,
그에게 농업은 애국이었다

1945년 8월 15일, 우리는 35년간의 일제강점기에서 광복되어 자주독립을 이루었다. 빼앗긴 주권을 도로 찾으며 빛 광(光) 회복할 복(復), 광복의 기쁨을 맞이함과 동시에 한일 국교 단절과 종자 단절로 극심한 식량난에 허덕이게 되었다. 채소마저도 일본 종자가 지배하던 시절, 정부는 식량난을 극복할 사람은 오직 우장춘 박사밖에 없다고 판단하여 '우장춘 환국추진위원회'를 결성했다. 당시 그는 1935년 '종의 합성'이라는 논문을 통해 육종학의 새로운 지평을 열며 세계적인 육종학자로 자리매김하고 있었다. 1950년 우 박사는 빈곤과 혼란으로 뒤덮인 대한민국 땅에 발을 디뎠고 한국농업과학연구소 소장으로 취임했다.

일본인 기하라 히토시 박사가 개발한 '씨 없는 수박'을 이용한 우 박사의 '마케팅' 전략은 대성공이었다. 당시 농민들은 신품종에 대한 믿음이 약했으나, 씨 없는 수박을 신기해 하면서 우 박사의 육종에 대해 신뢰를 갖기 시작했기 때문이다. 이 덕분에 우 박사가 개발한 다양한 신품종들이 농가에 보급되며 한국 농업은 자주, 자립의 단계로 성장했다.

'김치의 나라' 한국이지만, 당시에는 현재와 같은 맛있는 김치가 없었다. 그는 얇고 힘없는 배추와 작고 퍽퍽한 무 대신, 지금 우리가 먹는 속이 꽉 차고 잎이 사각사각한 배추와 크고 수확량이 많은 무를 만들었다. 또 제주도 환경에 맞는 귤 재배 기술을 개발하고, 바이러스 병에 강한 강원도 씨감자를 보급했다. 그가 이 땅에 머물며 이룬 업적은 실로 대단했고, 한국 농업 발전의 토대이자 시발점이 되었다.

세계적인 육종학자 우장춘 박사, 그러나 그는 을미사변에 가담한 조선인 장교 우범선의 아들이다. 일본에서 태어나 조선에서는 역적의 아들, 일본에서는 조센징으로 불리며 학대와 설움 속에서 자랐다. 그의 귀국이 추진될 당시에도 반대가 있었다. 굳이 친일파의 아들을 데려와야 하느냐는 것이다. 그는 귀국 전 "나는 고국의 하늘을 바라보며 얼마나 한숨과 눈물을 흘렸는지 모릅니다. 내 일편단심은 언제나 한국에 농업을 연구하는 기관이 생겨, 내 목숨을 바쳐 일할 날이 올 것인가 함이었습니다"라는 편지를 보냈다. 그러나 귀국 후 한국을 '아버지의 나라'라고 부르며 공식적인 자리 어디에서도 '조국'이라는 말을 입 밖으로 꺼내지 않았다. 한국 근대사 죄인 중 하나인 우범선의 아들이 한국으로부터 초청을 받았을 때 그는 어떤 마음과 결심으로 한국 땅을 밟았을까?

1959년 8월 7일, 병상에 누운 그에게 최고의 훈장인 문화포장이 수여되었다. 떨리는 손으로 살며시 포장을 쥐고서 "조국이 나를 인정해줘서 고맙습니다"라고 말하며 눈물을 흘렸다. 한국을, 그동안 차마 내뱉지 못했던 '조국'이라고 처음 불렀다. 사흘 뒤 우 박사는 그의 조국, 대한민국 땅에 묻혔다.

9년 5개월 동안 일한 그는 한국을 조국이라 부르지 못했고 그 누구도 선뜻 그의 헌신을 애국이라 말하지 못했다. 그가 할 수 있었던 일은 일본과는 비할 수 없는 박봉과 열악한 환경에서 한국 농업을 살리는 것뿐이었다. 오늘 우리가 걸어가는 농업의 길이, 그가 이 땅에 있었더라면 함께하고 싶었을 길이 되길 꿈꾼다. 아픈 과거를 희망의 역사로 바꾼 우장춘 박사, 그에게 농업은 결국 애국이었다.

감자 대개조 프로젝트

'감자에 싹이 나서 잎이 나서 묵찌빠~.' 어린 시절 묵찌빠 게임을 할 때 운율과 함께 읊조리던 문구다. 지역에 따라서는 '묵찌빠' 대신에 '감자감자뿅'이나 '감자감자뽀' 등 다른 표현이 사용되기도 했다. 묵찌빠 게임에 감자가 동원된 유래를 정확하게 확인하기는 힘들지만 일상생활에서 감자가 그만큼 중요했다는 건 분명하다. 감자는 쌀과 밀, 보리, 콩과 함께 우리나라 5대 식량 작물에 속한다. 유럽에서는 감자를 주식으로도 먹지만 우리나라에서는

반찬으로 만들어 먹는 게 일반적이다. 찌개나 국에 많이 들어가고 볶음이나 조림, 샐러드 등 다양한 반찬으로 만들어진다.

광범위한 용도에도 불구하고 사실 감자가 우리나라에 들어온 지는 그리 오래되지 않았다. 남미가 원산지인 감자는 19세기 초반 청나라 사람들에 의해 조선으로 전해졌다. 대략 200년 정도 역사를 가진 셈이다. 어렵던 시절 구황작물의 대명사였던 감자가 지금과 같은 생산 체계로 자리 잡기 시작한 건 1950년대 들어서였다. 일본에서 귀국한 우장춘 박사가 해발고도가 높은 강원도 지역을 씨감자 생산 단지로 육성하기 시작한 것이 그 출발이었다. 이후 강원도 고랭지에서 씨감자를 생산해 전국 감자 농가로 보급되는 체계가 지금껏 유지되고 있다. 정부가 독점하던 씨감자 보급이 2012년부터 지자체와 민간에도 허용됐지만 예나 지금이나 씨감자 생산은 대부분 강원도에서 이뤄지고 있다.

감자는 씨앗이 아닌 씨감자를 심어야

감자는 왜 씨가 아니라 씨감자를 심는 것일까. 벼는 볍씨를 논에 뿌리거나 모판에서 볍씨 싹을 틔운 뒤 모내기를 해서 키운다. 대부분의 작물이 이처럼 종자(씨앗)를 심어 키우는 것이 일반적이다. 그런데 감자는 씨를 채종하지 않고 감자 자체를 심는다. 감자 재배

수경재배 방식으로 씨감자를 생산하는 유리온실 내부 모습.

농가는 씨감자를 서너 조각으로 잘라 땅에 심는다. 그러면 감자의 씨눈에서 싹이 나면서 자라고, 땅 밑으로 감자가 주렁주렁 달리게 된다. 이처럼 땅에 심기 위해 길러지는 감자가 바로 씨감자다. 감자도 꽃이 핀 뒤에는 씨앗이 맺히기 때문에 이 씨앗을 땅에 심으면 감자를 얻을 수 있다. 그러나 씨앗으로 감자를 키우면 모양과 품질이 제각각인 감자가 달린다.

순수한 품종을 유지하는 게 어렵다는 뜻이다. 이와 달리 바이러스에 감염되지 않게 잘 기른 감자를 잘라서 심으면 일정한 모양과 품질의 감자를 얻을 수 있다. 이를 전문용어로는 영양번식이라고 한다. 우장춘 박사는 우리나라 사람들이 좋은 품질의 감자를 안정적으로 생산해서 먹으려면 씨감자 생산 체제를 갖추는 것이 급선무라고 봤고, 기후와 토양 여건을 고려해 강원도 고랭지 지역이 최적의 씨감자 생산 단지가 될 수 있다고 판단했던 것이다.

우리나라에서 대표적으로 씨감자를 생산해 공급하는 기관은 농촌진흥청 산하 고령지농업연구소와 강원도 산하 감자종자진흥원 두 곳이다. 두 기관은 모두 강원도 평창군에 있다. 해발고도가 700~800m 정도로 높은 곳이다. 두 기관은 서로 협력 플레이를 통해 씨감자를 생산한다. 고령지농업연구소는 씨감자 품종 개발과 기본식물(씨감자의 원형) 생산을 담당하고, 감자종자진흥원은 기본식물을 받아 씨감자 원원종과 원종, 보급종 생산을 담당한다.

씨감자 생산의 첫 단계는 조직 배양이다. 감자 줄기나 잎에서 떼어낸 작은 조직을 무균실에서 배양해 가짓수를 늘리는 작업이다. 그렇게 해서 자란 키 10㎝ 정도의 싹을 수경재배 방식으로 키운다. 싹을 키운 지 100일 정도 지나면 뿌리에 구슬 크기만 한 감자가 주렁주렁 달린다. 씨감자 보급종을 생산하기 위한 가장 기초가 되는 감자다.

씨감자 생산 수경재배 기술 세계 최고

우리나라가 씨감자 생산 첫 단계에서 활용하는 수경재배 기술은 세계 최고 수준이다. 페루 리마에 있는 유엔 산하 국제감자연구소에서 우리나라의 씨감자 수경재배 기술을 세계 표준으로 선택했을 정도다. 박영은 고령지농업연구소 실장은 "우리나라는 26년 전인 1996년에 씨감자 수경재배 기술을 개발해 공식 발표했다"며 "동남아와 남미 등 개발도상국에서는 이 씨감자 수경재배 기술을 배우기 위해 매년 우리나라로 전문가를 파견한다"고 말했다.

수경재배로 생산한 구슬 크기의 씨감자는 연구소 인근 밭으로 옮겨 다시 심는다. 바이러스를 옮기는 진딧물이 접근하지 못하도록 모기장 같은 망으로 겉을 씌운 밭이다. 이른바 '망실 하우스'다. 여기서 재배해 수확한 감자가 씨감자 기본식물이 된다. 이 기본식물 생산까지를 고령지농업연구소에서 담당한다. 조직 배양부터 기본식물 수확까지 2년의 기간이 걸린다.

이렇게 수확한 감자는 이제 감자종자진흥원으로 보내진다. 감자종자진흥원에서는 원종장이라고 하는 자체 농장에서 1년간 원원종을 생산한 뒤 이를 다시 심어 추가로 1년간 원종을 생산한다. 이 원종을 계약농가로 보내 다시 1년간 생산하면 씨감자 보급종이 생산된다. 감자종자진흥원이 관리하는 씨감자 보급종 생산 농가는 150여 곳에 달한다. 감자종자진흥원은 이들 농가로부터 씨감자를 수매한 뒤 이듬해 이른 봄부터 전국 각지 감자 농가로 씨감자를 보낸다. 조직 배양부터 씨감자가 농가에 보내지기까지 꼬박 5년이 걸리는 셈이다.

국가대표 감자 품종 '수미' 퇴장하나

현재 감자종자진흥원에서 각 농가로 보내는 씨감자의 60~70% 정도는 '수미'라는 품종이

유리온실 안에서 수경재배로 자란 씨감자가 주렁주렁 달려 있다.

다. 조풍, 서흥, 하령 등 다양한 품종이 있지만 수미가 압도적이다. 우리가 흔히 마트에 가면 볼 수 있는 감자 품종이 바로 수미다. 수미가 농가에 보급되기 시작한 건 1978년이었다. 수미가 45년째 국내 감자 시장에서 정상의 자리를 지키고 있다는 건 그만큼 장점이 많기 때문이다. 수미 감자의 최대 장점 중 하나는 재배 기간이 90~100일로 다른 감자에 비해 열흘 이상 짧아 이모작에 유리하다는 점이다. 남부지방에서는 이른 봄에 감자를 심었다가 5월에 수확을 해야 벼나 콩을 추가로 심는

것이 가능하다.

또한 어떤 요리에도 어울리는 만능 감자로 분류된다. 감자는 통상적으로 점질감자와 분질감자로 구분된다. 전분(녹말) 함량에 따른 구분이다. 전분 함량이 적은 것이 점질감자이고, 많은 것이 분질감자다. 점질감자는 수분이 많고, 분질감자는 수분이 적다. 그런데 수미는 점질감자에 가까운 중간질 감자다. 찌개나 볶음용으로도 좋지만 찐 감자나 감자 샐러드에도 충분히 사용 가능한 특성을 가진 셈이다. 다만 수미 감자로 포테이토칩을 만들면

강원도 평창군에 있는 고령지농업연구소에서 좋은 품종의 감자를 골라내기 위해 품종별 시식행사를 하고 있다.

색이 변하는 단점이 있다. 그러면 농심의 '수미칩'은 어떻게 만들어진 것일까.

각고의 노력 끝에 색이 변하지 않도록 진공 상태에서 저온으로 튀기는 방법을 개발한 덕분이었다.

그런데 국내 감자의 대명사인 수미에서 이상 조짐이 나타나기 시작했다. 수미가 예전 같지 않다는 불만을 토로하는 농가가 갈수록 늘고 있는 것이다.

우선 단위면적당 수확량이 눈에 띄게 떨어졌다. 수미는 다수확 품종이라는 평가를 들을

정도로 생산성이 좋은 품종이었다. 과거에는 수미를 심으면 평당 13~15kg 수확이 가능했지만 요즘은 기껏해야 평당 10kg 정도, 나쁘면 평당 6~7kg까지 생산성이 떨어진다. 또한 초기와 달리 내병성에 취약점을 보이면서 병해충에도 잘 걸린다. 최근 들어 지구온난화로 전국 평균기온이 상승하고 있는 것도 수미에는 부담이다. 수미가 고온에서 기형 감자가 많이 생산되는 문제를 드러내고 있기 때문이다.

수미 감자에 문제가 생긴 건 왜일까. 전문가

들은 수미 씨감자가 퇴화 과정을 겪고 있는 것으로 해석하고 있다. 너무 오랫동안 같은 품종이 재생산되면서 형질이 나빠졌다는 것이다. 김경호 고령지농업연구소장은 "아무리 좋은 품종도 시간이 오래 지나면 성능(적응성)이 떨어지기 때문에 지속적으로 신품종을 개발하는 것이 중요하다"며 "수미 품종이 개발된 지 30~40년을 넘어서자 퇴화 현상이 일어나면서 생산성이 초기 대비 60~70% 수준으로 떨어지고, 병해충에 대한 내성도 약해진 것으로 파악된다"고 말했다.

진작 신품종이 개발돼 수미를 대체했어야 하지만 최근까지 수미를 능가하는 품종 개발에 성공하지 못한 것도 한 요인으로 지목된다. 그런데 드디어 수미를 대체할 만한 품종이 개발돼 농업계를 들뜨게 하고 있다. 바로 '다미'라는 품종이다.

다미는 고령지농업연구소가 2014년 개발한 신품종으로 최근 2년간의 시험생산에서 좋은 평가를 받아 2022년부터 수미 대체 품종으로 육성되기 시작했다. 다미는 여러 품종의 감자 교배로 만들어졌다. 교배 대상 품종에는 수미도 들어가 있고, 감자튀김용으로 인기가 높은 대서도 들어가 있다. 다미 품종을 직접 개발한 박영은 실장은 "수량성과 재해 안전성, 가공성, 맛 등 여러 면에서 다미가 수미를 앞서는 것으로 확인됐다"고 말했다.

다미도 수미와 같이 점질감자와 분질감자 사이에 있는 중간질 감자이지만 점질감자에 가까운 수미와 달리 다미는 분질감자에 좀 더 가깝다.

시험생산 성공 '다미' 감자 대세 될까

시험생산에서 다미 감자가 수미 감자보다 우수하다고 해서 곧바로 '다미'가 '수미'를 대체할 수는 없다. 농가들은 스스로 검증하지 않은 신품종 농작물 재배를 꺼리기 때문이다. 시장에서도 아직 익숙지 않은 감자 품종에 좋은 가격을 매겨줄 리 없다. 농민들이 '수미'에 대해 불만이 많아도 쉽사리 '다미'를 받아들이지 못하는 이유다.

이런 상황을 해결하기 위해 한 농업회사법인이 총대를 메고 나섰다. 감자 생산·유통·가공업체인 해성이 그곳이다. 해성은 수미를 대체할 수 있는 품종을 개발하고도 보급 확대에 어려움을 겪던 고령지농업연구소, 감자종자진흥원과 손을 잡았다. 자체적인 시험재배를 제안한 것. 해성은 두 기관의 협조로 최근 2년간 강원과 경북, 충남에서 다미에 대한 시험재배를 완료했다. 결과는 성공적이어서 다미가 수미에 비해 경쟁력이 있다는 사실이 확인됐다. 금석헌 해성 대표는 "수미 품종의 퇴화로 감자 농가들 수익성이 갈수록 떨어지는 걸 그냥 지켜만 볼 수는 없었다"며 "다미가 본격적으로 농가에 보급되면 단위면적당 생산성이 1.5배 이상 높아지는 만큼 농가 수익성이 크게 개선될 것"이라고 말했다.

감자종자진흥원은 2021년 처음으로 농가에 다미 씨감자를 보급하기 시작했다. 이 공급 물량은 재배 면적 기준 5㏊ 정도에 그친다. 여기서 생산되는 다미 감자는 160t 정도 될 것으로 기대된다. 다미 씨감자 공급은 앞으로 매년 급증하게 된다. 고령지농업연구소가 다미 씨감자 기본식물 공급을 2022년에는 직전 연도보다 2배 더 늘어난 1t으로 확대했기 때문이다. 그러면 4년 뒤 감자종자진흥원이 농가에 보급하게 될 다미 씨감자는 1000t으로 늘어나게 된다. 산술적으로는 농가에서 2만t의 다미 감자를 생산할 수 있게 되는 셈이다. 장정희 감자종자진흥원장은 "3~4년쯤 지나면 다미가 수미에 이어 두 번째로 생산량이 많은 감자 품종이 될 것"이라며 "다미가 생산성과 맛에서 계속 좋은 평가를 받으면 장기적으로는 수미를 완전히 대체할 수도 있을 것으로 기대된다"고 말했다.

고구마 먹으려면 일본에 로열티 내야

날이 추워지면 생각나는 길거리 간식이 있다. 바로 군고구마. 지하철역이나 버스정류장에 내려 집으로 돌아갈 때면 늘 장작불에 고구마를 굽는 리어카 노점을 볼 수 있었다. 그러던 것이 어느 때부터인가 길거리에서 군고구마 리어카가 사라졌다. 아마도 생활 수준이 높아지면서 노점이 줄어든 탓이 아닐까 생각되지만 가끔은 노릇한 군고구마 생각이 간절하다. 겨울철이 돼야 고구마가 등장하는 건 왜일까. 손을 호호 불어가며 까먹어야 할 정도로 뜨거운 군고구마가 겨울에 제격인 측면도 있겠지만 수확철과 숙성기와도 관련이 깊다. 고구마는 대략 6월에 싹을 심어서 9월부터 10월에 수확한다. 그런데 고구마는 수확 후 바로 먹는 것보다 섭씨 12도 전후 온도에서 두세 달 숙성해야 당도가 높아지고 맛이 좋아진다. 대략 겨울 초입부터 본격적인 고구마철이 시작되는 배경이다.

그런데 우리가 먹는 고구마는 대부분이 일본 품종이다. 소비자들이 시장에서 가장 많이 찾는 꿀고구마나 호박고구마 등 주력 상품 중 80~90%가 일본 품종이라고 보면 된다. 이런 상황이 꼭 고구마에만 해당되는 것도 아니다. 농촌진흥청에 따르면 고구마를 비롯해 귤, 포도, 배, 사과, 양파 등 12개 주요 농산물 품목의 외국산 품종 점유율이 평균 72.5%에 달한다. 이처럼 외국산 품종으로 재배하는 경우가 많다 보니 2010년부터 2019년까지 우리나라가 이들 12개 품목에 대해 10년간 해외에 지급한 품종 로열티가 1358억원에 달했다.

전북 김제시 고구마 재배 농가에서 홍콩에 수출할 국산품종 고구마인 '소담미' 포장 작업을 하고 있다. 농촌진흥청 제공

국산 품종의 점유율을 늘려야 하는 것은 더 이상 선택의 문제가 아니다. 농업의 토대를 튼튼히 하기 위해서는 국산 품종을 많이 개발해 농가에서 재배하게 하고, 소비자들이 국산 품종 농산물을 찾게 만드는 것이 꼭 필요하다. 다만 이게 쉬운 일이 아니다. 공산품도 이미 시장을 점유하고 있는 상품을 신제품이 밀어내기가 힘들지만 농산물은 그보다 수십 배 더 어렵다. 입맛을 바꾸는 작업이기 때문이다.

사실 농진청이나 각 도 산하 농업기술원에서는 다양한 국산 품종을 개발한다. 그런데 이미 외국산 품종으로 농사를 잘 짓고 있는 농민들은 낯선 국산 품종을 심으려고 하지 않는다. 또한 국산 품종으로 재배한 농산물이 시장에 나오면 기존 제품에 비해 인지도가 낮아 소비자들이 구매를 꺼린다. 그러다 보니 유통업체들이 가격을 잘 쳐주지 않고, 그 결과 농민들이 재배를 꺼리는 악순환이 이어지고 있다.

그래서 농진청이 새로운 아이디어를 냈다. 품종을 개발해 농민에게 보급하는 것에만 그칠 게 아니라 농민이 재배한 신품종 농산물이 백화점이나 편의점 같은 유통업체에서 잘 팔릴 수 있도록 연계해주는 역할까지 농진청이 맡아 보자는 것이었다. 이른바 '국내 육성품종 유통 활성화 종합 추진계획'이 바로 그것이다. 농진청은 우선 현대백화점, 세븐일레븐 등 유통업체들과 다양한 협력 체계를 구축했다.

대표적인 작물이 바로 고구마다. 농진청 국립식량과학원이 꿀고구마 시장을 평정하고 있는 일본의 베니하루카 품종을 대체할 수 있는 국산 품종 '소담미'를 개발한 덕분이었다. 당도와 맛, 식감, 영양가 등 모든 면에서 우수하다는 사실이 입증됐다.

그러나 중요한 건 실험실이 아닌 현장이다. 농진청은 전국 고구마 생산자들 단체인 한국고구마산업중앙연합회, 그리고 유통업체들과 손을 잡았다.

연합회 측에 새로 개발된 소담미 품종을 보급한 것. 중앙회는 신품종에 관심 있는 농가를 선발해 2022년 상반기 소담미 품종을 재배하기 시작했다. 결과는 성공적이어서 소담미는 단위면적당 수확량이 많고 모양도 좋을 뿐만 아니라 당도와 맛에서도 기존 일본 품종을 넘어서는 것으로 확인됐다.

유통업체로는 백화점과 편의점이 구원투수로 나섰다. 백화점은 특별기획전 형태로, 편의점은 주요 매장을 통해 전남 해남에서 수확한 소담미 고구마를 판매했다. 백화점 관계자는 "고구마를 시식한 신선식품 바이어들이 품질과 맛에 대해 좋은 평가를 내린 데 이어 고객들도 다른 고구마보다 맛있다는 반응을 보여 앞으로도 꾸준히 신품종 고구마를 선보일 것"이라고 말했다.

새로운 한국 농업을 향하여

한국 농업은
'버리는 용기'가 필요하다

인공지능(AI)으로 대표되는 신기술이 농업에 빠르게 접목되어 가는 요즘, 농업의 가치가 재조명받고 있다. 농업은 디지털화가 진전됨과 동시에 아날로그 속성도 가지고 있는 산업이다. 농업이 디지털과 아날로그가 접목된 디지로그(DigiLog) 산업으로 주목받으면서 농업의 영역이 확대되고 있다.

한국 최고의 지성이자 초대 문화부 장관을 지낸 고(故) 이어령 선생님은 최근 부상하는 농업의 미래를 보다 큰 담론 속에서 통찰했다. "인공지능의 등장으로 농사에 대한 경계가 무너지면서 장소와 육체노동에 얽매이지 않는

'자유로운 농사꾼' 시대가 온다" "다음 세대를 이끌 혁신은 생명의 신비를 가장 자주 그리고 가까이에서 지켜보는 농부들이 이끌어 갈 것이다"라고 예견했다.

이제 농업을 단순히 먹는 산업으로 국한시켜서는 곤란하다. 예를 들어 '먹는 것(Eat)'에 '즐길 거리(Entertainment)'를 결합하면, 농업은 '먹고 즐기는(Eatertainment)' 산업이 된다. 그야말로 새로운 업(業)의 개념이 창출되면서 더 큰 가치가 창출될 수 있다. 농업을 단순하게 '먹는 산업'으로 보는 사람과 '먹고 즐기는 산업'으로 받아들이는 사람 중에 누가 더 많은 상상력을 발휘하고 누가 더 많은 시장을 볼 수 있겠는가?

우리를 옭아매 온 고정관념을 과감히 떨치고

금선탈각
金蟬脫殼

금빛매미가 되기 위해서는

:
:
:

허물을 벗어 던져야 한다

변화되는 환경에 주저하지 말아야 한다. 관성과 타성의 위력을 보여주는 사례가 있다. 어린 코끼리의 발을 밧줄로 묶어 말뚝에 고정하면 아무리 당겨도 빠지지 않는다. 하지만 큰 코끼리로 자라면 언제든지 말뚝을 뽑아버리고 도망칠 수 있을 만큼 강한 힘을 가지게 된다. 그런데 안타깝게도 다 성장한 코끼리는 어린 시절의 기억을 떨치지 못하고 줄에 묶인 채 매여 산다고 한다. 그만큼 관성과 타성이 무서운 것이다.

지금 우리 농업에 필요한 것은 '버리는 용기'다. 금선탈각(金蟬脫殼)이라는 말이 있다. 본뜻은 매미가 허물을 벗듯이 몰래 도망친다는 말인데, 다른 뜻을 부여해 보면 금빛 매미가 되어 하늘을 날아오르기 위해서는 자신의 허물을 과감히 벗어 던져야 한다고 해석할 수 있다. 나무에 매달린 매미의 허물을 살펴보라. 거친 나무를 기어오를 수 있도록, 유난히 크고 튼튼한 다리를 지니고 있다. 굼벵이는 비좁은 땅속에서 오로지 매미로 변하는 그날을 위해 끊임없이 자신을 단련해 온 것이다. 하지만 그런 소중한 모습을 버리는 용기가 발휘되는 순간, 매미는 하늘로 날아오를 수 있다.

농업 관련 심포지엄 등에 가보면 '어떻게 하면 농업을 발전시킬 수 있을 것인가?'에 대한 주제가 대부분이다. 물론 긍정적인 마인드로 보랏빛 청사진을 보여주는 것은 의미가 있다. 하지만 진정으로 발전하는 길, 성공하는 길을 알고자 한다면 과감하게 한국 농업 '망하는 길'과 같은 역발상 토론도 해볼 만하다. 우리

농업을 망하게 하는 요인들을 찾아내고 그것을 버릴 수 있는 시스템을 만들어야 한다. 누구나 말하는 '성공'이 아니라 다른 생각으로 '망하는 길'을 검토해 본다면 농업 발전에 전환점이 될 수 있을 것이다.

고속도로에서 앞차가 너무 느려서 추월하려고 할 때, 무조건 빨리 간다면 앞차와 부딪치고 말 것이다. 앞차를 추월하려면 반드시 차선을 바꿔야 한다. 한국 농업, 지금의 자리에 버티고 있을 것인가, 아니면 새롭게 도약할 것인가?

연·개·소·문, 농업의 신생존 전략

소비 패턴은 늘 변화한다. 이는 과일도 마찬가지다. 최근 과일 소비를 보면 크기가 작고 손쉽게 먹을 수 있는 과일의 인기가 높아지고 있다. 1인 가구가 나날이 증가하고 있는 요즘, 현대인들은 음식물 처리에 대한 부담에서 벗어나고자 남기지 않을 적은 양을 선호한다. 껍질을 깎아 먹지 않고 바로 씻어 먹을 수 있는 과일이나 씨가 없는 과일에 대한 소비자들의 요구로 껍질째 먹는 사과, 씨 없는 포도가 유행했다. 안타깝게도 한국의 배가 세계에서 알아주는 과일임에도 점차 소비가 감소하는 것은 이러한 변화에 신속하게 대응하지 못했

기 때문으로 보인다.

과거에는 틀에 박힌 고정적인 방식이 통했다. 그런데 시대가 완전히 바뀌었다. 특히 4차 산업혁명과 코로나19 사태로 인해 변화의 속도는 더욱 가속화되고 있다. 끊임없이 새로운 대안을 모색하고 변화하지 않으면 뒤처지는 세상이 됐다.

농업 역시 새로운 자세가 필요하다. 바로 '연·개·소·문' 전략이다. 이는 네트워크를 표현하는 연(連), 열려 있는 사고를 뜻하는 개(開), 작은 규모의 특색을 살려야 한다는 소(小), 나만의 특별한 이미지를 뜻하는 문(紋)을 말한다.

첫 번째 연(連), 우리는 많은 사람과 네트워크를 만들어야 한다. 멋진 상상력과 창의적인 아이디어는 다양한 분야, 사람과의 교류 속에서 나온다. '장님 코끼리 만지기'라는 비유처럼, 어떤 문제를 하나의 시선으로만 바라본다면 새로운 발상을 하지 못한 채 우물 안 개구리가 될 뿐이다. 전혀 상관없이 보이는 분야라도 나와 접목시킬 때, 예상치 못한 폭발력을 낼 수 있음을 잊지 말아야 한다.

두 번째 개(開). 찰스 다윈은 세상에서 가장 오래 살아남는 종은 강한 종도 아니고 똑똑한 종도 아닌, 환경 변화에 가장 잘 적응하는 종이라 했다. 적응을 위해선 기존의 관행과 고정관념을 과감히 버리고, 상상력을 발휘할 수 있어야 한다. 이를 위해선 적절한 경쟁도 필

요하다. 달리기를 할 때도 혼자 뛰는 것보다 시합을 할 때 기록이 더 좋아지듯, 경쟁자조차 친구로 받아들이는 열린 마음으로 시대의 흐름을 받아들일 때 진짜 지혜가 나올 수 있을 것이다.

세 번째 소(小). 영국의 경제학자 슈마허는 '작은 것이 아름답다(Small is beautiful)'고 말했다. 아름답다는 말은 인간 친화적이고, 자연 친화적이며, 지속가능하다는 의미를 포함하고 있다. 과거에는 큰 것이 경쟁력이 있었지만 이젠 작은 것도 경쟁력을 가질 수 있다. 안전한 먹거리를 뛰어넘어 누가, 어떻게 생산했는지를 따지는 '신뢰할 수 있는 농산물'에 대한 수요가 증가하고 있기 때문이다. 대규모 농업으로는 그 욕구를 충족시키기 쉽지 않다. 강소농(强小農), 작지만 강한 농업이 가능한 배경이다.

네 번째 문(紋)은 남들과는 구별되는 개성 있는 무늬를 뜻하는 것으로 이미지만으로도 신뢰가 가는 한국 농업을 만들자는 것이다. 이를 위해서는 한국 농업이 지닌 고유의 색깔을 찾아 소비자의 마음을 움직일 이야기를 만들고, 창의적 발상을 통한 새로운 경쟁력을 만들어야 한다.

우리 농업이 세계에 우뚝 서기 위해서는 환경 변화를 직시하고, 문제점을 개선해 작은 성공 사례부터 만드는 것이 중요하다. 더불어 생명 존중 사상과 4차 산업혁명 기술을 조화시켜 새로운 변화를 이끄는 개성 있는 강소농이 늘어나 한국 농업의 경쟁력을 키워야 한다.

물음표를 던지고 느낌표를 잡아라

몇 년 전, 서울의 유명 전시장에서 아주 이색적인 전시가 열렸다. 평소 농민들이 품어 왔던 꿈을 시각적으로 표현해 보자는 영감에서 시작된 이 전시는 많은 농민들의 이야기를 담아냈다. 그중 가장 인상적이었던 작품은 전남 광양에서 매실 농장을 경영하는 농업인 홍쌍리 여사의 것이었다. 그녀는 "섬진강 매화밭에 핀 꽃은 내 딸이고, 열매는 내 아들이다. 내가 여든이 되고 아흔이 되어도 내가 만든 농산물이 작품으로 인정받는 것이 내 꿈이다"라고 말하며 멋쟁이 농사꾼의 색깔 있는 꿈을 예술 작품으로 승화시켰다.

이 전시가 특별했던 이유는, 기획사에 의뢰하여 진행되는 기존의 전시에서 벗어나 농민들만의 철학을 담기 위해 외부의 도움 없이 스스로 기획하고 연출했기 때문이었다. 그러다 보니 높은 부스 대여료가 부담으로 다가왔고, 이 문제를 해결하기 위해 농민들은 함께 머리를 맞대고 고민했다. 많은 논의 끝에 한 농민의 기발한 아이디어가 채택되었다. 농장마다 손수레를 한 대씩 가져와 부스 대신 사용하자

다양한 과일로 표현한 물음느낌표 인테러뱅.

력의 중요성을 일깨워주는 말로 많이 인용되고 있다. 그러나 사실 이 말은 그를 인터뷰한 기자의 오역으로 인해 잘못 전해진 것이다. 본래는 99%의 노력이 있어도 1%의 영감이 없다면 이루어지지 않는다는 뜻으로, 에디슨은 영감에 강조점을 두었다. 천재라고 불리는 그가 영감을 강조한 이유는 무엇일까?

먼저, 영감이란 창조적인 일의 계기가 되는 뛰어난 착상이나 자극을 말한다. 따라서 무조건 최선을 다하는 것이 능사가 아니라 내가 지금 무엇을 향해, 왜 가고 있는지 알아야 한다. 1%의 영감이 방향키가 되어야 99%의 노력이 엔진이 되어 달릴 수 있는 것이다. 그렇다면 이 1%의 영감은 어떻게 얻을 수 있을까?

는 것이었다. 각자의 손수레에 농산물을 예쁘게 장식한 전시회는 농업과 예술이 만나는 '애그로아트(Agro-Art)'라는 평가를 받고 성공적으로 마무리되었다. 지금은 매년 농산물 전시뿐만 아니라 저마다의 아이디어와 끼를 살려 개성을 뽐내는 농산물 패션쇼도 열리고 있다. "천재는 1%의 영감과 99%의 노력으로 이루어진다"라는 에디슨의 명언은 사람들에게 노

사회와 소통하는 철학자로 유명한 최진석 (사)새말새몸짓 이사장은 이런 말을 했다. "자신이 자신을 발동시킬 수 있는 대표적인 방법이 바로 질문입니다. 질문이란 내 안에 있는 궁금증과 호기심이 안에서 요동치다가 밖으로 튀어나오는 것으로, 이것은 다른 누구와도 공유할 수 없는 자신만의 것입니다. 따

라서 인간은 질문할 때에만 고유한 자기 자신으로 존재할 수 있습니다. 우리가 알고 있는 답은 과거일 뿐입니다. 미래로 가기 위해서는 질문을 해야 합니다."

결국, 우리는 질문을 던지고 그에 대한 답을 찾아가는 과정으로부터 영감을 얻는다. 이 과정을 하나로 표현하는 것이 바로 인테러뱅(Interrobang)이라는 기호(‽)이다. 이것은 미국의 한 광고회사가 '수사학(修辭學)적 질문'을 나타내기 위해 고안한 부호로, 이어령 교수에 의해 '생각하는 물음표(호기심)와 행동하는 느낌표(놀라움)가 합쳐진 창조적 지성의 물음느낌표'로 국내에 처음 소개되었다. 고정관념에 과감히 "어?"라는 질문을 던짐으로, "와!"라는 새로운 결과를 얻어내는 인테러뱅(‽) 정신이 우리 삶의 다양한 분야로 확산되길 기대해 본다.

든농업, 난농업,
된농업

한국 농업이 저활력, 저평가, 저성과로 대표되는 심각한 3저(低) 상황에 직면했다. 경기 침체에 따른 소비 위축으로 농촌경제는 '저활력'에 빠졌고, 2022년 농업예산 증가율은 국가 전체 예산 증가율의 3분의 1도 되지 않을 정도로 농업의 중요성이 '저평가'되고 있다.

부스 대신 손수레 활용
농산물로 만든 작품 전시
농업과 예술의 만남 호평

또한 농업의 성과가 낮게 나오는 '저성과'가 지속되면서 우리 농민들은 그 어느 때보다 힘든 시기를 보내고 있다.

'사람들이/ 다들 도시로/ 이사를 가니까/ 촌은 쓸쓸하다/ 그러면 촌은 운다/ 촌아 울지마' 이 시는 20년 전 '섬진강 시인' 김용택 씨의 제자인 박초이 양이 6학년 때 쓴 '쓸쓸한 촌'이다. 한국 농업의 현주소를 이야기할 때마다 우리 농촌의 가슴 아픈 현실이 고스란히 전해지는 이 시를 읽었다. 그리고 농촌의 희망찬 미래를 위해 저자의 허락 없이 '촌이 웃는다'라는 시를 지어 보았다.

'사람들이/ 다들 농촌으로/ 돌아오니까/ 촌은 외롭지 않다/ 그러면 촌은 행복하다/ 촌이 웃는다'

농촌이 활력을 찾기 위해서는 새로운 도약이 필요하다. 농업은 치유 농업과 같은 사회적 농업, 친환경 농업, 스마트 농업 등 다양한 형태로 발전하며 진화하고 있다. 이는 한국의 소농이 가질 수 있는 새로운 경쟁력, 즉 세계 최대의 농업이 아닌 우리만의 매력적인 농업, 아름다운 농업의 가능성을 보여준다.

우리는 훌륭한 사람을 '큰사람'이라고 말하기도 한다. 여기서 '크다'의 의미는 첫째로 든사람, 즉 지식이 풍부한 사람을 뜻한다. 두 번째로 난사람, 재능이 뛰어나 새로운 가치를 만들고 부를 얻는 사람을 말한다. 세 번째는 된사람이다. 덕이 높아 다른 이들에게 존경을 받는 사람이다.

마찬가지로 대한민국 농업이 더 큰 농업이 되고자 한다면 '든농업, 난농업, 된농업'이 되어야 한다고 생각한다. 먼저 '든농업'을 위해서는 농업과 관련된 다양한 지식과 정보가 모이는 농업을 만들어야 한다. 이러한 정보와 지식을 바탕으로 새로운 가치를 끊임없이 창조해서 농업인의 소득이 올라가고 대한민국 경제 발전에 기여하는 농업이 되는 것이 '난농업'이다. 마지막으로 이를 통해 국제사회에 기여하고 개발도상국에 우리의 농업 기술을 전파하여 세계의 많은 나라로부터 존경받는 '된농업'을 만드는 것이 한국 농업의 미래이자 바람이다.

이 바람이 실현되기 위해서는 현실적인 노력이 필요하다. 병아리가 알에서 나오기 위해서는 새끼와 어미 닭이 안팎에서 서로 쪼아야 한다는 뜻의 '줄탁동시'라는 사자성어가 있다. 더 큰 한국 농업은 농민들과 정부 어느 한쪽만의 노력으로 이루어질 수 없다. 농업계와 정부가 줄탁동시를 이뤄 함께 알을 깨고 나와야 한다.

윤종록 전 미래창조과학부 차관은 그의 저서 '대통령 정약용'에서 이제 농업을 노동집약적인 산업이 아닌, 하이테크를 기반으로 한 생명과학의 한 축으로 끌어올려야 한다고 강조했다. 1970년대 중화학 입국 선언을 하며 1·2차 산업혁명에 도전했고, 1980년대에는 정보산업 입국을 표방하며 3차 산업을 따라잡는 모멘텀을 잡았다면, 이제는 생명과학 입국을 선언할 때라고 이야기한다.

그 어느 때보다 생명의 가치가 중요해진 지금, 생명을 다루는 대한민국 농업이 생명과학의 발전과 모두의 노력을 통해 '든농업, 난농업, 된농업'으로 이루어진 '더 큰 농업'으로 도약하길 바란다.

한국 농업에 꼭 필요한 네 가지

새해가 되면 사람들은 다이어트, 공부 등 한해 목표를 새롭게 세우며 스스로를 리프레시한다. 여러 어려움에 직면한 한국 농업도 새해를 맞아 다시 자리를 털고 일어나 함께 위기를 극복할 수 있는 공동의 목표를 세워야 한다. 지금 우리의 농촌은 인력 부족과 고령화로 인해 활기를 점점 잃어 가고 있다. 특히 코로나 19로 인해 농촌의 손발이 되었던 외국인 근로 자들의 입국이 제한되면서 외부 인력 없이는 지속하기 어려운 농업구조를 여실히 보여주 었다. 또한 기후변화 일상화로 농업 생산의 불확실성이 커지고 있다. 식량안보의 중요성 이 더욱 커지는 상황 속에서 우리나라의 식량 자급률은 경제협력개발기구(OECD) 국가들 중 최하위 수준에 머물러 있다. 그러나 이제 는 이러한 문제들을 상황 탓으로만 돌리기에 는 그 정도가 심각해졌다. 이제라도 불확실하 고 혼란스러운 환경을 이겨내고 한국 농업이 도약할 수 있는 변곡점을 만들어 내야 한다.

성공은 모든 사람의 꿈이다. 그러나 소수만이 성공의 꿈을 이루는데, 그 이유는 바로 성공 하는 사람들은 꿈에 뜻을 더하기 때문이다. 소프트뱅크의 손정의 회장은 어느 강의에서 "꿈(夢)과 뜻(志)은 다릅니다. 꿈이 희미하고 막연한 개인의 소망이라면, 뜻은 많은 사람의 꿈을 이룰 수 있도록 하는 단단한 결의, 즉 기 개(氣槪)입니다. 꿈이 기분 좋은 소망이라면, 뜻은 엄격한 미래에 대한 도전입니다. 따라서 꿈을 넘어서 높은 뜻을 가져야 합니다"라고 말했다.

뜻이 있는 곳에 길이 있듯, 목표를 이루고자 하는 결의가 있다면 어떠한 고난과 역경이 와 도 마침내 방법을 찾을 수 있다. 이제 한국 농 업도 막연한 꿈을 뛰어넘어 농민의 성공을 뒷

받침하고, 소비자의 요구를 충족하여 모두의 꿈을 아우르는 큰 '뜻'이 필요하다.

한국 농업이 이러한 뜻(志)을 표명하기 위해 서는 몇 가지가 선행되어야 한다. 첫째, 안전 한 먹을거리를 제공함으로써 소비자들에게 신뢰와 사랑을 받아야 한다. 둘째, 농업을 생 명산업의 축으로 자리매김하여 경제 발전의 성장동력이자 미래 산업의 주역으로 만들어 야 한다. 셋째, 농업을 청년들이 모여드는 산 업으로 육성하여 도전적이고 창의적인 '신 (新)농업경영체'를 확산시켜야 한다. 넷째, 친환경적 순환농업을 통해 환경지킴이 역할 을 수행해야 한다.

'사석위호(射石爲虎)'. 돌을 범인 줄 알고 쏘 았더니 화살이 돌을 뚫었다는 사자성어로, 무 슨 일이든 정성을 다하면 성취할 수 있다는 뜻 이다. 사석위호의 정신으로 뜻을 가지고 정성 을 다해 알토란처럼 단단하고 황금 들녘같이 멋스러운 우리만의 가치인 농업을 더 발전시 켜 다음 세대에 물려주는 것이 지금 우리가 해 야 할 일이다.

농업의 새로운 가치 생명자본주의

한국 농업은 높은 고령화율, 낮은 생산성, 소 규모 가족농 등의 이유로 다른 산업에 비해 뒷

'생명화 시대! 농업의 미래!'를 주제로 열린 온라인 '디지로그 심포지엄'에서 최진석 새말새몸짓 이사장이 발표하고 있다.

전으로 미뤄져 왔다. 하지만 코로나19와 기후 변화, 인간수명 연장 등으로 식량의 미래에 대한 우려가 커지면서 그 가치가 재조명되고 있다.

새롭게 부상하는 농업이 미래에는 어떻게 가치를 창출할 수 있을지 논의하고자, 2021년에 '생명화 시대! 농업의 미래'를 주제로 심포지엄을 개최한 적이 있다. 이 행사는 생명자본 정신에 입각해 농업에서 새로운 가치를 창출

해야 한다는 한국 최고의 석학 고(故) 이어령 교수의 생각에서 출발했다.

생명자본은 물질이나 산업 기술이 아닌 생명과 사랑, 행복을 원동력으로 하는 자본을 말한다. 이 교수는 과거 자본주의에서는 경쟁이 세상을 지배했다면 생명자본주의 시대엔 감동과 공감이 원천이 된다고 설명했다. 약육강식이나 기생이 아니라 상생이나 공생이 중시되는 시대인 셈이다. 예를 들어 과거엔 나무

를 베어내야만 자본이 됐지만, 지금은 나무를 키우기만 해도 훌륭한 관광 자본이 되는 시대라는 것이다.

사실 산업자본주의와 금융자본주의가 한계를 드러냄에 따라 기존 자본주의에 대한 반성과 함께 새로운 대안을 마련해야 한다는 목소리는 이전부터 나오고 있었다. 일찌감치 환경운동가 폴 호켄은 '생태학적 측면에서 자연자원 활용의 효율성'을 추구하는 '자연자본주의'를 내세웠고, 빌 게이츠는 2008년 다보스 포럼에서 '창조적 자본주의'를 제안하며 가난한 사람들에 대한 배려를 강조한 바 있다.

기조 강연을 한 이어령 교수는 농업의 미래를 보다 큰 담론 속에서 통찰하면서 소농 중심의 한국 농업에 대한 자기 생각을 밝혔다. 그는 코로나19 발생 후 높아진 생명 가치의 흐름 속에서 앞으로 생명자본이 중시될 것이며, 이를 실현하는 수단은 디지로그(DigiLog)가 될 것이라고 강조했다.

디지로그란 디지털과 아날로그의 합성어로 기술(Tech)과 인간애(Humanity)의 결합을 의미한다. 그는 디지로그 시대를 대표하는 산업으로 농업을 꼽았는데, 그 바탕은 역설적이게도 미래 자급자족 경제를 목표로 나아가는 데 있어서 위협받는 분야가 농업이라는 데서 출발했다.

인공지능(AI)으로 대표되는 지력(知力) 혁명의 시대, 모든 산업은 지금 대변화의 시기를 맞이하고 있다. 그리고 그 변화의 중심에 서 있는 것은 디지털과 아날로그 특성을 모두 지닌 '디지로그' 산업, '농업'이다. 세계 농업은 지금 변곡점에 와 있고, 우리는 이제 농업의 패러다임을 바꿀 새로운 비즈니스 모델을 만들어 가야 한다.

이어령 교수는 넙치와 참치, 날치 이야기로 변화를 촉구한다. 넙치는 바다 밑에서 다가오는 물고기만 잡아먹고, 참치는 잠시도 쉬지 않고 부지런히 움직이며 먹이활동을 한다. 하지만 하늘을 나는 날치는 완전히 다르다. 생명의 위협을 느낄 땐 지느러미를 날개 삼아 날아오르는데, 그때서야 비로소 바다가 무엇인지 정확히 알게 된다. 바닷속에 사는 물고기가 바다를 알려면 바다 밖으로 나와야만 하는 것이다. 인간 역시 자기가 처한 상황에서 벗어나 상상의 하늘로 높이 날아 세상을 조망하고 깊이 통찰하는 자세가 필요하다.

대한민국 농업에 지금 필요한 것은 날치처럼 비상하고 담대하게 도전하는 것이다. 우리 모두 상상력과 용기를 가져보자.

다축형 재배에 따른
사과나무의 대변신

4000년 이상의 역사를 가진 사과는 세계 여러 곳에서 재배된다. 색상은 빨간색부터 초록

색, 황색 빛까지, 크기는 대추만 한 것부터 핸드볼 공만큼 큰 것까지 다양하며, 품종은 약 2500종이 넘는다.

우리나라는 17세기 후반부터 토종 사과 능금의 재배가 시작되었다. 서양 사과의 도입은 1899년에 시작되었고, 1953년부터 농가의 소득작물로 재배되었다. 본래 사과를 일컫던 이름은 임금(林檎)이었는데 왕을 뜻하는 임금과 발음이 같아서 능금으로 바뀐 것이라 한다. 일본에서는 현재까지도 사과를 링고, 즉 임금(林檎)이라고 부른다.

많은 사람이 '사과' 하면 대구·경북을 떠올리게 되는데 예로부터 그 지역에는 능금나무가 많았다고 한다. 현재도 대구경북능금농협이 따로 있을 정도로 사과 재배 면적과 생산량이 전국의 60%를 넘어 국내 1위 자리를 차지하고 있다.

몇 해 전부터 사과 주산지 경북에 새로운 도전이 시작되고 있다. 많은 노동력이 필요한 기존의 사과 재배 방법이 한계에 도달한 가운데 적은 인력으로 생산성을 높일 수 있는 다축형(多軸形) 재배 기술이 주목을 받고 있다. 이는 이탈리아, 미국, 뉴질랜드 등에서 개발한 새로운 과원체계로 경제성과 노동 효율성을 극대화하는 데 초점을 맞추고 있다.

그중 대표적인 다축형 재배 농장은 포항에서 서상욱 대표가 운영하는 태산농원이다. 서 대표는 다축형 재배의 세계적 권위자가 뉴질랜드에 있다는 말을 듣고 현지에 직접 찾아가 재배 방법을 공부했다. 그는 농업 분야 신지식인, 사과 '농업마이스터'로 39년의 영농 경력을 바탕으로 국내 최초로 다축형 사과 과수원 조성에 성공했다.

태산농원도 언뜻 보기에는 여느 사과농장과 다를 바 없어 보인다. 하지만 이곳의 사과나무는 하나의 밑동에서 원줄기가 Y자 모양으로 두 갈래, 네 갈래, 여섯 갈래 등으로 벌어져 자란다.

기존의 재배법은 하나의 축을 중심으로 방추형으로 열매가 맺는 방식으로, 나무가 크고 우거져 사다리 작업을 해야 하고, 꽃과 열매를 솎을 때 가지와 잎을 헤집어야 해 작업이 까다롭고 많은 인력이 필요하다.

반면에 다축형 재배는 작업이 간단하여 노동 시간이 줄고 방재 약 사용량을 최소화할 수 있어 비용을 절약할 수 있다.

서 대표는 "과일의 맛과 색깔은 일조량에서 좌우되는데 다축형 재배는 햇빛을 많이 받아 착색뿐만 아니라 당도나 상품성 모두 좋아지기 때문에 생산비는 30% 이상 절감되고 생산량도 대폭 증가하는 효과가 있다"고 말한다.

태산농원에는 다축형 재배 기술을 배우기 위해 연간 2000여 명이 농장을 찾는다. 서 대표는 찾아오는 농부들에게 "우리가 세계와 경쟁하기 위해서는 최고의 사과를 생산한다는 목표를 가지고 도전해야 한다"고 당부한

경북 포항시 북구 죽장면 태산농원.

다. 또 "다축형이 무조건 좋다는 것은 아니다. 재해가 미치는 영향, 기후 적합성과 병충해 등 부작용을 고려하여 충분한 검증을 통해 재배 기술을 강화하는 노력도 해야 한다"고 강조한다.

농업의 발전은 정부의 농업정책도 중요하지만, 농업 관계자들의 열린 사고방식에 따라 크게 좌우된다.

서 대표의 사례에서 알 수 있듯이 새로운 환경 변화에 신속하게 대응하는 농가가 있어 더 큰 성장과 발전을 기대할 수 있다.

혁신은 과거의 익숙함을 과감히 버리는 것이다. 새로운 아이디어를 도입하고 그것을 개발하는 과정이다. 이때 만들어지는 성공 사례가 농촌의 삶을 더 빛나게 만들어 준다.

김치명인인 이하연 대한민국김치협회장이 다양한 재료를 활용해 김치를 담그고 있다.

우리는 김치를
얼마나 존중했나

'만약에 김치가 없었더라면 무슨 맛으로 밥을 먹을까~ ♫' 가수 정광태가 부른 '김치송'의 첫 소절이다. 한동안 기억 속에서 잊고 있었던 이 노래가 요즘 자주 생각난다.

1460만명 구독자를 가진 중국 유튜버 리쯔치 (李子柒)는 김치가 중국 전통음식이라고 주장해 공분을 산 적이 있다. 이어 중국에서 알몸 남성이 배추를 절이는 비위생적 영상까지 공개되면서 분노와 충격을 안겼다.

그런데 국내 일반 음식점에서 국산 김치를 내놓은 곳은 10곳 중 2곳 정도라고 한다. 우리가 식당에서 먹는 김치는 물론 외국인들이 한국에 와서 먹는 김치 대부분이 중국산 김치인 것이다. 김치 종주국으로서 체면이 말이 아니다.

발효 식품인 김치는 맛은 물론 영양까지 뛰어난 건강식품이다. 하지만 우리는 매일 먹는 김치에 익숙한 나머지 그 우수성을 잘 느끼지 못하고 있다.

김치는 그 종류만도 수백 가지다. 재료에 따라 배추김치, 깍두기, 오이소박이, 열무김치, 파김치, 갓김치 등으로 나누고, 담는 방법에 따라 통김치류, 물김치류, 보쌈김치류 등으로 나눈다. 추운 지방에서는 고춧가루를 적게 쓰고 염도를 약하게, 호남지방에서는 맵

게, 영남지방에서는 짜게 만든다. 최근엔 지역에 따라 전복, 낙지, 굴, 소라 등 다양한 해산물과 조기젓, 숭어젓, 굴젓 등 감칠맛 나는 젓갈을 첨가해서 더 맛있는 김치를 만든다. 살아생전에 모든 김치를 다 먹어보기도 불가능하다.

서양의 김치라고 할 수 있는 치즈에 대한 프랑스인의 사랑은 대단하다. 종류도 300종이 넘는다. 치즈마다 이야기가 담겨 있는 것은 물론 식탁에 어떤 치즈가 오르느냐가 집안의 권위와 부를 상징했다고 한다. 지금까지도 주변 어디서든 치즈를 판매하고 요리, 디저트, 와인 안주로까지 폭넓게 사용한다.

중국산 김치에 대한 반감이 높아가는 상황에도 불구하고 K-김치를 살리기 위한 행동은 잘 보이지 않는다. 특히 김치에 대한 소중함에 비해 가격이란 걸림돌이 현실적인 문제가 되고 있다. 중국산 단가는 국산의 3분의 1에 불과하므로 식당에서 국산 김치를 사용하고 싶어도 바꾸기 어려운 실정이다. 하지만 계속해서 우리의 김치가 값싸고 비위생적인 중국산 김치맛으로 평가돼서는 곤란하다.

지금 우리는 가성비(가격 대비 성능)를 넘어 가심비(가격 대비 마음의 만족)를 우선으로 여기는 사회로 변하고 있다. 그렇다면 김치의 고급화 전략은 무엇일까? 이를 가능케 하려면 소비자들이 김치에 제값을 낼 수 있는 인식의 변화가 우선돼야 한다.

지금까지 식당에서 김치는 그저 공짜로 제공되는 밑반찬 중 하나였다. 이를 바꿔보면 어떨까? 입맛과 취향, 그날의 메인 음식에 어울리는 김치를 주문하는 것이다. 무료 제공이 아닌 어엿한 메뉴로 말이다.

다양한 김치의 맛과 문화를 담은 '김치 카페'를 온·오프라인에 만드는 것도 한 방법일 것이다. 지역별, 재료별, 만드는 방법에 따라 다양한 김치를 제공하고 요리도 직접 체험할 수 있는 공간으로 만드는 것이다.

가격을 뛰어넘어 영혼을 담은, 그야말로 특별한 소울푸드로 김치 한 포기 한 포기 장인정신으로 담고, 이야기를 담고, 문화와 품격을 담는다면 명품 K-김치로 거듭날 수 있지 않을까?

중국에서 촉발시킨 김치 논란에 대해 감정적 대응에 그칠 것이 아니라 김치의 소중함을 깨닫고 김치의 매력을 세계에 알리는 기회로 활용하기를 기대해본다.

샤인머스캣
참사

얼마 전 아이들이 샤인머스캣을 먹는데 껍질을 뱉어내기 바쁜 모습이었다. 껍질째 먹는 포도가 맞나 싶을 정도였다. 맛도 예전만 못하다고 불평이 늘어졌다. '망고 포도'니 '황제

다 익은 샤인머스캣이 탐스럽게 매달려 있다. 농촌진흥청 제공

포도'니 하면서 과일계의 귀족 대접을 받던 그 샤인머스캣과는 거리가 멀었다.

그래서인지 가격도 많이 떨어졌다. 가락도매 시장 경매가는 전년보다 60~70% 낮게 형성되고 있었다. 농민들도 불만이긴 마찬가지다. 샤인머스캣 품질이 예년만 못한 이유로 가장 많이 거론되는 것은 다 익기도 전에 수확했기 때문이라는 것이다.

특히 2022년은 유독 추석이 일러서 조기 출하한 물량이 많았다. 게다가 도매시장에서 갈수록 '초물(제철 초기에 수확한 물량)' 가격이 높게 형성되는 추세가 강해지고 있는 것도 영향을 미치는 것 같았다.

가격이 떨어진 건 재배 면적이 급증한 탓으로도 설명된다. 농촌경제연구원에 따르면 국내 샤인머스캣 재배 면적은 2022년 기준 4000㏊

(약 1210만평) 정도로 2016년 240ha(약 72만 6000평)와 비교해 6년 만에 16배 넘게 늘었다. 그러다 보니 생산량은 전년보다 50% 늘어나게 됐다.

그런데 가격 하락을 단순히 생산량 증가로 설명하는 건 어폐가 있다. 생산이 아무리 많아도 품질에 문제가 없고 수요만 받쳐준다면 가격은 지지되기 때문이다. 캠벨 포도는 재배 면적이 1만ha를 넘어도 그런 문제가 생기지 않았다. 품질 저하의 원인도 조기 출하만을 탓하기 어렵다. 조기 출하가 문제였다면 한창 제철 때는 품질이 정상화됐어야 하기 때문이다.

전문가들이 꼽는 이유는 크게 두 가지로 정리된다. 첫째, 재배 농가들이 단위면적당 생산량을 늘리기 위해 적과(摘果), 즉 솎아내기를 제대로 하지 않았다는 것이다. 샤인머스캣 최고 전문가 중 한 사람인 박서준 농촌진흥청 국립원예특작과학원 농업연구관의 설명은 이렇다. "샤인머스캣의 적정 수확량은 300평 기준 2000kg 정도입니다. 그런데 요즘은 4000kg 이상을 수확하는 농가가 많습니다. 최근 몇 년간 가격이 워낙 좋다 보니 생산량을 늘리려고 솎아내기를 제대로 하지 않은 거죠. 그러면 당도가 떨어지고 미숙 영향으로 껍질도 두꺼워집니다."

둘째, 재배 방법에 대한 이해 부족으로 보인다. 샤인머스캣은 고온건조한 기후를 좋아하는 작물이다. 여름철 강우를 피하기 위해 비가림막이나 비닐하우스에서 재배하는 이유가 그것이다. 그래서 많은 농가가 샤인머스캣은 물을 덜 주어야 당도가 높아진다고 생각한다. 그러나 포도 알이 착색되기 시작하면 물을 충분히 주어야 오히려 광합성이 잘되면서 당도가 올라간다고 한다.

그러면 샤인머스캣 사태에 대한 책임이 농부에게만 있는 걸까. 그렇지는 않다. 매출을 늘리기 위해 적과를 줄이는 건 농가 입장에서는 합리적인 선택일 수 있다. 농가들의 그런 선택을 막으려면 시장 기능이 제대로 작동하는 것이 중요하다. 유통시장에서 품질이 가격에 정확하게 반영된다면 농민들은 제값을 받기 위해 스스로 품질 개선에 더 힘을 쏟을 것이다. 농민들의 선의에 기대려고 하기보다 농산물 유통시장 기능을 선진화하는 것에서 근본적인 해법을 찾아야 한다.

'쌀값 함정'에 빠진
한국 농업

쌀이 천덕꾸러기 신세다. 농민들은 쌀값 폭락에 신음하고, 정부는 농민들을 달래기 위한 쌀 시장격리에 막대한 예산을 쏟아부어야 할 처지다. 정부는 2022년 총 72만t을 시장격리했다. 이는 전년 생산량(388만t)의 5분의 1에

누렇게 익은 벼 뒤로 추수 작업에 나선 콤바인이 보인다.

가까울 정도로 어마어마한 물량이다. 여기에 투입되는 예산이 어림잡아 1조7000억원에 달했다.

전례를 보면 정부가 쌀을 사들이는 데 들어간 돈은 허공으로 날릴 가능성이 크다. 시장격리된 쌀은 정부 양곡창고에 최장 3년 정도 보관되는데, 막판에는 주정용이나 사료용으로 헐값에 처분된다. 이 경우 쌀 판매금액에서 그

간의 보관료를 빼면 거의 제로에 가깝다. 사실상 쌀을 사들여 폐기 처분하는 것이나 다름없다. 이러한 쌀 공급과잉은 이번만의 특이한 현상이 아니다. 외환위기 이후인 1998년부터 2022년까지 25년간 두 차례를 제외하고 23년간 공급과잉이 발생했다. 이 정도면 쌀 공급과잉은 구조적으로 고착화된 현상이라고 봐야 한다. 더구나 코로나19를 겪으면서 쌀 소

비 감소 속도는 더욱 빨라지고 있다. 공급과잉이 지금보다 더 자주, 더 크게 발생할 가능성이 높다는 뜻이다. 쌀의 수급 불균형 구조를 바로잡을 전략과 대책 마련에 국가적인 노력이 필요한 이유다. 그런데 정치권 일각에서는 양곡관리법을 고쳐서 일정 기준 이상으로 쌀 생산이 과잉되거나 가격이 상승할 경우 정부가 시장격리를 의무화하는 방안에 지속적으로 관심을 갖고 있다. 만약 시장격리 의무화 방안이 법제화된다면 더 이상 쌀값 걱정 없이 안정적으로 벼농사를 지을 수 있을까. 얼핏 보기에는 농민들에게 도움이 되는 조항으로 보이지만 길게 보면 오히려 그 반대일 가능성이 높다. 단기적으로 쌀값 하락을 막는 데 도움이 될 수는 있지만 지속가능한 방법은 아니기 때문이다.

시장격리 의무 규정이 도입되면 농민들은 쌀 가격 안정 기대감에 벼농사를 더 많이 지으려고 할 가능성이 높다. 그러면 쌀 공급과잉은 더 심화되고, 그에 따라 가격이 더 떨어지고, 이를 막기 위해 정부는 쌀 수매를 늘리려고 더 많은 예산을 투입하는 악순환이 벌어지게 된다. 악순환이 무한 루프처럼 반복될 경우 한정된 예산으로 쌀을 지속적으로 사들이는 건 한계에 부딪힐 수밖에 없다. 어느 순간이 되면 정부도 손을 쓰지 못할 정도로 쌀 수급이 무너지면서 쌀 산업 자체가 붕괴될 수 있다. 구조적인 문제를 단기 미봉책으로 해결할 수

는 없다. 근본적인 대책을 세우려면 벼농사가 우리 농업·농촌·농민, 즉 삼농(三農)에서 차지하는 위상을 정확히 짚어봐야 한다.

우선 2020년 통계를 기준으로 우리나라 전체 농가 중 벼농사를 짓는 비중은 52%에 달한다. 전체 경작 면적에서 벼농사가 차지하는 비중은 46%다. 쌀 생산액은 8조4000억원으로 단일 품목 중 단연 1위다. 전체 농업소득에서 쌀이 차지하는 비중도 많이 줄긴 했지만 여전히 34%에 달한다. 쌀을 빼고 삼농을 이야기할 수 없는 수준이다.

농가 입장에서만 봐도 쌀만큼 확실한 농사가 없다. 정부가 시장격리를 통해 가격을 지지해주고, 경작 면적에 따라 직불금도 받는다. 벼농사는 기계화율이 99%에 육박하고 있어 사람이 직접 손을 쓸 일도 별로 없다. 농협경제연구소에 따르면 3000평 농사를 짓는 데 들어가는 노동 투입 시간이 고추는 1448시간인 반면 쌀은 95시간으로 15분의 1에 불과하다. 고령화가 심화되고 있는 농촌에서 쌀값이 떨어져도 벼농사를 쉽게 포기할 수 없는 이유다.

쌀은 공급 증가 아닌 수요 감소가 문제

이럴 때 정부가 취할 수 있는 가장 합리적인 방안은 농가에서 쌀 대신 다른 작물을 재배하

한 지역농협 창고에서 직원이 남아도는 재고 쌀을 쌓는 작업을 하고 있다.

도록 인센티브를 제공하는 일이다. 정부가 2018년에 도입한 쌀 생산조정제가 그 사례다. 기존 쌀 농가가 콩이나 조사료 등 다른 작물 재배로 전환하면 소득의 일정 부분을 보전해 줬다. 2018~2020년 3년간 비교적 쌀 가격이 안정세를 보인 건 생산조정제 덕분이다. 실제로 그 3년간 쌀 재배 면적과 생산량이 지속적으로 감소해 2020년에 각각 72만6000㏊와 350만7000t까지 줄었다.

그러던 것이 예산당국의 비협조와 농정당국의 안일함으로 생산조정제가 폐지되자 2021년 쌀 재배 면적은 73만2000㏊로, 생산량은 388만2000t으로 다시 늘었다. 당연히 재배 면적과 생산량이 전년도보다 늘었을 것으로 추정된다. 최근 쌀값 폭락 원인 중 하나로 정부의 정책 실패가 지목되고 있는 배경이다.

다행히도 정부는 다시 생산조정제와 비슷한 전략작물직불제를 2023년부터 도입했다. 논에 벼 대신에 콩이나 밀 등 대체 작물을 재배할 경우 직불금을 지원하겠다는 복안이다. 생산조정제가 한시적인 제도였다면 직불제는 항시적인 제도라는 점에서 진일보한 정책이라는 평가가 나온다.

그러나 쌀 대신 다른 작물을 유도하는 인센티브 제도만으로 쌀의 구조적인 공급과잉 문제를 해결하기는 버겁다. 아무리 쌀 공급을 줄인다 해도 쌀 소비가 감소하는 속도를 따라잡을 수 없기 때문이다.

국민 1인당 쌀 소비량은 2000년 93.6kg에서 2021년 56.9kg으로 21년 만에 39.2% 줄었다. 같은 기간 쌀 생산량이 529만1000t에서 388만2000t으로 26.6% 줄어든 것에 비해 감소폭이 훨씬 크다. 더구나 코로나19가 4년째 이어지면서 쌀 소비량 감소세는 갈수록 가팔라지고 있다.

이 같은 쌀 소비 감소는 코로나19 여파로 식당을 찾는 사람들이 줄면서 외식업계에서 소비되는 쌀의 양이 급감한 영향이 컸다.

여기에 혼인·출산율 하락에 따른 인구 감소도 영향을 미친 것으로 해석된다. 서구화된 식습관으로 인해 빵을 먹는 수요가 늘어난 데다 다이어트를 위한 '저탄고지(탄수화물을 적게 먹고 지방을 많이 먹는 것)' 식문화 확산도 큰 영향을 끼쳤다.

따라서 용케 벼농사 면적을 줄인다 해도 쌀에 대한 수요를 늘리지 않고는 고질적인 쌀 공급과잉 문제 해결은 요원할 수밖에 없다. 그런데도 지금까지 우리나라는 쌀 수요를 늘리기 위한 대책 마련에는 소홀했다. 시장과 소비자를 상대하느니 농민에게서 쌀을 사들이는 게 가장 쉬운 결정이었기 때문이다. 농민을 상대로 한 공급 조절 정책이 사실상 실패로 드러난 이상 이제는 수요 증대 정책 없이 쌀 공급과잉 문제를 해결하기는 어려워졌다.

쌀 소비 늘리려면 학교서 아침급식부터

쌀 수요를 늘리기 위한 최우선 과제는 쌀에 대한 오해를 불식하는 일부터 시작돼야 한다. 언제부터인가 저탄고지 식단이 유행하면서 쌀이 건강의 적으로 몰렸지만, 이는 오해라는 게 영양학 전문가들의 진단이다. 비만을 일시적으로 완화하는 데는 저탄고지 식단이 효과가 있을지 모르지만 건강한 일반인의 경우 고지방 식사를 지속하면 오히려 콜레스테롤 수치 상승으로 고지혈증 등 성인병이 생기는 단점이 크다. 쌀과 반찬으로 구성된 한식이야말로 영양학적으로 가장 균형 잡힌 식단이라고 전문가들은 입을 모은다.

밥의 소비패턴 변화에 맞게 쌀 품종을 새로 개발할 필요도 있다. 시장이 갈수록 커지고 있는 즉석밥을 비롯해 편의점 도시락, 삼각김밥 등에 딱 들어맞는 쌀 품종을 개발하는 게 그것이다.

일본 편의점에서 파는 도시락이 맛있는 건 밥 자체가 맛있기 때문이다. 일본에서 밥이 식어도 맛이 좋은 도시락용 쌀 품종이 별도로 있을 정도다.

쌀 소비를 단번에 끌어올릴 수 있는 대안도 있다. 학교에서 아침 급식을 하는 방안이다. 쌀 소비도 늘리고 학생들의 영양도 챙기면서 가정에서의 아침식사 준비 부담도 줄일 수 있는 방안이지만 학교 급식은 농림축산식품부가 아니라 교육부 소관이다 보니 아이디어가 구체적인 논의로 진전되지 못하고 있다.

보다 근본적으로는 쌀 품질에서도 차별화가 절대적으로 필요하다. 우리나라에서 쌀은 일부 지역산을 제외하고는 품질과 가격에서 별 차이 없이 판매되고 있다. 쌀에도 한우와 마찬가지로 등급제(특ㆍ상ㆍ보통)가 도입돼 있지만 거의 의미가 없다. 등급에 따른 품질 차이가 확실하지 않고, 높은 등급과 낮은 등급 간 가격 차이도 분명하지 않다. 그러다 보니 등급이 높을수록 밥맛이 좋다는 시장의 신뢰도 전혀 형성돼 있지 않다. 쌀에 등급제가 있는지도 모르는 사람이 태반이다.

이젠 쌀을 정치재 아닌 경제재로 여겨야

일본에서도 우리나라와 같이 쌀 소비가 줄어들고는 있지만 그 속도는 매우 완만하다. 쌀 등급제가 철저히 시행되고 있고, 시장에서 등

쌀 재배 면적 〈단위:만ha〉

2015년	79.9
2016년	77.9
2017년	75.5
2018년	73.8
2019년	73
2020년	72.6
2021년	73.2

쌀 생산량 〈단위:만t〉

연도	생산량
2015년	432.7
2016년	419.7
2017년	392.7
2018년	386.8
2019년	374.4
2020년	350.7
2021년	388.2

국민 1인당 쌀 소비량 〈단위:kg〉

2015년	62.9
2016년	61.9
2017년	61.8
2018년	61
2019년	59.2
2020년	57.7
2021년	56.9
2022년	56.7

*자료:농림축산식품부

급제를 신뢰하는 데다 고품질의 쌀이 맛있다는 공감대가 형성돼 있기에 가능한 일이다. 소비자는 맛있는 쌀을 골라 먹으려고 하고, 쌀 생산자는 그러한 소비자 기호에 맞추려고 쌀의 품질 개선을 위해 노력하는 것이다. 한마디로 좋은 쌀이 더 높은 가격을 받을 수 있는 시장이 형성돼 있는 것이 일본 쌀 시장의 최대 강점이다.

이제 우리나라도 고품질의 맛 좋은 쌀이 더 비싸게 팔릴 수 있도록 쌀 시장을 정상화해야 한다. 한우 농가들이 등급제를 기반으로 종자와 육질 개량을 통해 수입 개방의 파고를 훌륭하게 넘었듯이 이제 쌀 농가들이 그 뒤를 이어야 한다. 쇠고기에서 '투뿔' 등심처럼 '특품' 쌀이 프리미엄급으로 대접받는 시대가 와야 한다. 그러자면 쌀 농가들도 한우 농가들처럼 경쟁을 할 수 있도록 유도해야 한다. 고품질의 맛 좋은 쌀을 생산하는 농가가 그렇지 않은 농가보다 돈을 더 벌 수 있는 시장을 만들어야 한다는 뜻이다.

쌀 가격 하락을 국민 세금으로 막아주는 지금의 방식으로는 고품질의 쌀을 생산할 아무런 이유가 없다.

무엇보다 이제는 쌀을 정치재가 아닌 경제재로 바라보는 시각이 자리 잡아야 한다. 쌀의 성역을 허물지 못하면 한국 농업은 아무리 발전해도 반쪽짜리에 불과하다. 정치권과 정부가 해야 할 일은 국민 세금으로 농민에게 선심을 쓰는 게 아니라 경쟁에서 이탈하는 농민을 보호할 수 있는 장치를 마련하는 것이다. 쌀의 함정에서 벗어날 때 한국 농업에 새 길이 열릴 것이다.

세상 가장 자연스러운 농업, 순환농업

우리는 평소 '자연스럽다'는 말을 많이 사용한다. '억지로 꾸미지 아니하여 이상함이 없다, 순리에 맞고 당연하다'는 뜻의 이 단어에 왜 '자연'이 사용되었을까? 그것은 사람의 힘이 더해지지 않고 스스로 존재하거나 이루어지는 모든 존재나 상태가 당연하기 때문이다. 그러나 인간은 경제적 이익을 취하기 위해 자연을 지나치게 개발하고 훼손시켰다. 심지어는 자연과 인간이 공생하는 농업에서조차 농약과 화학비료의 과다한 사용, 무분별한 가축 분뇨 처리 등으로 생태계에 부담을 주고 있다. 농업과 자연이 다시 유기적인 관계로 회복되고, 다음 세대에 자연스러운 농업을 물려주기 위해서는 어떻게 해야 할까?

과거 모두가 굶주렸던 시절에는 쌀 한 톨이라도 더 많이 생산하는 것이 중요했다. 그때는 의식주 외의 다른 것을 고려할 여유가 없었지만, 이제는 그렇지 않다. 하나뿐인 지구에서 재생 가능한 원자재의 공급이 제한된 지금,

공존을 위해 새로운 준비가 필요하다. 농업은 단순히 교환가치를 가지는 상품을 넘어서, 생명이라는 본원적 가치를 창출한다. 즉, 생명산업으로서의 농업은 자연과 분리될 수 없으며 그 자체로도 재생산이 가능하다. 그래서 최근 농업 선진국에서는 다시 선순환의 구조, 즉 '순환농업'을 주목하고 있다. 순환농업은 농업 부산물을 다시 농업 생산에 투입하여 물질이 순환되도록 하는 방법으로, 안전한 식량 공급의 미래를 보장할 수 있기 때문이다.

조선 시대 형법에는 '똥을 함부로 버리는 자는 곤장 50대에 처한다(棄糞者 丈五十)'라는 조항이 있었다. 자연파괴를 예방함과 동시에 당시 소중한 퇴비를 함부로 버리지 못하게 하려는 의도였다. 분뇨를 통해 영양분을 공급받은 초지는 가축에게 사료를 제공하고, 그 가축의 분뇨는 다시 초지로 환원되었다. 이렇게 자연에서 발생한 것들이 다시 자연으로 돌아가는 선순환의 구조였다.

2016년 유엔은 지속가능개발목표(SDG · Sustainable Development Goals)를 제시했다. 그것은 2030년까지 성취해야 할 17가지의 주제를 담고 있는데 그 안에 지속가능한 농업이 포함되어 있다. 농약과 화학비료 등 자연에 부담을 주는 농자재 사용량을 꾸준히 줄여 나가고, 가축 분뇨를 친환경적으로 사용할 수 있는 방안을 찾아야 한다는 것이 그 내용이다.

사람과 자연이 공존하는 순환농업에 왕도는 없다. 성공의 열쇠는 농업의 생산, 운송, 유통, 판매, 소비 등의 모든 이해관계자의 연결고리로부터 나온다. 각자의 책임과 더불어 서로에 대한 신뢰와 존중이 바탕이 될 때, 우리가 함께 살아간다는 공동체의식이 회복될 것이다. 우리 안에서 먼저 이루어지는 순환이, 자연과 농업의 순환으로까지 이어질 것이다.

제4부

농업, 일상이 되다

아름다운 가족의 힘

사랑하는 딸이
농부의 아내가 된다면

"농업이 소중하다고 생각하시나요?"
대략 15년 전, 강남의 백화점 앞에서 어머니들을 대상으로 인터뷰를 진행한 적이 있다. 위와 같은 질문에 모두가 "당연하다" "우리의 먹거리를 생산하는 일이기 때문에 소중하다"고 답변했다.
심지어 어느 분은 '농자천하지대본(農者天下之大本)'을 말하며 농업은 더 발전되어야 할 중요한 산업이라고 했다.
그러나 뒤이어 "사랑하는 딸이 농부의 아내가 되고 싶다고 하면 어떠냐"는 질문에는 고개를 갸우뚱거리거나 대답을 망설였다.

농촌경제연구원의 '2019 농업·농촌 국민의식 조사' 결과에 따르면 국민 경제에서 농업이 앞으로 중요하다는 인식 비율은 70% 이상을 차지했다. 그러나 은퇴 후 귀농·귀촌을 희망하는 도시민의 비율은 34.6%, 농업인의 직업 만족도의 비율은 23.3%로 두 경우 모두 6년 전보다 10%포인트 이상 하락했다. 그 이유는 농부가 매력적인 직업이라는 인식이 부족하기 때문이다.
최근 청년들이 다양한 분야에서 자신의 재능과 전문성을 활용하여 창업에 뛰어들고 있다. 이는 그 분야에서 꿈을 이룬 사람들의 감동적인 이야기가 '기업가 정신'을 가지고 있는 그들의 가슴을 뛰게 했기 때문이다. 마찬가지로 농부가 매력적인 직업으로 인식되기 위해서는 꿈과 도전, 실패와 성공이 어우러진 존경받는 '스타 농부'가 많이 나와야 한다.

예전에 멋진 여성 농업 CEO를 꿈꾸는 최연희 씨를 만난 적이 있다. 그녀는 농부의 딸로 태어나 부모님의 고단한 삶을 보며 자신은 농부에게 시집을 가지 않겠다고 다짐하며 자랐다. 사춘기 때는 하얀 와이셔츠를 입고 출근하는 옆집 친구의 아버지가 몹시 멋져 보이기도 했다.

그녀는 농촌을 떠나 도시에서 취업을 하고 방송통신대학을 다니다가 운명의 남자를 만났다. 그는 충북 진천에서 수박 농사를 짓는 농부였다.

그녀의 얘기를 들은 어머니는 "남자가 그 사람뿐이냐. 엄마 인생 보고도 그러냐. 지금은 어려서 모르겠지만 농사로는 돈도 못 벌고 자식 가르치기도 힘들다. 남는 건 허리디스크와 닳은 연골뿐이다"라며 눈물로 말리셨다. 그녀도 많은 고민이 있었지만 결국 사랑의 힘에 이끌려 24세에 농부의 아내가 되었다.

신랑과 비닐하우스에서 단둘이 수박으로 시작한 농사는 단호박, 멜론 등으로 성장했다. 지금은 1차 산업의 농업을 6차 산업으로 발전시키는 데에 최선을 다하고 있다. 그녀의 바람은 아이가 농사를 짓는 부모님을 자랑스러워하는 것이다.

항상 새로운 꿈을 꾸는 그녀는 지금 누구보다 행복하게 살고 있다.

이렇듯 농업을 통해 꿈을 꾸는 사람들이 있는 반면, 한국의 작은 규모와 척박한 환경 때문에 많은 이들이 습관처럼 한국 농업은 어렵고 힘든 상황이라고 말한다. 그러나 진정한 위기는 한국 농업을 위기로만 바라보는 우리의 고정관념일지도 모른다.

네덜란드는 국가 면적이 우리나라의 절반 정도로 작다. 게다가 일조량이 부족하고 비가 많이 내려 원예작물 생산에 불리한 자연 환경을 갖췄다. 그러나 네덜란드는 세계 2위 농식품 수출국으로, 전체 수출에서 농산품이 차지하는 비중이 약 16%나 된다. 또한 자국 백만장자 중 농업 · 수산업 종사자가 19%나 된다. 그들은 자신들이 가진 한계를 극복하기 위해 끊임없이 새로운 농업 개발에 힘쓰고 있다.

최근 한국에서도 다양한 4차 산업기술이 농업에 접목되어 농업혁신이라는 새로운 바람이 불고 있다. 이를 통해 작지만 강한 우리 농업의 발전 가능성과 경쟁력을 보고 귀농을 결심한 청년 농부들도 늘어나고 있다. 꿈을 이루기 위해 노력하는 그들의 도전정신과 아름다운 이야기가 한국 농업을 발전시키는 에너지가 될 것이다.

결국 사람이 답이고 꿈이 에너지다. 우리가 정말 농업을 소중히 여긴다면, 우리의 다음 세대들이 당당하게 장래 희망 칸에 '농부'를 적을 수 있는 시대를 준비해야 한다.

농부여서 행복한
부부 이야기

최근 농촌에서는 시설 중심의 스마트팜에 대한 기대가 높아지고 있지만, 생명의 가치를 충분히 반영하지 못한다는 우려의 목소리도 있다. 이러한 상황 속에서 유기농을 꾸준히 실천하여 마을 전체를 유기농 생태 마을로 이룬 사람이 있다. 선녀와 나무꾼을 닮은 농부, 두리농원의 김상식, 김민자 부부다.

김상식 대표는 공업고등학교를 졸업하고 토목 일을 했는데 재미와 보람을 느끼지 못하던 차에, 고향에 내려와 농사를 지으며 자신의 길을 찾았다고 한다. 실패도 있었지만, 소비자에게 신뢰받는 안전한 먹거리를 생산하려면 어떻게 해야 하나 고민하던 부부가 눈을 돌린 곳은 유기농이었다.

채소를 기르는 일이 이제까지 해보았던 그 어떤 일보다 행복하다는 김 대표는, 자신을 '농부가 되기 위해 태어난 사람'이라고 부른다. 그가 일하는 것을 보면 그 이유가 짐작이 간다. 벌레를 잡아주고 잡초를 솎아내는 그의 손길은 마치 식물에게 말을 걸고 있는 것처럼 진솔하면서도 담백하다.

두리농원은 전남 담양군 수북면 황금마을에 위치한다. 쉰다섯 농가 모두가 농약 없이 농사 짓는 유기농 생태 마을로 유명하다. 김 대표는 친환경인증제도가 마련되기 이전인

전남 담양군 두리농원 김민자(왼쪽), 김상식 부부.

1994년부터 이곳에서 화학비료와 농약 없이 농사를 짓기 시작했다. 바로 유기농이다. 유기농은 일반 농사보다 수확량도 적고 더 큰 노력이 필요하다. 따라서 처음에는 농가들이 유기농으로 농사를 짓는 것에 반대하였다. 하지만 김 대표는 우리 아이들이 안심하고 먹을 수 있는 건강한 농산물을 생산해 보자며 농민들을 설득했다. 그 결과, 그는 '3℃ 숨 쉬는 맑은 채소'라는 대표 브랜드로 신선하고 건강한 이미지 마케팅은 물론 계획 출하 및 가격 정찰제 운용을 통해 안정적인 생산 시스템을 구축했다. 또한 그는 농업인과 귀농자를 위한 농업교육 등을 통해 유기농업을 확산하는 데도 노력하고 있다. 유기농업에 필요한 기법과 개선 사항은 물론 병충해에 대처하기 위한 다양한 기술을 수집하고 농민들에게 전파하고 있다. 최근에는 '나를 바꾸는 밥상'이라는 1박2일 체

험 행사를 통해 소비자와 농민이 만나 농업·농촌의 가치에 함께 공감하는 프로그램을 진행하고 있으며, 전통 한옥 민박 체험을 운영해 도시 소비자에게 '쉼'을 통한 '찾아가는 농촌'을 만들어가고 있다.

우리가 두리농원에 주목하는 것은 자연을 따라 순환하는 유기농업의 실천이다. 유기 축산 농가에서 공급받은 가축분, 유기농 벼농사를 하는 농가에서 공급받은 쌀겨를 활용해서 퇴비를 만들고 있기 때문이다.

생명을 살리는 유기농은 서로의 신뢰와 상생으로 만들어진다. "자연의 섭리에 맞고 좋은 햇빛, 물, 공기, 흙에서 만들어 주는 양분을 먹고 자라면서 자연의 에너지를 품어내는 농산물이 건강한 먹거리가 아닐까요?"라고 말하는 김 대표는 "주변 환경을 생태계에 걸맞게 조성하고 우리 인간이 그 속에서 함께 살아갈 수 있는 환경을 만드는 것이 진정한 유기농"이라고 강조한다.

싱긋 웃으며 말하는 그의 순한 눈빛 앞에서 도회의 이전투구가 몹시도 하찮게 느껴졌다. 싸우고 빼앗는 행위가 아니라 기르고 보살피는 행위를 통해 행복을 추구하는 사람, '농부'로 타고난 것이 그는 진정 행복해 보였다. 부인 김민자 씨의 내조로 그는 더 빛을 발한다. 두리농원의 이름처럼 이 부부는 농민도 도시민도 둥글둥글 함께 어울려 사는 세상을 꿈꾸고 있다.

100년 역사 '현명농장'의 장수 비결

두산, 동화약품, 몽고간장의 공통점은 100년 이상의 역사를 가진 장수기업이란 점이다. 전 세계 기업 평균 수명은 13년에 불과하며, 30년이 지나면 기업의 80%가 사라진다고 한다. 그렇기에 100년이 넘게 존속하고 있다는 건 실로 대단한 일이다.

기업체뿐 아니라 농업에도 이 같은 곳이 있다. 바로 2019년에 100주년을 맞이한 이윤현 배 명인의 '현명농장'이다.

이윤현 명인의 조부는 1921년 서울 압구정동에서 '배'와 인연을 맺었다. 지금의 압구정 현대아파트 78동과 현대백화점 부지에서 3대를 이어 농사를 짓던 그는 1972년 경기 화성시로 내려왔다. 강남이 개발되면서 더 이상 농사를 짓기 어려웠기 때문이다. 주변에서는 지금 그 땅을 가지고 있었으면 큰 부자가 되었을 것이라며 아쉬워하지만, 이 명인은 손톱만큼의 미련도 없다. '행복한 과일'을 재배하는 '행복한 농부'가 더 큰 부자라고 생각했기 때문이다.

이윤현 명인의 '현'자와 아내 이명자 씨의 '명'자를 따서 '현명농장'이라는 이름을 지은 만큼, 그는 배나무를 자식처럼 사랑한다. "창고가 비어도 자식만은 굶기지 않는 것이 부모라 하지요. 제게는 배나무가 자식이나 진배없습니다"라고 말하는 그는, 배 농가 중 유일한

경기도 화성 현명농장의 이윤현(왼쪽), 이명자 부부.

'대한민국 최고농업기술명인'이다. 1972년부터 하루도 거르지 않고 농사 일기를 쓰며 새로운 농사법을 연구했다. 자연재해는 물론, 애써 키운 배가 까치의 먹이로 전락하는 것을 막기 위해 다양한 재배 기술과 설비를 개발했고, 특허출원만도 40여 건에 달한다. 덕분에 이 명인은 '화성의 에디슨'이라 불린다. 부창부수라고 부인 역시 배즙, 배 고추장, 배 조청, 배 깍두기, 건배 등 배를 활용한 2차 가공품 연구에 열심이다.

현명농장의 배나무 터널 아래에 들어서면 터져나오는 탄성을 금치 못한다. 배꽃이 피는 봄과 열매가 주렁주렁 달리는 가을은 물론이고 푸른 잎이 무성한 여름과 가지만 남은 겨울에도 감탄은 줄어들지 않는다. 아름다운 풍경을 자랑하는 과수원은 사계절 내내 그 자체로서 하나의 예술이 될 수 있음을 보여준다. 일본의 과수 전문가들도 이러한 전천후 재배 기술이 적용된 과수원은 드물다며 부러워할 정도다.

한때는 스토리를 파는 농장으로도 유명했다. 고품질의 배 판매를 넘어, 소비자를 초청해 '과수원 음악회'라는 감성 마케팅을 통해 배에 대한 사랑과 이야기를 함께 더하는 것이다. 이 덕분에 농장을 방문한 고객들이 단골이 되고, 그의 배는 유명 백화점과 대형 유통점에서 좋은 가격에 판매되고 있다.

하지만 배 소비가 감소하고, 농촌의 손발이었던 외국인 근로자들의 입국 지연과 코로나19로 인한 자원봉사자 감소 등 가중된 농촌의 일손 부족 문제는 그의 농장에도 큰 타격을 주었다. 게다가 얼마 전 농장 일을 하던 중 사다리에서 떨어진 후유증 때문에 전보다 활발한 활동이 어려워졌다. 그럼에도 그의 열정은 여전히 뜨겁다.

50년이 넘도록 농삿길에 동행하고 있는 두 사람의 모습은 농업인들의 이정표가 되기에 충분하다.

그렇다면 현명농장이 100년 동안 신뢰를 쌓을 수 있었던 비결은 무엇일까.

그것은 스스로 건강하고 소중한 먹거리, 즉 '행복한 과일'을 재배하는 '행복한 농부'가 되는 것이었다.

현명농장이 배꽃 터널의 100년 역사를 넘어 200년, 그 이상의 농장이 되길 기대해 본다.

'그랜드슬램' 사과 농부의
원대한 꿈

조선 후기, 달마다 농가에서 해야 할 일을 순서대로 알려주는 노래인 '농가월령가'를 지은 정학유는 실학자 다산 정약용의 둘째 아들이다. 정학유가 이러한 훌륭한 작품을 쓰게 된 배경에는 아버지의 따스한 조언이 담긴 편지가 있었다.

"네가 닭을 키운다는 소식을 들었다. 농서를 잘 읽고 좋은 방법을 연구해야 하고, 다양한 시도를 통해 번식력이 우수하고 좋은 품질의 닭을 키워야 한단다."

즉, 세상 모든 일이 공부 아닌 것이 없다는 가르침이 있었다.

현대에도 끊임없는 배움을 통해 1등 과수원을 일군 경남 거창군 '땅강아지 사과밭'의 김정오 대표가 있다. 그는 사과에 대한 열정과 노력을 통해 최고 농업인에게 주어지는 '명인' '마이스터' '신지식인'이라는 타이틀을 모두 취득해 사과 분야의 유일한 '그랜드슬램'을 달성하였다. 또한 땅강아지가 살 수 있을 정도로 깨끗한 그의 과수원은 대한민국 100대 스타 팜으로 선정되는 영광을 안았다.

'아침 사과는 금(金)사과'라는 말이 있을 정도로, 사과는 건강에 좋은 과일이다. 특히 껍질에 많은 영양소가 함유되어 있지만 대부분 소비자는 잔여 농약에 대한 걱정으로 껍질을 선

거창 '땅강아지 사과밭'의 김정오 대표가 부인과 함께 익은 사과를 골라내고 있다.

김정오 명인이 아들, 손자와 함께 포즈를 취하고 있다.

호하지 않았다. 그래서 김 대표는 건강한 땅에서 키운 사과를 나무에서 바로 따 옷소매에 스~윽 한 번 문질러 껍질째 먹어도 안심할 수 있는 '친환경 사과'를 재배했다. 이를 위해 제초제를 일절 사용하지 않고 최소한의 농약과 과학적인 나무 관리, 그리고 직접 조제한 방제약을 사용하여 병해충 문제를 해결했다. 또한 당시 질이 떨어지는 과일을 보이지 않게 포장하는 '속박이'의 성행으로 소비자들의 불신이 높아지자 그는 사과박스에 본인 사진을 넣는 품질실명제를 실시하며 소비자들의 신뢰를 얻었다.

현재 김 대표는 그가 겪은 경험과 지식을 다른 농민들과 나누기 위해 사과 재배 기술학교를 운영하며, 수준별 실습 수업을 통해 재배 비법과 경영비 절감 컨설팅, 사과 가공제품 개발 노하우 등을 전수하고 있다.

사과 재배의 명인인 그가 처음부터 사과 전문가였던 것은 아니다. 그는 15년 동안 고등학교에서 근무하다가 어린 시절 귀했던 사과를 실컷 먹고 싶다는 단순한 이유에서 1994년에 사과 농사를 시작했다. 처음 임차한 사과밭은 5년을 기다려야 수확을 할 수 있었고, 주변 사람 모두가 농사를 반대했지만 김 대표는 포기하지 않았다. 그는 당시를 회상하며 "사과를 공부하면 할수록 사과 농사에 대한 희망과 열정이 샘솟았고, 다양한 시도와 개발을 통해 현재 최고의 자리에 앉을 수 있게 되었다"고 말했다.

거창의 땅강아지 사과밭에 가을이 찾아오면 과수원 입구에서부터 주렁주렁 달려 있는 빠알간 홍로 사과가 손님을 반갑게 맞이한다. 김 대표에게 농사란, 아침에 해가 뜨면 시작해서 저녁에 해가 지면 일을 마치는 것이다. 삶 자체가 농사인 그는 여기서 그치지 않고 3대가 동행하는 사과밭의 미래를 그리고 있다. 대학에서 사과를 전공한 아들이 농업 후계자가 되면서 그의 꿈에 한 발짝 다가섰다.

김 대표는 "1대인 내가 농장을 스케치하고, 2대인 우리 아들이 농장을 색칠하며, 3대인 우리 손자가 최고의 사과 농장을 완성하여 후손에게 멋진 농장을 물려주길 기대한다"고 말했다. 사과에 대한 순수한 애정에서 시작된 그의 열정이 거창한 꿈으로 완성되기를 응원한다.

작은 사과 하나로
세상을 놀라게 해볼까요

과일 가게의 맨 앞자리를 차지하고 있는 싱그러운 사과는 우리에게 친숙한 과일이다. 어린아이들에겐 백설공주의 사과가 생각날 것이고, 젊은이들에겐 애플사의 사과가 떠오를 것이다. 식구들의 건강을 생각하는 엄마들은 사과를 건강을 지켜주는 금메달로 여기고 있다. 경남 거창에서 한상진, 이시진 부부가 운영하는 과수원 '사과숲애'는 사과를 이용한 복합문화공간을 꿈꾸며 고객들과 소통하는 곳으로 유명하다. 이곳을 방문한 사람들은 한적한 시골 마을 과수원의 모습에 반하고, 사과를 이용한 독특한 '사과 버터'라는 생소한 제품에 신기해할 뿐 아니라 그 맛에 또 한 번 놀란다. 이 농장의 또 다른 특색은 3명으로 구성된 영역별 CEO 체제로 농가를 운영하고 있다는 점이다. 개개인의 능력을 존중한 역할 분담을 통해 가족 구성원 간에 발생할 수 있는 갈등을 최소화하기 위해서다. 재배 및 운영총괄 대표는 부친이, 마케팅 및 체험총괄 대표는 부인이, 그리고 기술 및 실무총괄 대표는 남편 한상진 씨가 맡아 농가가 유기적으로 운영될 수 있도록 구성했다.
이렇게 특색 있는 시스템을 구상하고 실천하고 있는 젊은 농부인 한상진 씨는 지난 45년간 외길로 사과농장을 운영해 온 부친의 소신과

경남 거창 사과숲애의 한상진(왼쪽), 이시진 부부.

'과일이 맛있는 집은 그 농장의 흙도 맛있을 것이다'는 경영철학을 바탕으로 매진하는 부친의 모습에 귀감을 받아 2009년 29세 나이에 가업을 잇겠다는 마음으로 승계농의 길을 걷기 시작했다.
한편 부인 이시진 씨는 남편을 만나기 전까지 시골은 영상에서만 보았던 생소한 곳이었다고 한다. 대도시에서 나고 자란 그녀에게 시골은 낯설기만 한 곳이었다. 그런 그녀가 농촌으로 시집을 가기로 한 이유는 남편의 말 한마디 때문이었다고 한다. 연애 시절 술잔을 기울이며 존경하는 사람이 있느냐고 물었을 때, 남편은 진지하게 "농사를 짓는 아버지를 존경한다"고 대답했다는 것이다. 자기 아버지를 존경한다는 그 말은 그녀에게 큰 울림으로 다가와 '이런 생각을 하는 사람이면 함께해도 괜찮겠다'는 생각으로 결혼을 결심했다고 한다.

그녀는 쳇바퀴 도는 도시 생활을 접고 '내 인생의 주인공은 나야'라는 설렘을 가지고 농촌 생활에 뛰어들었다. 농부의 아내가 된 그녀는 가장 먼저 농장에서 내가 제일 잘할 수 있는 것이 무엇인지 고민했다.

미술을 공부하고 마케팅과 디자인 관련 일을 해 온 그녀는 자신의 경험을 농장에 접목시켰다. 먼저 사과숲애라는 농장의 브랜드를 만들고 SNS와 블로그를 통해 세상과 소통하는 데 주력했다. 또한 '사과와 미술로 만나는 색다른 체험 여행'이라는 일종의 치유농업 프로그램을 운영하고 있다. 그 결과 '거창에서 가볼 만한 곳 1위'에도 선정되었다.

이시진 씨는 사과를 이용한 특색 있는 그들만의 상품을 만들고자 지난 4년간 연구한 끝에 한국인 입맛에 맞는 '사과 버터'라는 가공품 개발에 성공했다. 사과의 상큼한 맛과 버터의 고소한 풍미를 모두 살릴 수 있는 한국형 사과 버터다.

이렇듯 이들은 최고 품질의 사과 생산은 물론, 거창의 다양한 로컬 재료를 이용한 특산물 개발과 체험, 문화까지 펼치며 '작은 사과 하나로 세상을 놀라게 하겠다'는 꿈을 그리고 있다. 과일 먹거리와 복합문화공간이 있는 사과숲애에서 그들만의 소신으로 한 발 한 발 나아가고 있다. 한상진, 이시진 두 사람의 재능과 열정이 합쳐져 최고의 농장 브랜드 사과숲애가 되기를 기대한다.

'딸기 대통령' 부부의 사랑과 도전

경남 거창에는 흙에 청춘을 걸고 딸기에 인생을 건 사나이가 있다. 강렬한 포스와 외모부터 범상치 않은 '봉농원'의 류지봉 대표다. 그는 딸기 농사에서만큼은 정부가 인정하는 '대한민국 최고농업기술명인' 이른바 '딸기 대통령'으로 불린다.

그는 어릴 적부터 농업의 꿈을 가지고 농업고등학교를 졸업한 후 20세에 본격적인 농사의 길을 걷게 되었다. 여러 작목 중 남녀노소 누구나 좋아하며 고소득 작목인 딸기를 재배하기 시작했다. 공동선별장을 만들고 한국 최초로 미군 부대에 딸기를 납품하기도 했다. 2008년에는 북한에 가서 딸기 기술을 보급하는 등 류 대표는 끝없는 열정과 노력으로 한 걸음 한 걸음 성장했다.

위대한 인물 뒤에는 늘 그 사람을 끝까지 믿고 지지해주는 조력자가 있다. 안중근 의사에게는 그의 어머니 조마리아 여사가 있었고, 율곡 이이에게는 어머니 신사임당이 있었듯, 경남 딸기 명인 류 대표에게는 아내 김이순 씨의 헌신과 지지가 든든한 버팀목이다. 1만5000㎡가 넘는 하우스 안의 빨간 딸기가 그녀의 존재를 증명하고 있다.

김이순 씨는 대학생 때 같은 학교 봉사단체에서 류 대표를 처음 만났다. 농업을 사랑하고 누구보다 열심히 일하는 당당한 모습에 마음이 끌렸다. 결혼 후 농사를 몰랐던 그녀가 육아와 농사일을 병행하기란 쉽지 않았다. 돌다리도 두드려 보고 건너는 그녀는 불도저같이 밀어붙이는 스타일의 남편을 따라가기가 너무 힘들었다고 한다. 특히 공들여 만든 딸기하우스가 태풍에 날아가고 폭설 때문에 하우스가 내려앉았을 때는 농사를 포기하고 싶을 만큼 좌절하기도 했다.

딸기 농사로 힘든 나날을 보내고 있던 어느 날, 부부는 지인의 추천으로 한 농민학교에 다니면서 농업인 스스로 끊임없이 배우고 도전할 때 새로운 희망이 생긴다는 사실을 깨달았다. 특히 졸업을 기념하는 행사 중 하나인 농산물 패션쇼에서, 두 사람은 아이들과 함께 '딸기와 결혼'이라는 콘셉트로 무대에 올랐고 당당히 대상을 받았다. 그 무대의 경험은 그들이 꿈과 열정을 가지고 다시 태어날 수 있는 계기가 되었고, 그들은 새로운 도전을 시작하겠다고 다짐했다.

현재 류 대표는 딸기 생산과 함께 현장실습 교육장을 운영하고 있는데, 그곳에서 교육을 수료한 제자가 전국에 300명이 넘는다. 부인은 봉농원 홈페이지를 만들어 소비자와의 직거래 등 소통을 담당하고 있다. 고품질의 딸기 덕분에 소비자의 신뢰가 쌓이고 판매량도 점점 늘어나 딸기 농원을 전국적으로 알리는 계기가 되었다.

경남 거창 봉농원의 류지봉(오른쪽), 김이순 부부.

또한 유기농 설탕으로 만든 딸기잼을 판매하고 딸기 체험농장도 운영하고 있다. 부부는 농장을 통해 체험과 교육뿐만 아니라 마음의 안식처를 제공할 수 있는 치유농장 운영과 소외계층에 일자리를 제공할 수 있는 사회적 기업 설립을 준비하고 있다.

"나는 스스로 빛나는 줄 알았는데 당신이 나를 비추고 있었습니다."

이 글은 한 공모전 당선작이다.

이 글귀처럼 딸기 농사의 길도 김이순 씨 혼자, 류 대표 혼자 만들어낼 수 없었다. 류 대표가 빛나도록, 그녀가 빛나도록 서로를 비춰주는 조력자로서 하나가 되었을 때 비로소 '봉농원'의 딸기는 '명인의 딸기'가 될 수 있었다. 그들은 여전히 '꿈이 없는 사람은 숨 쉬는 시체다'를 신조로 삼아 늘 꿈꾸고 도전하는 농업인으로 살아가고 있다.

생각을 바꾸면 길이 보인다

양복을 입고 일하는 신세대 농부

우리 농업의 근간인 쌀 산업이 천덕꾸러기가 되어가고 있다. 지난해 국민 1인당 쌀 소비량은 하루에 한 공기 반 정도로 역대 가장 적었다. 2000년 93.6kg에서 2022년 56.7kg으로 22년 만에 40% 가까이 줄었다. 쌀값 하락에 대한 정부의 대책 마련을 요구하는 농민들의 목소리가 커졌고, 정부는 성난 농심을 달래기 위해 2022년 쌀 시장격리에만 1조7000억원이라는 막대한 예산을 쏟아부었다.

어느 산업이건 자구책을 찾지 못하면 그 산업은 살아남기 힘들다. 때에 따라 각광받는 산업은 있겠지만, 원래부터 망하게 되어 있거나 흥하게 되어 있는 산업은 없다. 첨단 IT산업이나 인기 있는 서비스업이라 하더라도 시장이 늘 핑크빛 낭만만 안겨주는 것은 아니다. K-컬처의 선봉에 서 있는 한국 영화도 과거 큰 위기가 있었다.

2006년 2월 미국은 한미 FTA 체결의 선결 조건으로 우리 영화의 스크린쿼터 축소를 내걸었다. 당시 스크린쿼터는 한국 영화에는 호흡기와 같은 존재였다. 그걸 떼는 순간 사망 선고를 받는 것과 마찬가지였다. 영화계는 농업계와 손을 잡고 스크린쿼터 사수를 위한 '영화와 쌀' 연대까지 선언할 정도로 반대했다. 그럼에도 정부는 146일의 스크린쿼터를 73일로 줄일 수밖에 없었다.

한국 영화 역전 스토리는 놀랍게도 그때부터

쓰여졌다. 영화인들은 스스로 강해져야 한다는 자강불식(自强不息)으로 대응했고, 우리 영화산업은 결국 세계적인 수준으로 올라섰다. 2020년 아카데미상을 휩쓴 기생충의 봉준호 감독, 2022년 칸영화제에서 감독상을 받은 '헤어질 결심'의 박찬욱 감독, 에미상을 받은 '오징어 게임'의 황동혁 감독 등 한국 영화를 빛내고 있는 주역들이 셀 수 없을 정도로 늘었다. 이러한 영화인들의 노력 덕분에 지금의 한국 영화 르네상스 시대를 열 수 있었다.

한국 농업도 어떻게 대응하느냐에 따라 충분히 매력적인 산업으로 만들 수 있지 않을까. 그런 점에서 양복 차림으로 농사를 짓는 일본의 신세대 농부 이야기는 귀 기울여 들어볼 만하다. 일본 역시 젊은이들이 떠나는 농촌으로 활기를 잃어가고 있는 것은 우리나라와 마찬가지다.

300년째 대대로 농사를 지어온 사이토 기요토 씨도 농사짓는 것이 힘들고 돈이 안 되어 농촌을 떠났다가 2013년 우여곡절 끝에 결혼과 더불어 고향으로 다시 돌아왔다.

사이토 씨는 '즐겁게 일하는, 멋진 농부가 되는 법은 없을까'를 고민했다. 마침 의류업을 하는 형이 "나라면 양복 입고, 농사지을 텐데"라고 거들었고 그는 즉각 실천에 옮겼다. 할아버지는 "당장 작업복으로 갈아입고 오라"고 호통을 쳤지만, 사이토 씨는 못 들은 척하였다. 그는 미소 짓는 얼굴로 논 한가운데서, 양

사이토 씨가 양복을 입고 이앙기를 몰면서 모내기 작업을 하고 있다(위). 사이토 씨는 쌀 판매용 포대에도 양복 디자인을 입혔다.
사이토 씨 페이스북 캡처

복을 입고 멋진 중절모를 눌러 쓰고 농사를 지었다. '집으로 복을 부르는 쌀'이란 뜻을 가진 '가부라쌀(家福來米)'이란 제품도 만들었다. 특히 주목을 받는 것은 제품 디자인이다. 마케팅 차원에서 쌀 포장지에 양복 디자인을 입혔다. 그 결과 입소문을 탄 구매가 활기를 띠

면서 현재 '슈트 농가 사이토군'이란 브랜드는 해외에까지 알려지게 되었다.

매력적인 농업을 만드는 일은 아무리 강조해도 지나치지 않는다. 정부의 역할도 중요하지만, 농민 스스로도 나만의 농업을 만들기 위해서 고민하고 실천해야 한다. 일부에서 약진하고 있는 성공 사례들은 결국 개인의 혁신적인 아이디어와 노력에 힘입은 바 크다는 사실이다.

세상 한 명뿐인 고사리나물 '명인'

고화순 하늘농가 대표.

음력 1월 15일은 정월 대보름이다. 한 해의 첫 보름이자 보름달이 뜨는 날로, 오곡밥과 묵은 나물, 부럼을 먹으며 가정의 건강과 행복을 기원하는 특별한 날이다. 특히 고사리를 비롯한 9가지의 묵은 나물을 먹으며 겨우내 부족했던 식이섬유와 무기질, 비타민 등을 보충할 수 있는데, 이러한 풍습은 오래전부터 지금까지 이어져 오고 있다.

조선 시대의 풍속을 정리해놓은 '동국세시기'에는 묵은 나물을 먹으면 여름에 더위를 타지 않는다고 기록되어 있고, 1800년대 쓰인 가정 살림에 관한 '규합총서' 등에도 나물에 대한 다양한 내용이 실려 있다. 이처럼 나물은 옛적부터 한국인 밥상에 빠지지 않는 반찬 중 하나로 꾸준히 사랑받아 왔다.

2021년 전국 최초로 나물 명인이 탄생했다. '하늘농가'의 고화순 대표가 그해 대한민국 식품명인(고사리나물 제조 명인)으로 지정된 것이다. 고 대표는 23년 나물류 제조 경력 보유자로서 고증을 근거로 한 전통 고사리나물 복원 등을 인정받았다.

대한민국 식품명인 제도는 농림축산식품부가 식품 제조·가공·조리 분야의 우수한 기능 보유자를 발굴 및 육성하여 우리 고유의 전통 식문화를 보전하기 위해 시행하고 있는 제도다. 1994년부터 시작된 이 제도는 20년 이상 한 분야에서 전통 방식을 원형 그대로 보존하고 실현할 수 있는지를 판단하여 명인으로 지정한다. 현재는 91명이 명인으로 등록되어 있다.

고 대표는 명인 지정에 필요한 원형 복원을 위해 외할머니와 어머니께 물려받은 방법으로, 1450년 편찬된 '산가요록'을 비롯한 고전 조리서 내용에 따라 고사리나물을 복원했다. 또한 정통성을 입증하기 위해서는 3대 이상의 전승 기술을 10년 이상 전수받았다는 증빙이 필요했는데, 돌아가신 외할머니에 대한 기록이 남아 있지 않았다. 그래서 당시 외할머니와 함께 활동하셨던 분을 수소문하여 마침내 정통성을 입증했다. 많은 분이 돌아가시거나 글을 몰라 그 과정이 순탄치 않았지만, 그녀에게는 아주 의미 있는 시간이었다.

실제로 고 대표의 외할머니와 어머니는 먹을 것이 귀하던 시절부터 고사리를 팔아 왔다. 그러다 판매처가 없어 힘들어하시는 어머니를 도와드리고자 시작한 학교 급식 납품이 고사리 상품화까지 이어진 것이다. 이를 바탕으로 그녀는 외할머니와 어머니로부터 고사리를 뜯고 삶고 말리는 법, 묵은 냄새를 제거하고 좋은 식감을 내는 법과 깊은 맛을 살리는 법 등 전수받은 비법을 가지고 다양한 조리법을 연구하기 시작했다. 동시에 주위의 여러 식품 전문가와 명인들을 보며 식품명인의 꿈을 키웠다. 특히 예부터 일상에서 즐겨 먹었던 나물의 보존 가치를 인정받았다는 점에서 그 가치가 더욱 크다고 할 수 있다.

고화순 하늘농가 대표가 각종 나물을 이용해 만든 즉석식품(HMR)을 들어보이고 있다.

외할머니와 어머니를 이어 3대 고사리 계승자가 된 고 대표는 기성세대에는 옛 맛의 향수를 불러일으키고, 젊은 세대에는 다양한 나물의 참맛을 알리고자 노력하고 있다. 나물 명인으로서 고 대표의 최종 꿈은 나물의 세계화를 통해 한국의 나물 문화가 유네스코 무형문화재에 등재되는 것이다. 4대손인 차녀 박미소 양도 영양사와 한식조리사 자격을 취득하며 나물 명인 어머니와 함께 꿈을 꾸고 있다.

고 대표의 바람처럼 우리의 전통음식인 나물이 우리만의 먹거리를 넘어 전 세계적으로 사랑받는 한국의 식문화로 자리매김하길 소망

한다. 작은 밥상의 가녀린 나물 향이 세계로 널리 퍼지는 그날을!

땅을 갖지 않아도 농부가 되는 법

얼마 전 '파테크(대파+재테크)' 열풍이 불었다. 한파로 대파 공급이 부족해 값이 4~5배 이상 급등하자, 가정에서 직접 대파를 키우기 시작한 것을 재치 있게 표현한 말이다. 최근에는 코로나19로 인해 실내 생활이 늘어남에 따라 반려식물도 주목을 받고 있다. 단순히 취미와 원예의 개념을 넘어 반려, 동반자의 개념이 더해진 것이다. 이로 인해 홈가드닝, 플랜테리어 등의 식물 시장도 확장되고 있다. 이처럼 과거의 농사는 단순히 '농부만의 것'

이었지만, 갈수록 농사의 개념과 형태가 확장되며 우리 실생활에 더욱 가까워지고 있다. 실제로 귀농, 귀촌을 꿈꾸는 도시민들의 비율이 증가하고 있으며 도시에서 자연을 누리는 '생태 도시'와 '도시 농업'도 많은 인기를 얻고 있다.

이런 흐름 속에서 도시와 농촌의 경계를 허물고 서로의 가치관을 교류하며 친환경적 농촌의 삶을 온전히 경험할 수 있는 활동이 있다. 바로 우프(WWOOF · World Wide Opportunities on Organic Farms)다. 우프는 1971년 영국의 한 여성이 주말마다 농가를 방문해 반나절 동안 농사일을 돕고 숙식을 제공받으면서 시작된 것으로, 코로나 팬데믹이 발생하기 전까지 전 세계 150여 개 국가에서 15만명이 넘는 사람들이 활동했다.

우프에서 농사일을 돕는 자원봉사자를 '우퍼

우프에서 즐거운 한때를 보내고 있는 젊은이들. 우프코리아 제공

(WWOOFer)'라 부른다. 이들은 귀농, 귀촌에 관심을 가지고 대안적 삶과 농촌의 일상을 경험하고자 한다. 우퍼들에게 일손을 도움받고 숙식을 제공하는 농장 주인은 '호스트(Host)'라 하는데, 함께하는 시간 동안 다양한 삶의 경험과 철학을 이들에게 나누어 주기도 한다. 이처럼 우퍼와 호스트가 함께 일하고 생활하는 과정에서 서로 배우고 나누는 경험이 축적된다. 이러한 활동을 '우핑(WWOOFing)'이라 칭한다. 한국에는 1997년에 우프코리아가 설립되었으며, 여러 심사를 거쳐 현재 전국 80여 곳의 다양한 친환경 농장이 함께하고 있다.

우프코리아의 김혜란 대표는 20대 때 호주에서 우프를 경험한 것이 계기가 되어 현재는 '땅을 소유하지 않은 농부, 세계를 가꾸는 여행'이라는 슬로건을 가지고, 국내 농가와 우퍼를 이어주는 활동을 20년 넘게 하고 있다. 초기에는 '우프'라는 낯선 개념 때문에 사람들의 호응도가 낮았지만, 지금은 많은 사람이 우프 활동을 지지하며 참여하고 있다고 한다.

김 대표는 "농업은 사람과 자연을 연결하는 다리다. 농촌과 자연에 첨단 사회의 미래가 있으므로, 더 많은 사람이 한국 농촌의 일손을 돕고 그곳에서 자연을 배우며 경험하는 삶의 가치를 느끼길 바란다. 우프코리아가 그 통로가 되었으면 좋겠다"고 말한다.

우프 활동의 궁극적인 목표는 농촌 활성화이며 지속 가능한 농업을 만드는 것이다. 이를 위해서는 먼저 농촌에 애정을 가져야 한다. 그래서 우프 활동은 단순한 일손 돕기가 아니라 농촌을 경험하지 못한 이들이 농촌의 삶을 직간접적으로 체험하며 친환경의 가치와 농업의 숭고함 등에 대해 배울 수 있는 기회를 제공한다.

바쁜 현대사회를 살다 보면, 문득 자연의 흙냄새와 풀벌레 소리가 그리워지는 순간들이 있다. 농촌의 삶이 궁금하거나 지역을 알고 싶은 분들, 그리고 땀 흘리며 힐링하고 싶은 분들께 이 우프를 통해 '땅을 소유하지 않은 농부'가 되어보길 권한다.

벼는 농부의 발자국 소리를 들으며 자란다

타 산업에 비해 농업 분야는 발전 속도가 떨어진다고 여겨왔다. 하지만 과학기술의 융복합으로 인해 다양한 형태의 농업이 등장하면서 이러한 인식에 변화가 일어나고 있다. 특히 수직농장(Vertical Farm)이라고 하는 식물공장이 실용화되면서 농업은 토지의 제약에서 벗어날 수 있게 되었다. 이로 인해 농업은 잠재력이 뛰어난 미래 산업으로 새롭게 주목받고 있다.

이를 반영하듯이 최근 많은 사람이 농업에 출사표를 던지고 있다. 은퇴 후 제2의 인생을 살고자 하는 중장년층은 물론 농업에서 새로운 대안을 찾고자 하는 청년층까지 탈(脫)도시를 꿈꾸는 범위는 넓어지고 있다.

정부나 지자체 역시 이러한 사회적 분위기에 맞춰 다양한 첨단농업 교육 프로그램을 제공하고 있다. 하지만 대부분의 교육이 편리성에 무게중심을 두고 있어 아쉽다. 진정한 농업 교육이 되기 위해서는 무엇보다 농업의 가치와 소중함을 경험한 후에 기술 교육을 하는 것이 순서가 아닐까?

특히 스마트팜으로 대표되는 농업 교육에서 이러한 현상이 두드러진다. 스마트팜을 활용해 농사를 지으면 생산성을 높일 수는 있지만 '인간'과 '생명'의 가치를 충분히 반영하지 못하고 있다는 지적이 있다. 즉, 직접 손으로 흙을 만지고 잡초나 벌레와 씨름하면서 생명의 가치를 느끼는 시간적 여유가 사라진 것이다. 그렇다면 첨단 기술의 사용이 당연해지고 효율성을 추구하는 현재의 농업 환경에서 농업이 주는 소중함과 농촌의 삶을 경험할 방법은 없을까?

그 방법의 하나로 친환경 농사를 짓는 농가의 일손을 돕고 숙식을 제공받는 '우프(WWOOF)'를 꼽을 수 있다.

최소 일주일 이상 농장에서 잡초 뽑기, 벌레 잡기 등의 일을 하며 농장의 작물로 만든 정갈한 음식과 안락한 잠자리를 제공받는다. 참여자들은 상호 무상으로 이루어지는 이 활동을 통해 고스란히 그들의 삶을 들여다본다. 실제로 이들은 농업과 농촌에 대한 깊은 애정을 가지게 되었고, 자연 속에서 흙을 만지는 것 자체가 많은 쉼과 위로를 주었다고 덧붙였다.

농사 농(農)자는 부수가 辰(별 진, 때 신)이고, 曲(굽을 곡, 가락 곡)이 합쳐진 글자이다. 따라서 농사는 '별을 노래하는 것'이라고 해석할 수도 있다. 이런 의미에서 농부(農夫)는 바로 '별을 노래하는 사람'이다. 연중 변해가는 별자리를 보면서 씨앗을 뿌리고 열매를 가꾸고 곡식을 거둘 때를 알았을 것이다.

'벼는 농부의 발자국 소리를 들으며 자란다'라는 말이 있다. 그만큼 농부와의 교감이 중요하다는 뜻이다.

농업 강국 네덜란드에서는 농사를 잘 짓는 농부를 '그린 핑거(Green Finger)', 즉 '녹색 손'이라고 부른다. 식물의 잎과 줄기를 많이 만지는 사람이라는 말로, 농사에서 농부가 가져야 할 자세를 일컫는다.

농업은 단순한 산업이 아니라 우리를 자연과 엮어주는 생명의 다리이다. 아무리 고도의 첨단 기술이 있어도 사람의 가슴을 뛰게 하지 못하면 의미가 없다. 생명을 낳는 일에는 정성과 기다림이 필요하다.

매일 먹는 밥이 질리지 않는 이유는 농부들의 마음(農心)이 그대로 작물에 전해졌기 때문일지도 모른다.

기후변화가 바꾸는
농업지도

인천광역시 계양구 선주지동에 있는 한 비닐하우스 농장. 이곳에선 현재 귤나무 320그루가 자라고 있다. 김주철 신선한농원 대표는 2019년부터 기르기 시작한 귤나무에서 2021년 말 처음으로 샛노란 귤을 수확했다. 수확량은 2kg짜리 1000상자가량이었다. 나무가 더 영글면 최고 5000상자 정도 수확을 기대하고 있다.

10여 년 전에 귀농한 김 대표는 "지구온난화에 빨리 적응하는 것만이 농업에서 살아남는 길이라고 생각해 귤 재배를 시도했다"며 "소비자들이 제주산보다 신선한 귤을 맛볼 수 있는 게 최대 장점"이라고 말했다.

김 대표가 수확한 귤은 제주 토종 밀감을 직접 개량한 만감류다. 제주에서는 한라봉이라고 하지만 김 대표는 지역명을 따서 '계양봉'이라고 이름 붙였다. 그는 "생산량이 많지는 않지만 귤 수확 체험농장으로 운영하면 충분히 승산이 있다"며 "수도권에서도 직접 귤 따기 체험을 할 수 있는 장점 때문에 많은 사람이 관심을 보이고 있다"고 말했다.

지구온난화에 따른 기후변화가 한국의 농업 생산 지도를 바꾸고 있다. 노지 재배가 아니라 비닐하우스이긴 하지만 인천에서 귤을 재배하는 건 과거엔 상상도 못했던 일이다. 그

만큼 겨울철 날씨가 따뜻해지면서 난방비가 좀 들어가더라도 충분히 귤 농장으로서 경쟁력을 갖출 수 있다는 방증이다.

귤은 한국인이 가장 사랑하는 과일 중 하나다. 연간 생산량이 63만t으로 국내 과일 중 1위를 차지하고 있다(2019년 기준). 지금까지는 제주도와 남부지방 극히 일부에서만 귤을 재배했지만, 인천에서 귤 재배에 성공했다는 건 이제 전국 어디서든 귤 재배가 가능하다는 뜻이다.

귤 재배지 확대의 원인은 당연히 기후변화다. 기후변화는 온실가스 효과로 지구 기온이 올라가는 현상을 말한다.

전문가들은 지난 100년간 지구 평균기온이 0.74도 상승했고, 이런 기온 상승 속도가 갈수록 빨라지고 있다고 보고 있다. 2100년께 지구 평균기온은 지금보다 4.7도 상승할 것이라는 전망이 나온다.

한반도는 세계 평균보다 훨씬 빠른 속도로 뜨거워지고 있다. 지난 100년간 우리나라의 평균기온은 약 1.7도 상승해 세계 평균의 2배를 훌쩍 넘었다. 21세기 말에는 5.7도 이상 상승해 한반도 강수량이 2000년 대비 20% 가까이 늘어날 것이라는 전망이 나온다. 이 경우 우리나라의 절반 정도는 아열대기후로 변하게 될 것이라는 예측도 있다.

연간 생산량 2위 과일인 사과(53만5000t)도 마찬가지다. 이제 '대구 능금'이라는 건 옛말

사과 재배지 변동 예측지도

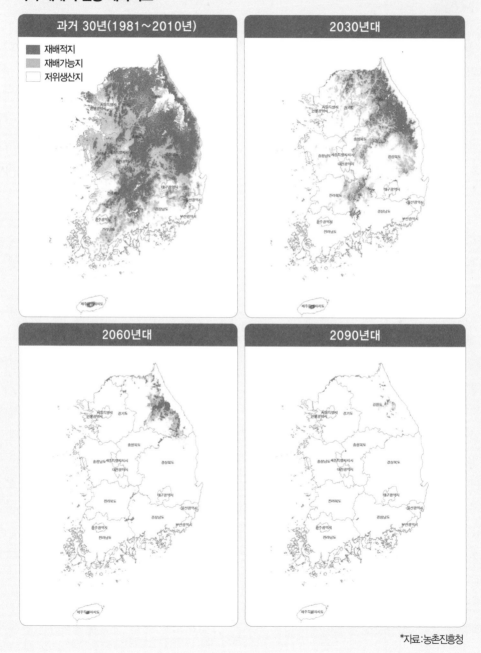

과거 30년(1981~2010년)
- 재배적지
- 재배가능지
- 저위생산지

2030년대

2060년대

2090년대

*자료:농촌진흥청

이 되고 있다. 여전히 대구·경북 지역 생산량이 압도적으로 많기는 하지만 사과 재배 지역이 점차 북상하면서 요즘은 강원도가 새로운 사과 생산지로 각광받고 있다.

사과는 생육기 평균기온이 15~18도 수준인 비교적 서늘한 기후에서 잘 자라는 호냉성 작물이다 보니 강원도가 '재배적지'로 부상하고 있다. 강원도는 해발이 높고 연평균 기온이 낮은 데다 일교차가 크다 보니 사과의 당도가 높고 과육이 단단해 식감이 좋고 보관성이 우수하다는 평가를 받고 있다.

심지어 남한 최북단으로 휴전선과 맞닿아 있는 양구군 펀치볼 지역이 유명 사과 산지로 급부상하고 있을 정도다. 이곳에서 2016년부터 사과 농장을 운영하고 있는 김철호 애플카인드 대표는 '2021 대한민국 과일 산업대전'에서 사과 부문 최우수상(농림축산식품부 장관상)을 받기도 했다. 김 대표는 "사과는 여름철 열대야 현상을 겪으면 물러지는 문제가 발생하곤 한다"며 "펀치볼 지역은 열대야가 없고, 일교차가 큰 데다 바람이 잘 불어 사과 맛도 좋고 병충해도 덜하다는 장점이 있다"고 말했다.

강원도 사과 재배면적은 2011년 321㏊에서 2021년 말 기준 1579㏊로 10년 새 5배 가까이 늘어났다. 생산량은 같은 기간 1027t에서 2만 3503t으로 무려 23배 증가했다.

농촌진흥청이 기후변화를 감안해 2020년대부터 2090년대까지 주요 과일의 재배지가 어떻게 변동될 것인지를 예측한 결과에서도 사과를 잘 재배할 수 있는 지역은 갈수록 줄어드는 것으로 나타났다. 이에 따르면 과거 30년(1981~2010년) 평균을 기준으로는 사과 재배에 적합한 지역, 즉 재배적지가 전 국토의 41%에 달했지만 2020년대에는 15.6%로 줄어드는 데 이어 2030년대 11.5%, 2040년대는 6.4%, 2050년대 4.6%, 2060년대 2.4%로 줄어들 것으로 예측됐다. 2070년대에는 재배적지가 전 국토의 0.8%까지 급감할 전망이어서 강원도 산간 극히 일부 지역을 제외하고는 국내에서 사과를 재배할 곳이 사실상 사라질 전망이다.

사과보다는 덜하지만 배와 포도의 운명도 비슷하다.

농촌진흥청 분석에 따르면 과거 30년간 배 재배적지는 전 국토의 57.5%에 달했지만 2040년대 38.6%, 2060년대 19.5%에 이어 2070년대 7.5%로 줄어들 전망이다. 한국산 과일 가운데 가장 수출 경쟁력이 높은 것 중 하나로 평가받는 배마저 21세기 말에는 국내에서 재배 가능한 곳이 강원도 일부 지역만 남게 될 것이라는 전망인 셈이다.

포도는 과거 30년 평균으로 재배적지가 전 국토의 46.8%에 달했지만 2050년대 8.8%로 줄어들고, 2090년대에는 1.2%까지 쪼그라들 전망이다. 역시 21세기 말에는 강원도 산간 지역에서만 포도 재배가 가능하게 되는 셈이다.

한국인이 좋아하는 사과, 배 수입해야 할 수도

이 같은 재배적지의 변화는 농가들 입장에서는 매우 괴로운 일이다. 농업은 기본적으로 지역을 기반으로 하는 산업이기 때문이다. 경북에서 사과 농장을 운영하는 사람이 사과 재배적지가 북상함에 따라 터전을 옮겨 농사를 짓기는 어렵다. 그렇다고 원래 농사를 짓던 곳에서 버티는 것도 쉽지 않다. 김동환 온난화대응농업연구소장은 "겨울이 따뜻해지면서 과일나무의 꽃이 일찍 피는 경우가 많아졌다"며 "꽃이 핀 뒤에는 추위가 오지 않아야 열매가 잘 맺히는데 기상이변이 자주 발생하다 보니 봄에 냉해가 닥치면서 꽃이 제대로 피지 않아 열매가 맺히지 않는 경우가 많다"고 말했다. 재배적지 북상과 함께 기존 재배지가 기후변화 피해를 입을 가능성이 갈수록 커지는 것이다.

결과적으로 한국인들이 즐겨 먹는 과일의 국내 생산이 앞으로는 줄어들 수밖에 없게 된다. 재배적지가 줄어들면 똑같은 과일이라도 이전처럼 맛있는 과일을 생산하기가 어려워질 가능성도 높다. 문경환 온난화대응농업연구소 농업연구관은 "나중에는 사과와 배, 포도 같은 선호 과일을 수입해 먹어야 할 상황이 생길 수 있다는 점을 염두에 두고 대응책을 마련해야 한다"고 말했다.

기후변화가 농업에 미치는 영향은 재배적지의 변화뿐만이 아니다. 기후변화는 단순히 지구온난화만이 아니라 잦은 기상이변을 초래한다. 기상이변으로 인한 집중 호우와 태풍으로 농지가 침수되고, 폭염이나 가뭄으로 농작물 생산량이 급감하는 일이 발생할 가능성이 커지는 것이다.

상추나 배추 등 채소의 경우 매년 기상이변에 따른 작황 부진으로 가격 폭등 현상이 발생하고 있다. 2021년 맥도날드에서 양상추가 빠진 햄버거가 팔렸던 이유도 기상이변 때문이었다. 가을로 접어든 10월에는 강원도에서 양상추가 나와야 하는데 가을장마가 겹치면서 일조량 부족으로 양상추 농사를 망친 것이 공급 부족과 가격 폭등으로 이어졌다. 그 전년도에 토마토가 사상 최장의 여름 장마 여파로 작황이 부진해지면서 수급난을 겪었던 것도 기후변화 탓이었다.

이뿐만 아니라 토양 유실과 새로운 병해충 등장에 따른 피해도 심각하다. 강수량 증가나 가뭄 등의 기상이변은 작물이 자라는 표층 토양을 유실시킨다. 이는 지력을 악화시켜 농업 생산성을 떨어뜨린다. 최근 들어 고랭지 배추나 무 생산이 예전만 못한 것은 경사지의 토양이 유실된 여파가 크다는 분석이다.

또한 겨울철 기온 상승은 그동안에는 존재하지 않았던 새로운 병해충 발생의 원인이 되고

망고 재배면적과 농가 수 〈단위:호, ha〉

— 농가수
■ 재배면적

	2018년	2019년	2020년
농가수	97	124	159
재배면적	42.4	52.4	62

*자료:농촌진흥청

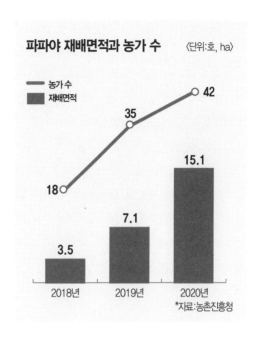

파파야 재배면적과 농가 수 〈단위:호, ha〉

— 농가수
■ 재배면적

	2018년	2019년	2020년
농가수	18	35	42
재배면적	3.5	7.1	15.1

*자료:농촌진흥청

있다. 외래종 잡초가 유입된 뒤 기온 상승을 틈타 대량 번식하는 사례도 종종 발견된다. 농산물만이 아니라 축산 분야에서도 기후변화의 피해가 나타난다. 가축의 면역력 약화와 전염병 출현 가능성을 높이기 때문이다. 이상고온이 닥칠 경우 소는 스트레스로 발육이 제대로 되지 않아 농가들 입장에서는 축사 기온을 낮추는 데 신경을 곤두세우지 않으면 안 된다. 돼지의 경우도 고온에 따른 스트레스로 인해 발정기가 지연되고 배란이 줄어 생산에 차질이 생길 수 있다.

기후변화로 인한 재배적지 변화로 기존 과수 농가들이 혼란을 겪고 있는 사이 다른 쪽에서는 아열대 작물 재배를 시도하는 등 대응에 나서고 있다. 농진청은 우리나라 전체 아열대 작목 재배 농가가 약 1400호(2020년 2월 기준)에 달한다고 밝히고 있다. 재배면적은 310ha, 생산량은 5700t 정도로 아직은 초기 단계에 해당한다.

과일 중에서는 망고와 파파야, 용과 등이 눈에 띄는 재배 증가세를 보이고 있다. 망고는 재배면적과 농가 수가 2018년 42.4ha, 97곳에서 2020년 62.0ha, 159곳으로 늘었다. 파파야는 같은 기간 3.5ha, 18농가에서 15.1ha, 42농가로, 용과는 3.8ha, 19농가에서 6.4ha, 25농가로 늘었다. 이 밖에 여주와 강황, 삼채 등 아열대 채소 재배도 함께 증가하고 있다. 김동환 소장은 "국내에서 재배되는 아열대 과일과 채소는 아무래도 수입산에 비해 비싼 것이 일반적이지만 소비자들이 고품질의 신선 농산물에 대한 선호도가 커지고 있는 데다 각 지자체에서 신소득 작목 발굴과 육성을 위한 지원책을 잇달아 도입하면서 아열대 작물 재배가 늘고 있다"고 분석했다. 대표적인 식량 작물인 벼는 기온 상승 영향으로 발육 속도가 빨라지면서 생육기간이 단축되는 이점을 누릴 수 있을 전망이다. 벼를 수확한 뒤 다른 작물을 추가로 재배하는 방식의 이모작이 더욱 활성화될 수 있을 것이라는 전망이다.

유기농 선구자 故 강대인 뜻 잇는 청년농부들

햇빛 따스한 봄날 오후 전남 보성군 벌교읍 야트막한 산자락에 자리 잡고 있는 우리원농장을 찾았다. 이곳은 우리나라 유기농 벼농사의 선구자로 불리는 故 강대인 농부의 꿈이 깃들어 있는 곳이다. 국내에서 그 누구도 유기농에 관심이 없던 시절 쌀을 유기농법으로 재배하기 위해 갖은 고초를 겪으면서도 그가 하나 둘씩 일궈온 곳이다. 지금은 첨단 쌀 도정 시설과 발효식품 생산공장, 친환경 농업을 널리 보급하기 위한 교육원까지 들어섰다.
이곳을 찾은 이유는 청년 농부들의 토론회 현장을 참관하기 위해서다. 토론회에 앞서 故 강

대인 농부의 딸인 강선아 우리원 대표가 부친을 회고했다. 고인은 국내 유기농의 역사로 통한다. 1974년 쌀농사를 처음 시작한 고인은 부친이 농약 중독으로 생을 마감하는 것을 보고 1979년부터 유기농업으로 전환했다. 국내에 유기농이라는 개념조차 생소하던 시절이었다. 농약과 비료를 쓰지 않아 소출이 남들만 못해도 유기농을 끝까지 포기하지 않고 농법과 기술 개발에 매달렸다. 악전고투 속에 1995년 국내 최초로 유기농 재배 품질인증을 획득한 고인은 농업계에 뚜렷한 족적을 남겼다.
고인은 벼 포기 사이사이를 넓게 하고, 농약과 제초제를 사용하지 않는 대신 오리농법이나 쌀겨농법 등 자연농법을 통해 논과 벼를 건강하게 키우는 데 평생을 바쳤다. 지금도 우리원에서는 백미뿐만 아니라 발아미, 흑미, 녹미, 적미, 현미 등 다양한 기능성 쌀을 생산한다. 쌀을 가장 신선한 상태에서 가정에서 먹을 수 있도록 도정도 소량으로 하면서 소형 포장 판매에 주력한다. 2010년 단식기도에 들어갔다가 갑작스레 세상을 떠난 이후 우리원은 그의 부인인 전양순 여사와 딸 강선아 대표가 함께 이끌어가고 있다.
강 대표는 어머니 권유로 한국벤처농업대학에 입학했다가 자신도 모르게 일일 강사로 나선 아버지의 말씀에 감동을 받고는 가업을 잇기로 결심했다. 이후 15년 넘게 농사를 짓고 있는 강 대표는 벼 재배(1차 산업)와 발효 가

한국 유기농의 선구자로 불리는 故 강대인 농부가 생전에 막내 딸과 함께 즐거운 시간을 보내는 모습을 그린 엽서.

공식품 생산(2차 산업), 농산물 유통과 친환경농업 교육(3차 산업) 등 이른바 '6차 산업'으로서의 농업을 일궈나가고 있다. 강 대표는 지금도 아버지의 말씀을 잊지 못하고 있다. "농사는 풀을 기르는 하농(下農)과 곡식을 기르는 중농(中農), 땅을 기르는 상농(上農), 마지막으로 사람을 기르는 성농(聖農)이 있단

다. 자연을 살리고 안전하고 바른 먹거리를 생산하는 것도 농업인의 길이고, 바른 사람을 기르는 업 또한 농업인의 길이란다."
아버지의 유지를 이어받아 강 대표는 단순히 농사를 짓는 데 만족하지 않고 다양한 사회 활동을 병행하고 있다. 그중에서도 요즘은 전국 청년 농부들로 구성된 청년농업인연합회(청

연) 초대 회장으로서 핵심적인 역할을 하고 있다. 이날 토론회도 연합회 회원으로 활동 중인 10여 명의 청년 농부들이 참여했다.

이날 토론회의 화두는 단연 딸기였다. 딸기 농사를 짓는 회원들이 상대적으로 많이 참석한 데다 새로운 딸기 브랜드를 론칭하려는 동료를 도우려는 마케팅 아이디어가 다양하게 제시됐다. 새 브랜드의 주인공은 충남 논산에서 '주니팜'이라는 딸기농장을 운영하는 청년 농부 허준 씨였다. 동료 회원들이 다양한 마케팅 아이디어를 내놨는데, 그중에서도 세계에서 가장 매운 고추로 알려진 인도산 '부트졸로키아'와 연계하는 방안이 가장 눈길을 끌었다. 요즘 젊은 층의 입맛 콘셉트인 매운맛을 딸기에 접목해 보자는 것이다. 전남 보성에서 키위와 블루베리 농사를 지으며 잼 공장도 운영하고 있는 정순오 도담 대표의 아이디어다. 정 대표는 "딸기를 부트졸로키아 잼에 찍어 먹는 상상을 하면 짜릿하지 않냐"고 말했다.

이 밖에 딸기에 대침이 찍힌 모습을 사진으로 찍어 홍보해야 한다든가 한약재 가루를 뿌려 키운 한약딸기를 길러보라는 등 재치 넘치는 아이디어도 나왔다.

허씨는 "사실은 친구 따라 귀농한 이후 그동안 생각 없이 농사를 짓던 것에 대해 많은 반성을 하게 됐다"며 "이번 토론회를 계기로 마음을 다잡고 허준이라는 이름을 빛낼 수 있는 딸기를 재배해야겠다는 목표를 갖게 됐다"고 말했다.

누구도 알아주지 않던 시절 유기농 벼 재배에 평생을 바치며 한국 농업의 새 역사를 썼던 故 강대인 농부의 노력이 헛되지 않았음을 이날 토론회가 보여준 것 같아 흐뭇했다.

보랏빛 섬에서 아침을

드넓은 초원에서 한가로이 풀을 뜯고 있는 젖소의 모습에 많은 사람의 눈과 마음이 홀리지만, 그 장면이 지속되면 얼마 지나지 않아 나른함을 넘어 지루함을 느낄 것이다. 하지만 바로 그 순간 보랏빛 소가 나타난다면 여러분은 어떤 생각이 들고 어떤 행동을 하게 될까?

아마도 당장 사진을 찍고 SNS에 사진을 올려 폴로어가 몰려들면서 입소문이 나게 될 것이다. 평범한 젖소가 아닌 화려한 보랏빛 소(Purple Cow)를 상상해 본 적이 있는가? 독창적인 마케팅 기법을 제시해 온 '마케팅 혁명가' 세스 고딘은 2003년 마케팅의 고전 '보랏빛 소(Purple Cow)'를 출간했다.

전라남도에 있는 신안군은 섬 천국이다. 1000여 개의 유인도와 무인도를 합쳐서 '천사(1004)섬'이라 불린다. 흑산도나 홍도처럼 유명한 섬도 있지만 들어보지도 못한 섬이 대부분이다. 그중 '퍼플섬'이 눈에 띈다.

퍼플섬의 모습. 신안군 제공

신안 반월도와 박지도는 관광객의 발길이 닿지 않는 평범한 섬마을로 주민 136명이 사는 외딴섬이었다. 보라색 꽃을 피우는 도라지와 꿀풀이 식생한다는 주민들의 목소리를 귀담아 듣고 상징적인 색 보랏빛이 천지에 널린 섬으로 변신을 시도했다. 퍼플섬 입구에 들어서면 넓은 바다에 펼쳐진 퍼플교의 아름다운 모습에 누구도 반하지 않을 수 없다. 안좌도와 반월·박지도를 연결하는 보행교를 보라색으로 칠한 이유이다.

섬 안에 있는 모든 지붕을 보라색으로 칠하고 산과 언덕에는 보라색 꽃 정원을 만들었다. 버스 정류장, 공중전화 부스는 물론이고 식당과 카페의 소품, 시설과 물건에 보라색 옷을 모두 입혔다. 퍼플섬엔 입장료가 있지만, 옷차림이나 소지품 중에 보라색 아이템을 한 가지라도 소지하면 무료로 관광을 즐길 수 있

다. 보랏빛 퍼플섬으로 탈바꿈한 반월도와 박지도는 고딘의 '보랏빛 소'처럼 주목할 만한 공간으로 다시 태어났다. 보통의 섬마을을 색(色)다른 섬으로 가꿔 사람들의 발걸음을 유혹하는 매혹적인 사례가 되었다. 퍼플섬에 대한 국내외 언론들의 반응도 뜨거웠는데, 2021년 스페인에서 열린 유엔세계관광기구(UNWTO) 총회에서 퍼플섬은 '제1회 유엔 세계 최우수 관광마을'로 선정됐다.

신안군의 노력은 퍼플섬의 색채 마케팅에서 끝나지 않았다. 섬마다 독특한 박물관과 미술관을 세우는 '1도 1뮤지엄' 사업, '사계절 꽃피는 1섬 1정원' 만들기, 유인도 마을 지붕을 섬 특성에 따라 갖가지 색으로 단장하는 등 신안군의 색채 마케팅은 퍼플섬에 이어 지속되고 있다.

'잃어버린 시간을 찾아서'의 작가인 마르셀 프루스트는 "진정한 발견을 하는 항해는 새로운 땅을 찾는 것이 아니라 새로운 눈을 갖는 것이다"라고 했다. 남과 다른 시각과 해석으로 접근해 지역의 독특한 가치를 높이는 신안군 사례는 혁신적이다. 박우량 신안군수를 비롯한 공직자와 군민들이 창조적 아이디어를 보태면서 세계적인 명소로 만들어가고 있다.

창조적인 플레이어가 지역의 미래와 운명을 결정하는 시대이다. 상상을 뛰어넘는 아름다움, 가슴 뛰는 재미, 그리고 감동까지 느낄 수 있는 '주목할 만한(Remarkable)' 그 무엇인가가

있어야 한다. 신안군은 과거의 전례에 따라 늘 해 오던 익숙한 행정이 아니라 예상을 뛰어넘는 '전대미문'을 추구한다. 반짝이는 '보랏빛 섬'이 세계적인 관광지가 되기를 기대한다.

농업인 여러분 고맙습니다

11월 11일이 무슨 날인지 알고 계십니까? '빼빼로 데이'로 알고 있는 사람들이 많겠지만 그날은 우리나라 법정기념일인 '농업인의 날' 입니다. 농업과 농촌의 소중함을 국민에게 알리고 농민들의 긍지와 자부심을 고취시키고자 1996년 제정되었습니다.

농민은 흙에서 태어나서 흙을 벗 삼아 살다가 흙으로 돌아간다는 의미에서 흙 토(土)자가 겹친 '토월토일(土月土日)'을 '농업인의 날'로 정하였습니다. 흙 토(土)의 자획을 나누면 십일(十一)이 되고, 아라비아 숫자로 풀어 쓰면 11월 11일이 된다는 데에서 착안한 것입니다. 또한 이때가 농민들이 힘든 한 해 농사를 마치고 풍년을 염원하는 행사를 할 수 있는 적절한 시기이기도 합니다.

한국 경제는 1960년대부터 고도 성장기에 접어듭니다. '식량 증산'에 국가의 운명이 걸린 것으로 인식하던 시기입니다. 먹고사는 문제뿐만 아니라 식량을 싼값에 공급할 수 있어야 고도 성장에 따른 인플레이션을 막을 수 있었고, 도시 노동자의 임금을 낮게 유지하여 수출 경쟁력을 지속할 수 있었습니다. 대한민국이 세계 10대 경제 대국으로 성장할 수 있었던 것도, 그 배경에는 농민의 노력과 뒷받침이 있었기 때문입니다.

최근 4차 산업혁명의 기술이 빠르게 산업 각 분야에 도입되고 있습니다. 한국 농업도 예외는 아닙니다. 첨단 과학기술과 결합한 농업의 미래를 정확히 전망하기란 쉽지 않지만, 토지와 인력에 의존하던 농업이 기술과 자본이 집약된 종합산업으로 탈바꿈되고 있는 것만큼은 분명합니다. 세계 각국은 이러한 변화를 농업 재도약의 디딤돌로 활용하기 위해 치열하게 경쟁하고 있습니다.

얼마 전 조선시대 실학자 다산 정약용의 유배지인 전남 강진 사의재를 방문한 적이 있습니다. 문득 다산 선생에게 '현재 우리의 농업 문제에 대해 의견을 달라고 한다면 과연 무슨 말씀을 하실까' 하는 생각이 들었습니다.

조선 제22대 왕 정조는 농업을 제대로 일으킬 수 있는 대책을 올리라는 명을 내렸고, 이에 다산은 상소문을 올립니다.

"농사가 다른 것보다 못한 것이 세 가지가 있는데 편하기는 수공업자보다 못하며, 돈 버는 것은 상인보다 못하며, 지위는 선비보다 못하다"고 언급하면서, "이 세 가지 못한 것을 없애지 않으면 비록 날마다 농사를 권장하여도 끝내 이루지 못할 것"이라 하였습니다.

한 농부가 누렇게 익은 벼를 추수하는 현장에서 볏짚을 수습하고 있다.

그는 '삼농(三農) 정책'을 해결책으로 제안합니다. 농사 짓기가 편해야 하고(편농: 便農), 소득이 높아야 농사가 후해지고(후농: 厚農), 농민의 지위가 향상되어야(상농: 上農) 농업이 발전한다는 것입니다. 이러한 다산의 생각은 220여 년이 지난 지금 우리의 농업에도 그대로 적용됩니다. 다산이 바라고 꿈꾸던 '삼농 정책'이 21세기 한국 농업의 새로운 모습으로 실현될 수 있도록 지혜를 모아야 할 때입니다. 농업인의 날, 예전 같으면 전국의 농촌 지역에서 다양한 축하 행사를 개최하였을 텐데 요즘에는 소박한 소식들만 전해집니다. '농업인의 날'이 농민만의 날이 아니라 전 국민이 함께 참여하고 설레는 문화의 날로 발전되었으면 하는 바람입니다.

'사람'과 '생명'을 소중히 여기는 농업의 본질적 가치를 다시 생각하면서 인사를 드립니다. 농업인 여러분 애 많이 쓰셨습니다. 여러분 덕분에 건강한 삶을 누리고 있습니다. 그리고 고맙습니다.

농업, 트렌드가 되다

초판 1쇄	2023년 2월 28일
2쇄	2023년 4월 20일

지은이	민승규 · 정혁훈
펴낸이	장승준
펴낸곳	매일경제신문사
등록	2003년 4월 24일(NO.2-3759)
주소	(04627)서울시 중구 퇴계로 190 매경미디어센터
인쇄 · 제본	(주)M-PRINT 031)8071-0961

ISBN	979-11-6484-123-3 (03320)

값 20,000원